Nicolas Sokianos
Personalpolitik

NICOLAS SOKIANOS
(Hrsg.)

PERSONAL POLITIK

HUMAN RESOURCES
GESTALTEN STATT VERWALTEN

Die Deutsche Bibliothek – CIP-Einheitsaufnahme

Personalpolitik:
human resources gestalten statt verwalten / Nicolas Sokianos
(Hrsg.). – Frankfurt am Main : Frankfurter Allgemeine,
Zeitung für Deutschland ; Wiesbaden : Gabler, 1996
ISBN 978-3-322-89999-6   ISBN 978-3-322-84713-3 (eBook)
DOI 10.1007/978-3-322-84713-3
NE: Sokianos, Nicolas-Photios [Hrsg.]

© Frankfurter Allgemeine Zeitung GmbH, Frankfurt am Main 1996
© Betriebswirtschaftlicher Verlag Dr. Th. Gabler GmbH, Wiesbaden 1996
Softcover reprint of the hardcover 1st edition 1996

Abbildungen und Tabellen: Publishing Service H. Schulz, Dreieich

Das Werk einschließlich aller seiner Teile ist urheberrechtlich geschützt. Jede Verwertung außerhalb der engen Grenzen des Urheberrechtsgesetzes ist ohne Zustimmung des Verlages unzulässig und strafbar. Das gilt insbesondere für Vervielfältigungen, Übersetzungen, Mikroverfilmungen und die Einspeisung und Verarbeitung in elektronischen Systemen.

ISBN 978-3-322-89999-6

Geleitwort

Personalpolitik ist ein Thema, dessen Bedeutung zunehmend in das Bewußtsein von Wirtschaft, Politik und Wissenschaft gelangt. Dieses hat verschiedene Ursachen, eine sehr positive ist, daß die Bedeutung der Führung des Mitarbeiters für die Anpassungs- und Wettbewerbsfähigkeit eines Unternehmens erkannt worden ist. Der negative Aspekt ist, daß Personalpolitik auch häufig Abbau von Personalstand und Stellen ist, da die Produktivität häufig stärker steigt als die Absatzmengen, zunehmend weltweit eingekauft und somit der eigene Wertschöpfungsanteil gesenkt wird. Die Erwerbstätigen in der Produktion werden zu einer sehr qualifizierten Minderheit in der Beschäftigungsstruktur eines Landes, das sich wie Deutschland im Strukturwandel von der Industrie- zur Informationsgesellschaft befindet. Dieses muß und darf nicht eine „Entindustrialisierung" bedeuten, wie es immer wieder genannt und angeführt wird.

Das Gegenteil muß der Fall sein: Wir müssen und werden eine sehr leistungsfähige und im Wettbewerb bestehende Industrie behalten, nur eben mit reduzierter Mitarbeiterzahl. Wir befinden uns in einem Prozeß, wie er in ähnlicher Weise – wenn auch sehr viel langsamer – beim Übergang von der Agrar- zur Industriegesellschaft bezüglich der Beschäftigung in der Landwirtschaft stattgefunden hat. Im künftigen Industrieunternehmen spielen die Themen der Beherrschung von Information und Kommunikation sowie das Bewußtsein, ein Dienstleister zu sein, eine große Rolle.

In den 70er Jahren unseres Jahrhunderts meinten wir, den Produktionsstandort Deutschland erhalten zu können, indem wir insbesondere im Materialfluß und bei der Bearbeitung ganz intensiv rationalisieren und automatisieren, zum Beispiel durch den Einsatz von Industrierobotern. In den 80er Jahren kam die Welle des massiven Computereinsatzes. Das Schlagwort war CIM, also Computer-integrierte Produktion. Nach der Automatisierung des Materialflusses war die Automatisierung des Informationsflusses „angesagt". Wir haben damit eine steigende Arbeitsproduktivität erreicht, aber auch eine sinkende Kapitalproduktivität. Der Erfolg war nicht so groß, wie sich viele Fachleute versprochen hatten. Es wurde erkannt, daß eine automatische Fabrik sehr schnell ihre Wettbewerbsfähigkeit verlieren kann, wenn starke und schnelle Auslastungsschwankungen eintreten sowie eine mangelnde Anpassungsfähigkeit an die Wettbewerbs- und Marktsituation gegeben ist.

Aus diesen Erkenntnissen heraus trat der Mitarbeiter wieder in den Mittelpunkt des Geschehens und der Betrachtung, und damit stieg auch wieder die Bedeutung der Personalpolitik. Man erkannte den starken Einfluß der Unternehmens- und Führungskultur auf die Effizienz der Leistungserstellung und auch des Leistungsangebotes. Wir wurden uns bewußt, daß wir das Potential unserer Mitarbeiter bei weitem nicht nutzen und auch nicht in Richtung Kreativität und Innovation zum Tragen kommen lassen. Hierarchische Strukturen, unzureichende Freiräume zur Selbstorganisation im Sinne von Selbstgestaltung und -steuerung sind lähmend.

Wir denken traditionell in angeblich notwendiger Fremdgestaltung und Fremdsteuerung. Wir dürfen aber nicht länger ein Unternehmen in seiner Führung und Organisation als eine hierarchische Pyramide mit zerschnittener Wertschöpfungskette auffassen, sondern als ein Haus mit horizontalen zusammengefaßten Wertschöpfungsabläufen und einem Dach, das eine strategische Führung und Zielsetzung mit einer flachen Hierarchie und einem zentralen Nerven-, Informations- und Kommunikationssystem bedeutet. Darin spielen natürlich dann Personalpolitik, Führung und Führungsverhalten eine entscheidende Rolle.

In den einzelnen Unternehmen bedarf es einer ständigen Energiezufuhr durch die strategische und die operative Führung, um diesen Prozeß der Neugestaltung am Leben zu halten. Die Tendenz zur Erstarrung oder zu Rückfällen ist außerordentlich groß, denn wir befinden uns ja in einem sehr langen Prozeß der Änderung des Denkens und Verhaltens in der Führung und Organisation von Unternehmen.

Geleitwort

In dieser Situation ist es gut, von Beispielen und Erfahrungen zu lernen und sich immer wieder auf die Grundgedanken und Leitlinien zu besinnen. Dazu leistet dieses Buch einen wichtigen Beitrag.

Berlin, im Februar 1996 *Prof. Dr.-Ing. Dr. h.c. mult.*
Hans-Jürgen Warnecke
Vorstand der Fraunhofer-Gesellschaft

Vorwort

Es gibt nach Konfuzius drei Wege, klug zu handeln:
- erstens durch Nachdenken, das ist der edelste,
- zweitens durch Nachahmen, das ist der leichteste,
- und drittens durch eigene Erfahrungen, das ist der schmerzhafteste.

Bezüglich der Unwägbarkeiten des Entscheidens gibt uns der Philosoph Immanuel Kant einen kritischen Denkimpuls: „Unser Entscheiden reicht weiter als unser Erkennen."

Das Anliegen dieses Buches besteht darin, Ihnen Denkimpulse auf Basis von gemachten Erfahrungen zu vermitteln – ohne Anspruch auf Vollkommenheit und Vollständigkeit. Bewerten, entscheiden und handeln müssen Sie selbst. So wird (unter anderem) *Management* definiert.

Hatte sich der im Sommer 1995 erschienene Band *Produktion im Wandel. Weichenstellung für das Management der Zukunft* in derselben Buchreihe schwerpunktmäßig mit dem Management der Produktion in der gesamten Prozeßkette der Wertschöpfung befaßt (siehe Inhaltsübersicht im Anhang), beinhaltet das vorliegende Buch – thematisch passend – Fragen und Antworten, die bei der Gestaltung einer zukunftsorientierten Personalpolitik in der Industrie, in der industrienahen Dienstleistung und im Hochschulbereich erörtert werden. Dabei werden wesentliche Einflußfaktoren und Rahmenbedingungen zur Gestaltung einer erfolgreichen Personalpolitik dargestellt. Die These: „Die Personalpolitik hat einen entscheidenden Anteil an der Sicherung des Produktionsstandortes Deutschland" bildet gleichsam den roten Faden der einzelnen Beiträge.

Hatte Rolf Hohmann, Personaldirektor der ABB Kraftwerke AG, schon an der Konzeption des im Sommer 1995 erschienenen Bandes mitgewirkt, so ist er hier mit einem eigenständigen Beitrag – gemeinsam mit Herrn Sommer – vertreten. Ihm und allen Autoren sei an dieser Stelle herzlich gedankt.

Mein Dank gilt auch Frau Hedi Sokianos, die wiederum mit Ihrem großem Engagement die Realisierung dieses Buches ermöglicht hat.

Die Entstehung dieses Werkes wurde von der Unternehmensberatung LOGICON und von der Gesellschaft für Produktionsmanagement (GfPM e.V.) gefördert.

Berlin, im Februar 1996 *Nicolas Sokianos*

Inhalt

Geleitwort 5
von Hans-Jürgen Warnecke

Vorwort 9

1. Kapitel
Human Resources: Erfolgs- oder nur Kostenfaktor? 19

Auf der Suche nach „Spitzenkräften" 21
von Nicolas Sokianos

„Der Mensch im Mittelpunkt"? oder „Der
Mensch ist Mittel, Punkt"? 21
Von der Defensive zur Offensive 22
Anforderungen der Industrie an Hochschulabsolventen 29
Die Wiederentdeckung der Persönlichkeit 32
Neue Anforderungen an Führungskräfte? 34
Anforderungen der Spitzenkräften an die Unternehmen 41
Menschen gestalten die Zukunft 47

Der Wirtschaftsfaktor „Humankapital" 53
von Hans Kremendahl

Die Reformen der 60er und 70er Jahre 54
    Inhaltliche Defizite 57
    Wissenschaft und Praxis 59
Mensch und Wirtschaft morgen:
Wohin führt die Entwicklung? 60
Für eine neue Bildungsreform 65

Neue Anforderungen an die Personalpoltik 69
von Hans-Erich Müller

    Die Personalfunktion am Scheideweg 69
    Überwindung der Fachgrenzen 69
    Man kann auch indirekt führen 70
    Gestaltung ist kein „Selbstläufer" 72
    Organisation – Rückfall ins „Kästchendenken" vermeiden 72
    Es ist nicht alles Gold, was glänzt 73
    Das Arbeitsleben berechenbar gestalten 75
    Steuerung der Eigeninitiative 75
    Dezentralisierung ist kein Königsweg 76
    Voneinander lernen 77
    Konfliktregulierung als Standortvorteil 77
    Die Unternehmenskultur wiederentdecken 79
    Eine neue Strategie 83
    Orientierung an Kernkompetenzen 83
    Neue Strategie – neue Personalpolitik 86
    Die neue Rolle der Zentrale 87
    Überwindung von Funktionsgrenzen 87

2. Kapitel
Die Herausforderungen der Gegenwart 93

Durch Kundenorientierung zum Erfolg 95
von Wolfgang Bergander

    Die Veränderungen im geschäftlichen Umfeld 95
    Unser Problem: eine veraltete Organisation 96
    Die Lösung: autonome Produktionszellen 97
    Das organisatorische Wechselspiel 103
    Das Konzept der Kundenorientierung 104
    Die Vorgaben des Konzepts 105
    Eine Veränderungen der Geschäftsprozesse
    tut not 106
    Das Geschäftsprozeßmodell 108
    Die Methode 109

Inhalt

Die Voraussetzungen für die Weichenstellung 117
Die Erfolge 120
Ein schmerzhafter Veränderungsprozeß 121

Führungsqualität als Erfolgsfaktor 123
von Bernd Balzereit

Erfolgreiche Bewältigung der Herausforderungen
in der Vergangenheit 123
Veränderungsdruck durch politische und
wirtschaftliche Signale 124
Aktuelle Anpassungsstrategien 126
Zur Führungsrolle in Wandlungsprozessen 128
Eine wichtige Führungsleistung:
die Harmonisierung der Gestaltungsfelder 132
   Horizontale Harmonisierung 133
   Vertikale Harmonisierung 136
   Finale Harmonisierung 137
Qualitätsindikatoren der Führung:
Vision, Aktion, Identifikation, Legitimation 140

**Die Zukunft der Produktion:
Wie sieht sie aus?** 149
von Joachim Bußmann

Die aktuelle Situation im Maschinenbau 149
Die Merkmale einer Lean Company 150
   Führung und Unternehmenskultur 151
   Zielvorgaben, Strategien, Primat des
   Handelns, konzertierte Aktionen 151
   Stärkung der Basis 152
   Ein wichtiges Standbein des Unternehmens:
   die Produktion 153
   Controlling und Logistik als
   Querschnittsfunktionen 153
   Gesamtunternehmerisches Denken 154
Der wertschöpfende Unternehmensbereich 154

Unternehmensanalyse: Ausgangspunkt
jeder Verbesserung 157
Unternehmenspotential „Mitarbeiter" 161
Eine wichtige Führungskraft: der Meister 164
Was tun, damit der Wandel gelingt? 168
Die richtige Zielvorgabe zählt 170

3. Kapitel
Neue Konzepte für die Zukunft 173

Personalpolitik im Wandel 175
von Rolf Hohmann und Stefan Sommer

Das Konzept des Human Resources Management 175
Die ABB Kraftwerke AG als integraler
Bestandteil eines Weltunternehmens 183
Die Personalpolitik der ABB im Wandel 189
   Historische Ausgangslage und Kernaufgaben 190
   Erste Schritte auf einem langen Weg 199
   Personalentwicklung, Personalcontrolling
   und Personalarbeit „vor Ort": die neuen Kernaufgaben 205
Personalarbeit zwischen unternehmerischen
Zielen und sozialer Verantwortung 217
   Die Ausgangslage 219
   Unsere Vorgehensweise 220
   Das neu gegründete Unternehmen:
   Kern des Konzeptes 221
   Qualifizierung als integraler
   Bestandteil des Konzeptes 225
   Was hat es uns gebracht? 227
Gefühl und Härte zeigen 230

Inhalt 15

Co-Management im kritischen Spannungsfeld 237
von Kurt Krause

Warum „Co-Management"? 237
Können soziale Prozesse systematisiert werden? 238
Durch Information zur Gestaltungschance 240
Aufbrechen der Arbeitsteilung 243
Betriebsratsinterne Überzeugungsarbeit 244
Soziale Qualifikation durch Erfahrungsaustausch 246
Zielkriterien für die PKW-Montage Rastatt 248
   Zielkriterien zur Ergonomie 248
   Zielkriterien zur Arbeitsorganisation 249
Durchgängige Qualifizierung für alle 250
Reibungsverluste auch bei Neuplanungen 253
Gruppenarbeit 254
Externe Untersuchung erschließt den konstruktiven Dialog ... 255
Kann Druck motivieren? 258
Darum: Co-Management 259

4. Kapitel
Schlüsselfaktoren der Personalpolitik 263

Interne Kommunikation: das ungenutzte Potential 265
von Elisabeth Kappas

Erfolgsfaktor „Mensch" 266
„Public relations begins at home" 268
Erfolg durch Interne Kommunikation 269
Die Bedeutung der Corporate Identity 270
Zeitgemäßes Führungsverhalten 271
Die Unternehmensvision: Basiskonsens
und Handlungsmaxime 273
Interne Kommunikation: Ein hoher Anspruch 274
Eine Bewährungsprobe: die Unternehmensübernahme 278
Interne Kommunikation ist ein Wertschöpfungsfaktor 281

Business Reengineering und Unternehmenskultur 283
von Albert Mauritius

Unternehmenskultur und „Reengineering" –
überhaupt ein Thema? 283
Business Reengineering und der Vatikan – ein Traum 285
Die reale Welt der Praxis – der Fall 287
   Das Unternehmen 287
   Unternehmerische Zielsetzung 288
   Bisherige Projektvorgehensweise und Ergebnisse 288
   Die Aufgabenstellung – Verkürzung
   der Auftragszykluszeit 289
   Das Projekt 291
   Geschäftsprozeßanalyse und -gestaltung 291
   Projektarbeitsweise 293
   Ergebnisse 296
Die Mehrwelten-Problematik des Unternehmens 299
   Die organisatorischen Welten 300
   Die „Welt der Führung" 301
   Die „Welt der Mentalitäten" 301
   Die „Welt der Planwirtschaft" 301
Die Herausforderung 302
   Organisatorischer Rahmen 303
   Kultureller Rahmen 303
   Vision 303
Change Integration – ein Ausblick 304
   Warum Change Integration? 304
   Grundgedanken des Change Integration 305

Kooperative Selbstqualifikation:
Lernstrategie der Zukunft 309
von Clemens Heidack

Lean ... und was kommt danach? 309
Neue Dimensionen des Denkens und Handelns 310
Ansatz für eine übergreifende Lernstrategie:
ein neues Qualifikationsbewußtsein 313

Ganzheitliche Handlungs- und
Entscheidungsorientierung 315
Tendenzen der zukünftigen Lernstrategien
zur „Total-Qualifikation" 318
Der feldtheoretische Ansatz 321
Kooperative Selbstqualifikation – mehr
als eine Lernstrategie 325
Synergetische Effekte auf hohem Niveau 326

Anhang 331

Die Autoren 331
Verzeichnis der Abbildungen 336
Verzeichnis der Tabellen 337
Inhaltsübersicht von PRODUKTION IM WANDEL 338

1. Kapitel

Human Resources: Erfolgs- oder nur Kostenfaktor?

In wirtschaftlich schwierigen Zeiten neigt man dazu, das Personal ausschließlich als Kostenfaktor zu betrachten, den es abzubauen gilt. Allzu leicht wird vergessen, daß eine Unternehmung gerade bei hoher Automatisierung der Arbeitsprozesse langfristig nur mit guten Mitarbeitern und sehr guten Führungskräften überlebensfähig ist. Umdenken ist dringend erforderlich, denn die Human Resources sind der wichtigste Erfolgsfaktor der Zukunft! Weitsichtige „Umdenker" sollten damit beginnen, den bisherigen Status quo auf drei wichtigen Gebieten kritisch zu überprüfen: die gegenseitigen Anforderungen von Unternehmungen und „Spitzenkräften", die Bildungspolitik in Deutschland und die fundamentalen Aufgaben der Personalpolitik. Diese Grundsatzüberlegungen ebnen den Weg für eine konstruktive Auseinandersetzung mit den personalpolitischen Problemen einer Unternehmung.

Auf der Suche nach „Spitzenkräften"

von Nicolas Sokianos

„Der Mensch im Mittelpunkt"?
oder „Der Mensch ist Mittel, Punkt"?

Mehrere Unternehmen der privaten Wirtschaft sehen ihren Fortbestand in der Zukunft nicht mehr als gesichert an. Eine schlichte Trendextrapolation von Erfolgen der Vergangenheit – sofern welche erreicht wurden – ist in der Zeit des beschleunigten Wandels obsolet.

Im Wettbewerb um die Zukunftssicherung werden heute massiv Arbeitsplätze abgebaut. Die „strategische Bedeutung der Mitarbeiter" für das Unternehmen oder „der Mensch im Mittelpunkt" scheinen mitunter leere Worthülsen zu sein; eher zutreffend ist der Spruch: „Der Mensch ist Mittel, Punkt!" Häufig wird unter dem akuten Kostendruck übersehen, daß die Erreichung einer überlegenen Position im Vergleich zu den Wettbewerbern langfristig eine *personelle Überlegenheit* voraussetzt! Selbstverständlich ist diese Überlegenheit mit geringstmöglichen Personalkosten zu verbinden.

Eine innovative Personalpolitik muß demnach die Wettbewerbsfähigkeit des Unternehmens nachhaltig stärken; dies zu erreichen erfordert nicht punktuelle und einmalige Aktionen, sondern ein kontinuierliches, prozeßorientiertes Programm.

Im Fegefeuer von Lean Production und der Reduzierung von Personalkosten durch diverse Business-Process-Reengineering-Programme, mögen Fragen hinsichtlich der Suche und Gewinnung von „Spitzenkräften" anachronistisch erscheinen. Wer aber das Glück hatte, trotz mehrfacher Personalabbauwellen neue Mitarbeiter für bestimmte Aufgaben suchen und einstellen zu dürfen, wird vermutlich auch die Erfahrung gemacht haben, daß die „Besten ihres Fachs" oft schwer zu finden und für das Unternehmen zu gewinnen sind.

Der vorliegende Beitrag befaßt sich gewissermaßen *antizyklisch* mit den Anforderungen, die an Spitzenkräfte gestellt werden, und auch mit den Anreizen, die ein Unternehmen Spitzenkräften anbieten sollte, um sie zu gewinnen, optimal zum Einsatz zu bringen und zu halten. Der Begriff „Spitzenkräfte" wird in diesem Kontext für Führungskräfte und Spezialisten verwendet und beschränkt sich *nicht* auf bestimmte Funktionsbereiche oder hierarchische Ebenen im Unternehmen.

Von der Defensive zur Offensive

Die immer wieder aufkommende Problematik der Wettbewerbsfähigkeit des Standortes Deutschland und die nicht enden wollenden Maßnahmen zur Reduzierung der Personalkosten, auch die Verlagerung von Produktionsstätten ins Ausland sind wichtige Aspekte des ökonomischen Handelns und werden den Ausklang des 20. Jahrhunderts prägen. Kostenreduzierungs-Aspekte stellen jedoch nur die eine „Seite der Medaille" dar. Das Betriebsergebnis wird bekannterweise nicht alleine durch die Kosten geprägt, sondern auch durch die erzielten Umsätze. Die potentiellen Möglichkeiten, die Umsätze zu erhöhen, werden mehr oder weniger erfolgreich von jedem Unternehmen eruiert. In diesem Zusammenhang wird die innovative Kraft der Unternehmer, der Politiker, ja der gesamten Wirtschaft beschworen. Allerdings ist der Weg zwischen der innovativen Idee und ihrer Umsetzung in neue Produkte und Dienstleistungen weit und kostenintensiv. Vorleistungen müssen erbracht und finanziert werden, die Amortisation wird sich (hoffentlich) einige Jahre nach der Produkteinführung einstellen. Vorleistungen sind – unter dem Aspekt der Kosten betrachtet – im wesentlichen durch die Personalkosten und durch Investitionen in Einrichtungen, Maschinen, Gebäuden oder durch den Aufbau von Vertriebsnetzen geprägt. Alle diese Kosten dienen der künftigen Erzielung eines angemessenen

Betriebsergebnisses. Dies ist wiederum erforderlich, um die Existenz des Unternehmens zu sichern.

Wer beeinflußt Kosten und Erträge? Es sind die Mitarbeiter, die die oben genannten Aktivitäten bestimmen. Somit ist naheliegend, daß für zukunftssichernde Innovationen hervorragende Mitarbeiter benötigt werden. Es darf konstatiert werden: Bei Unternehmen, die heute, in der Krise, Probleme bekommen – zum Teil sind es weltbekannte und renommierte Konzerne – sind eben keine Spitzenkräfte tätig gewesen, sondern Mittelmaß! Wir können einen Ursache-Wirkungs-Zusammenhang zwischen negativen bzw. positiven Ergebnissen und der Qualität der Führungskräfte annehmen. (Vgl. Abbildung 1 auf der nächsten Seite.)

Wird ein Turnaround in Angriff genommen, sind die Aktivitäten nicht nur in Richtung „Kostenreduzierung" zu lenken, sondern in die der *Gewinnung neuer Spitzenkräfte*. Die Maßnahmen zur Personalentwicklung dürfen hierbei nicht außer acht gelassen werden. Es muß jedoch beachtet werden, daß die Entwicklung von Mitarbeitern in eine bestimmte, für das Unternehmen geeignete und von den Mitarbeitern mitgetragene Richtung mehrere Jahre benötigt. Die für die Personalentwicklung erforderliche Zeit fehlt in der Krise häufig. Somit werden Unternehmen zunehmend in die Defensive gedrängt. Sie stellen (bestärkt durch einige Experten des Reengineering) die Aktivitäten mehrerer Geschäftsfelder ein, schicken auch wichtige Know-how Träger in den vorgezogenen Ruhestand,[1] streichen Budgets für Aus- und Weiterbildung radikal zusammen und dezimieren ihre Fertigungstiefe, angespornt durch entsprechende Konzepte großer Konzerne (vgl. den Beitrag von Joachim Bußmann in diesem Buch). Obwohl einzelne der oben genannten Maßnahmen durchaus zu einem bestimmten Zeitpunkt ihre Berechtigung haben, stellt der zum Teil kopflose, ja panikartige Rückzug in die Defensive lediglich eine neue Etappe des weiteren Rückzugs dar. Eine zukunftsorientierte Unternehmensstrategie, die einen Aufbruch signalisiert, ist selten. Der Mut zur Offensive fehlt; im Trend liegt das Anstimmen von Klageliedern bezüglich der Nachteile des Produktionsstandortes Deutschland, über die Gewerkschaften, über die Politiker, kurzum: über das Schicksal.

24 Auf der Suche nach „Spitzenkräften"

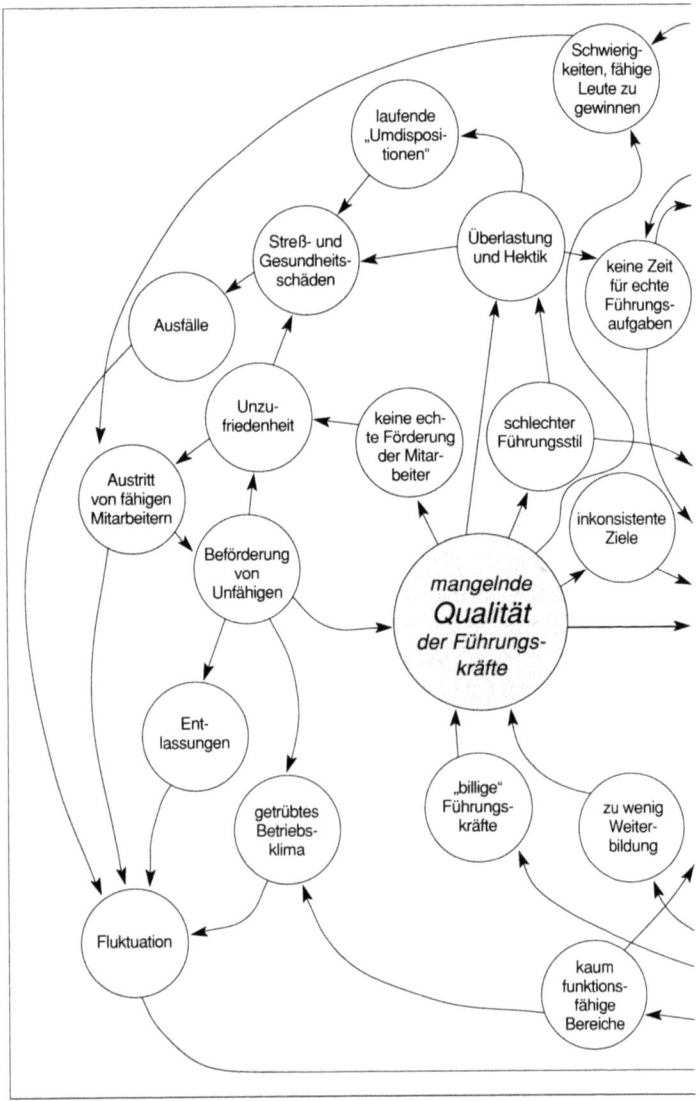

Abbildung 1: Die Qualität der Führungskräfte ist entscheidend!
(In Anlehnung an Hammer 1979.)

Von der Defensive zur Offensive

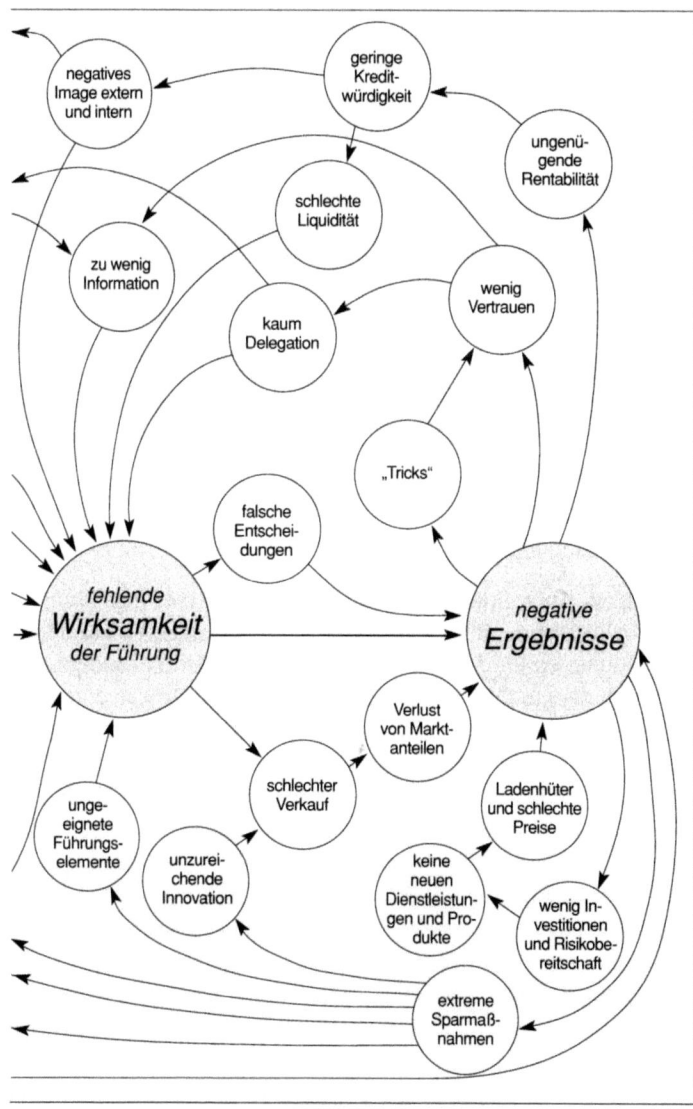

Abbildung 1 (Forts.)

Offensives Denken und Handeln ist angebracht, das alte, überholte Restriktionen und Besitzstände überwindet und gleichzeitig den Weg in die Zukunft weist. Hierfür sind innovative Spitzenkräfte mit Sozialkompetenz und Durchsetzungsvermögen gefragt, Gestalter, nicht Verwalter. Diese Mitarbeiter zu entdecken, zu gewinnen, zu fordern und zu fördern, wird die unternehmerische Personalpolitik in der Zukunft prägen. Wege aus der Krise werden nicht durch angepaßte und verängstigte Mitarbeiter geschlagen, sondern durch risikofreudige und mitunter unbequeme Unternehmerpersönlichkeiten.

Das kritische Denken und das daraus abgeleitete Handeln sind Voraussetzungen für eine konstruktive Erneuerung. Neues Wissen muß systematisch erarbeitet werden. Popper (1995, S. 24 ff.) hat in diesem Zusammenhang ein einfaches dreistufiges Schema entwickelt:

- Problem (Definition),
- Lösungsversuche,
- Elimination (der unbrauchbaren Lösungswege).

Eine aktive Mitwirkung bei der Bearbeitung dieser Prozeßschnitte ist Voraussetzung für das Herausfinden des richtigen Weges. Innovateure unterwerfen ihre Lösungsversuche der Kritik. Theorien werden freiwillig auf die Probe gestellt. Es gilt, das Falsche vom Richtigen zu unterscheiden, und das ist schwieriger, als mitunter angenommen wird. „Wir tun alles, um unsere Theorien zu eliminieren, denn wir wollen selbst die Theorien herausfinden, die falsch sind" (Popper 1995, S. 25). Er setzt fort: „Die Frage: Worin liegt der entscheidende Unterschied zwischen der Amöbe und Einstein, kann wie folgt beantwortet werden: Die Amöbe flieht vor der Falsifikation.[2] Ihre Erwartung ist ein Teil von ihr, und vorwissenschaftliche Träger von Erwartungen oder Hypothesen werden oft durch die Widerlegung der Hypothese vernichtet. Einstein hat dagegen seine Hypothese objektiviert. Die Hypothese ist etwas außerhalb von ihm; und der Wissenschaftler kann seine Hypothese durch seine Kritik vernichten, ohne selbst mit ihr zugrunde zu gehen." Mit einer derartigen geistigen Grundeinstellung, die Fehler nicht vertuscht, sondern offenlegt, werden die Fundamente für eine effiziente und innovative Unternehmenskultur gelegt.

Eine neue *Unternehmerkultur* („Kultur der Selbständigkeit") hat auch Bundeskanzler Kohl im November 1995 für Deutschland gefordert, um den Standort Deutschland zu sichern. Hierzu gehört jedoch Mut, wie auch Mut bei Politikern angebracht ist, um den Menschen die Wahrheit zu sagen. Heiner Geißler schreibt hierzu: „Wenn wir die Wahrheit nicht formulieren, wenn wir dazu nicht den Mut haben, dann werden wir auch nicht die richtigen Konsequenzen ziehen können ... Zur Wahrheit gehört, daß wir in unserer Wirtschaft und in unserer Sozialpolitik nicht so weitermachen können, wie das in den guten achziger Jahren der Fall gewesen ist." (Geißler 1994, S. 82)

Mehr Unternehmergeist und Risikofreude bei Innovationen wird in den USA seit mehreren Jahren großgeschrieben; diese Faktoren sind sehr wohl als Motor des seit Anfang der 90er Jahre zu beobachtenden Konjunkturaufschwungs zu werten. Der Amerikaner Pinchot (1985) hat in prägnanter Weise folgende zehn Gebote für Intrapreneure formuliert, die nachdenklich stimmen:

1. Komme jeden Tag mit der Bereitschaft zur Arbeit, gefeuert zu werden.

2. Umgehe alle Anordnungen, die Deinen Traum stoppen können.

3. Mach alles, was zur Realisierung Deines Ziels erforderlich ist – unabhängig davon, wie Deine eigentliche Aufgabenbeschreibung aussieht.

4. Finde Leute, die Dir helfen.

5. Folge bei der Auswahl von Mitarbeitern Deiner Intuition und arbeite nur mit den Besten zusammen.

6. Arbeite solange es geht im Untergrund – eine zu frühe Publizität könnte das Immunsystem des Unternehmens mobilisieren.

7. Wette nie in einem Rennen, wenn Du nicht selbst darin mitläufst.

8. Denke daran – es ist leichter, um Verzeihung zu bitten als um Erlaubnis.

9. Bleibe Deinen Zielen treu, aber sei realistisch in bezug auf die Möglichkeiten, diese zu erreichen.
10. Halte Deine Sponsoren in Ehren.

Mögen diese Forderungen zum Teil extrem anmuten, sie fordern zum Handeln auf und verdeutlichen, welche Menschen gefordert sind: Persönlichkeiten mit dem Willen zur Gestaltung. Es sind verstärkt sogenannte *überfachliche Anforderungen* gefragt, etwa Kreativität, gepaart mit Mut und Charisma. Das bedeutet nicht, daß die rein fachlichen Anforderungen unbedeutend sind.

Im Rahmen eines Forschungsprogramms des Autors sind in enger Zusammenarbeit mit der Industrie Anforderungen an Hochschulabsolventen (Nachwuchskräfte) erarbeitet worden, die in diesem Kontext interessante Erkenntnisse beinhalten (vgl. Sokianos 1993). Sie wurden in den vergangenen zwei Jahren durch Gespräche mit Entscheidungsträgern aktualisiert und sollen im folgenden referiert werden.

Anforderungen der Industrie an Hochschulabsolventen

Einen sehr hohen Stellenwert in der Zielhierarchie produzierender Unternehmen haben seit 1993 Maßnahmen zu Rationalisierungen

- am Produkt selbst,
- am Produktionsprozeß,
- in der gesamten Prozeßkette vom Lieferanten durch das (eigene) Unternehmen bis zum Kunden,
- an den Schnittstellen zwischen Vertrieb, Einkauf und Produktion.

Welche Anforderungen leiten sich für junge Ingenieure aus diesen Zielen ab? Beginnen wir mit folgenden *persönlichen Qualifikationen,* die als sehr wichtig angesehen wurden:

- Teamfähigkeit,
- Lernfähigkeit und Lernbereitschaft,
- Entscheidungsfähigkeit,
- Selbständigkeit,
- Konflikt- und Konsensfähigkeit,
- Frustrationsfähigkeit,
- Moderationsfähigkeit.

Die erwarteten *fachlichen Qualifikationen* mit hoher Gewichtung stehen in direktem Zusammenhang mit dem Zwang zur beschleunigten Verbesserung der Wettbewerbsfähigkeit. Darüber hinaus werden solche Kenntnisse benötigt, die Verbesserungen an der gesamten Wertschöpfungskette ermöglichen. Somit sind zum Beispiel für den Ingenieur in der Produktionssteuerung auch Vertriebskenntnisse erforderlich. Projektmanagement und Simultaneous Engineering dienen der optimalen Nutzung des Faktors „Zeit" und sind aus diesem Grunde wesentliche Bestandteile einer fundierten Ausbildung. (An dieser Stelle seien die dringend erforderlichen Veränderungen in der Bildungspolitik – vgl. den Beitrag von Hans Kremendahl in diesem Buch – vermerkt).

Kritische Erfolgsfaktoren und Anforderungen an die Mitarbeiter werden durch das gesellschaftlich-kulturelle Umfeld beeinflußt. In diesem Zusammenhang ist ein Vergleich zwischen Japan und den USA aufschlußreich (vgl. Locke 1993, S. 36)

USA	Japan
• Betriebliches Umfeld: Hoher Grad an Standardisierung, formal festgelegte Abläufe, zentrale „Steuerung".	• Betriebliches Umfeld: Grobe Festlegung von Abläufen, die zentrale Steuerung gibt einen Orientierungsrahmen vor.
• Anforderungen an potentielle Managementmitarbeiter:	• Anforderungen an potentielle Managementmitarbeiter:
– gute Konfliktlösungsfähigkeiten,	– gruppenorientierte Fähigkeit zum Konsens,
– sichere Entscheidungen (top down),	– Steuerung über partizipative Werte- und Zielorientierung,
– richtiger Einsatz von (externen) Unternehmensberatern,	– Fähigkeit, Beziehungen zu pflegen,
– Fähigkeit zum Aufbau guter Controlling-Systeme.	– Kommunikationsfähigkeiten zur „breiten" Abstimmung von Entscheidungen.

Die in Deutschland seit Anfang 1993 lebhaft entbrannte Diskussion (und konkrete Aktion – Verlagerungen von Produktionsstätten ins Ausland) in Zusammenhang mit dem „Standort Deutschland" erhöht – so das Ergebnis persönlicher Gespräche des Autors mit der Industrie – die Bedeutung der Internationalisierung und somit auch die Notwendigkeit des Einsatzes entsprechend qualifizierter Ingenieure. Auslandsaufenthalte und Sprachkenntnisse werden für Ingenieure, aber auch für Kaufleute zunehmend wichtig. Die *Internationalisierung* ist kein vorübergehender Modetrend. Sie wird künftig noch weiter an Bedeutung gewinnen. *Soziale Kompetenz* ist für die zunehmende *interkulturelle Arbeit* eine wichtige Voraussetzung. „War es früher noch möglich, einen Stammhausmitarbeiter, der sich in der Heimat bewährt hatte und zumindest über einige Kenntnisse der Sprache des Gastlandes verfügte, ins Ausland zu senden, stellt eine solche Personalentscheidung heute eine Gefahr dar. Von einem Expatriat erfordert eine erfolgreiche Tätigkeit im Ausland umfassende Kenntnisse der verschiedenen Regelungen und die kontinuierliche Anpassung dieses Wissens, hervorragende Sprachkenntnisse sowie eine Begabung für andere Kulturen. Es ist bekannt, daß deutsche Führungskräfte vielfach noch weit davon entfernt sind." (Djarrahzadeh/Schwuchow 1993, S. 49f.)

Der Respekt gegenüber neuen Kulturkreisen muß nicht zu Lasten der eigenen Identität gehen. Vielmehr ist eine erweiterte Wahrnehmung von Chancen und Risiken erforderlich. In diesem Zusammenhang sind auch Veränderungen im Human Resources Management notwendig, das selbst auch in der Lage sein muß, international zu agieren. (Scinchetti 1995, S. 309)

Besondere Aufmerksamkeit verdient der Aspekt der Teamfähigkeit, die überall erwartet, jedoch bei der Universitätsausbildung bisher kaum gezielt vermittelt wird (vgl. auch den Beitrag von Clemens Heidack in diesem Buch). Es werden primär „Einzelkämpfer" ausgebildet, die später in der Praxis jeden Tag Teamfähigkeit benötigen, um Unternehmensziele zu erreichen. Will man wirklich diesen Widerspruch beseitigen, muß man bereits in der Schule, spätestens jedoch an der Hochschule Veränderungen initiieren, anstatt nur das Gruppenverhalten der Japaner zu bewundern, welches mit dem Individualismus der Europäer (und Amerikaner) angeblich nicht zu vereinbaren ist.

Immerhin ist die Gruppenarbeit in der Produktion – im Kontext von Lean Production – bei mehreren Unternehmen eine erfolgversprechende neue Form der Arbeitsorganisation (vgl. Hohmann 1994). Sie erfordert entsprechend sensibilisierte und ausgebildete Nachwuchskräfte. Peter Harz, Personalvorstand bei VW, schreibt in Zusammenhang mit dem neuen Mitarbeiterprofil für die Produktion: „Der Mitarbeiter – oder vielmehr das Team – sorgt also künftig für Neuerungen und übernimmt planerische Aufgaben, sei es logistischer oder ablauftechnischer Art." Harz konzentriert sich auf vier Anforderungen bezüglich der Qualifikation der Mitarbeiter: „Multifunktional, mobil, mitgestaltend, menschlich." (Harz 1994, S. 114)

Die letzte Anforderung stimmt nachdenklich. Gibt es in der heutigen Arbeitswelt mit einer deutlichen Leistungsverdichtung noch Raum für Menschlichkeit? Sehr wohl! Diese Antwort entspringt nicht einer ethischen Wertvorstellung allein, sie stützt sich nachhaltig auf ökonomische Gesichtspunkte. Die Gefahr eines „unmenschlich" geführten Unternehmens (oder sozialen Systems), aufgrund von Konflikten in eine existenzbedrohende Krise zu geraten, ist evident. Die Mißachtung von geschäftlich akzeptierten ethischen Wertvorstellungen kann für eine kurze Zeit Vorteile verschaffen, auf lange Sicht jedoch dürfte dieses Verhalten dem Unternehmen Schaden zufügen.

Eine höhere Effizienz zu erzielen als die Wettbewerber und hierbei gültige gesellschaftliche Werte beachten, fair bleiben in einem zunehmend als „Krieg" bezeichneten Wettbewerb? Hier sind Persönlichkeiten verlangt, Nachwuchskräfte und Führungskräfte, die die Zukunft von Unternehmen prägen sollen. Führungsnachwuchskräfte müssen zum Unternehmer heranreifen. Sie müssen ihr Verhalten und ihre Aufgabenstellung selbst verantworten. Dies beinhaltet auch das Recht, Fehler zu machen und daraus zu lernen. „Für das Unternehmen ist diese Form der Ausbildung der Führungskräfte sehr viel billiger als der Versuch, durch umfassende Dienstvorschriften Fehlentwicklungen zu verhindern." (Mohn 1993, S. 83)

Die Wiederentdeckung der Persönlichkeit

Die oben genannten Anforderungen an Hochschulabsolventen und Führungsnachwuchs sind – wie eingangs erwähnt – durch die „Lean-Welle" in der Industrie geprägt. Es erscheint sinnvoll, die von Führungskräften erwarteten Qualifikationen nicht aus der Sicht der produzierenden Unternehmen, sondern auch aus der Sicht der Dienstleister zu betrachten. Interessant sind die Anforderungen an Führungspersönlichkeiten, die von David Ogilvy, dem Gründer der gleichnamigen, weltbekannten und international tätigen Werbeagentur, gemeinsam mit seinen Mitarbeitern erarbeitet worden sind. (Ogilvy 1988)

Demnach sind erforderlich und gesucht:
- Ein hoher persönlicher Moralstandard.
- *Große* Menschen ohne Kleinigkeiten.
- „Mumm" zu zeigen unter Druck, abfedern zu können bei einer Niederlage.
- Brillante Köpfe, keine sturen Arbeitstiere.
- Die Fähigkeit zu hartem Arbeitseinsatz.
- Charisma – Charme und Überzeugungskraft.
- Ein Hang zum Unorthodoxen – kreative Innovatoren.
- Mut zu harten Entscheidungen.
- Inspirierender Enthusiasmus – mit Schwung und Freude an der Arbeit.
- Humor.

Es fällt auf, daß in diesem Anforderungsprofil die Persönlichkeit als entscheidendes Element mehrfach sichtbar wird. Gesucht wird der Mensch, der Größe, Charisma, Charme, Humor, Inspiration und Kraft in sich vereinigt; der Begeisterung entfachen, auch Niederlagen verkraften kann und Durchsetzungsfähigkeit mit Menschlichkeit zu verbinden vermag.

Auch James Champy, einer der Väter des Business Reengineering, hat wohl die Zeichen der Zeit erkannt – vermutlich aufgeschreckt durch die zunehmende Kritik an dem von ihm als Revolution propagierten Konzept. Er postuliert, daß Business Reengineering die Unternehmen revolutioniert hat. Jetzt wäre jedoch in den Management-Etagen eine zweite Revolution fällig, nämlich die Veränderung des Management. „Denn ohne eine Veränderung des Managements kann ein Reengineering nicht erfolgreich sein." *(F.A.Z.* vom 11.11.95) Und weiter: „Worauf es ankommt, ist die mentale Beschaffenheit der wichtigen handelnden Personen im Unternehmen. Deren geistiges Rüstzeug, deren Persönlichkeit, Lernfähigkeit, innere Änderungsbereitschaft, deren Fähigkeit zum Ent-Lernen, also zum Vergessen eingeübter Verhaltensweisen, bestimmt ganz wesentlich was in Veränderungsprozessen machbar ist und was nicht. Menschen und nicht Maschinen oder Strukturen allein sind Determinanten des Unternehmenserfolges." *(F.A.Z.* vom 11.11.95)

Eine relativ späte Erkenntnis auf der Basis einiger „Business-Reengineering-Ruinen". Denn in seinem sehr bekannt gewordenen Buch *Business Reengineering* (Hammer/Champy 1993) sucht man solche Kardinal-Empfehlungen vergeblich. Die Bedeutung der Unternehmenskultur für Veränderungsprozesse ist evident (vgl. den Beitrag von Albert Mauritius in diesem Buch). Die Unternehmenskultur wird maßgeblich von den Menschen geprägt, und zwar nicht nur innerhalb des Unternehmens, sondern sehr wohl auch in ihrer Interaktion mit der Außenwelt. Unternehmerische Veränderungen müssen somit im Kontext des gesellschaftlichen und politischen Umfeldes gesehen werden. Inseln der innovativen, produktiven und sozialen Seligkeit können auf Dauer kaum in einem anachronistischen, inflexiblen und selbstzufriedenen Umfeld funktionieren. Aber auch jenes gesellschaftliche und politische Umfeld wird durch Menschen geprägt, die als Hauptakteure andere beeinflussen können. Der Schlüssel für die Veränderungsprozesse liegt in den Menschen!

Die Personalpolitik hat mitunter Spitzenkräfte zu „Anpassern" geformt, manchmal ohne Persönlichkeit. Es sind nicht die schlechtesten Unternehmen, die offen Fehler der Vergangenheit zugeben. Die Siemens AG will daraus lernen. Von Pappenheim, Leiter der Abteilung „Personalentwicklung und -organisation", spricht von Mechanismen, die sich nur ohne Ecken und Kanten überstehen ließen. In den meisten Unternehmen schaffe schon das Auswahlverfahren für den Führungsnachwuchs eine gewisse Stromlinienförmigkeit (Mohr 1995). Veränderungen sind angebracht, je eher sie gelingen, desto besser für die Unternehmen.

Neue Anforderungen an Führungskräfte?

Zunächst erscheint es wünschenswert, den Begriff „Führung" in einem neuen Licht zu betrachten. Ohne Frage: Die enge, an die militärische Ordnung angelehnte Führungsstruktur und -kultur befindet sich auf dem Rückzug. Der Abbau von kompletten hierarchischen Ebenen, die Eliminierung des mittleren Management, die gravierende Erhöhung von Führungsspannen, die Einführung von Gruppenarbeit reduzieren den Bedarf an Führungskräften (zumindest auf dem Papier).

Wird aber die zu leistende Führungsarbeit tatsächlich reduziert? Wurden vor dem Beginn des Lean Management zuviele Ressourcen in unnötige Führungsstrukturen investiert? Die Antwort ist: ja!

Dennoch sollten wir nicht nur die *quantitative* Seite der Anzahl von Führungskräften mit *disziplinarischen* Vollmachten im engeren Führungssinne sehen, sondern auch die *qualitativ* gewandelten Anforderungen an die Führungsleistung. Das zuerst genannte Führungsverständnis, die eigene Wertschätzung als Führungskraft an der Anzahl der unterstellten Mitarbeiter zu messen, hat zu unnötig aufgeblähten Ressorts und zu egoistischem Ressortdenken geführt. Diese Entwicklung ist – weil jahrzehntelang praktiziert – in vielen Köpfen (und „Bäuchen") tief verwurzelt; Änderungen von Einstellungen und Verhaltensweisen brauchen Zeit, fünf Jahre werden von einigen Experten als Minimum angesehen (vgl. den Beitrag von Hohmann/Sommer in diesem Buch).

Was unterscheidet die Führungsarbeit von anderen Arbeiten? Zunächst erscheint es sinnvoll, von *Führungsleistung* zu sprechen (Leistung = Arbeit pro Zeit). Dieser Bezug auf den Faktor „Zeit" ist in der Ära des beschleunigten Wandels angebracht. Diese Erkenntnis ist nicht neu, wurde aber gewissermaßen wiederentdeckt. John Kenneth Gailbraith konstatiert: „Das Individuum wird nicht für eine spezifische wirtschaftliche Funktion ausgebildet, sondern für eine intelligente Nutzung seiner Zeit." (Anderson 1971, S. 126)

Befassen wir uns kurz mit einigen Inhalten der Führungsleistung, die bei Suche und Gewinnung von Spitzenkräften relevant erscheinen:

1. Führungsleistung beinhaltet die Beeinflussung und die Ausführung von Entscheidungen (vgl. Leavitt 1979, S. 287ff.).

Führungsleistung im engeren Sinne bezieht sich auf die Beeinflussung von unterstellten Mitarbeitern. Führungsleistung in der „Post-Lean-Management-Zeit" bezieht sich *auch* auf die Beeinflussung von disziplinarisch nicht unterstellten Akteuren, zum Beispiel Mitarbeiter anderer Abteilungen, Kunden, Lieferanten, Gewerkschaften, Kapitalgeber oder die Öffentlichkeit (je nach Aufgabenstellung). Das bedeutet, daß Führungsleistung einerseits zwangsläufig *Machtprobleme* einschließt, andererseits ist das klassische Machtinstrumentarium der Anweisung und der gehorsamen Ausführung nicht mehr effizient genug. Spitzenkräfte brauchen Handlungsspielräume, um das gesamte Instrumentarium der Leistung zu entfalten (vgl. die Beiträge von Bernd Balzereit und Joachim Bußmann in diesem Buch).

2. Führungsleistung bedeutet Problemlösung.

Auch hier spielt die Zeit eine entscheidende Rolle; sie ist in der Regel relativ knapp bemessen, häufig reicht sie nicht, um alle mit der systematischen Problemlösung verbundenen Aspekte systematisch zu prüfen. Der Problemlösungsprozeß wird zunehmend auf Basis von unvollständigen Informationen zu treffen sein, gestützt auf subjektive Einschätzungen der Situation. Die alten Führungsprinzipien der Delegation und der Prioritätenbildung erscheinen unter dem Konzept des Lean Management im neuen Licht. Der japanische Erfolg auf den Weltmärkten wird auf die Fähigkeit zurückgeführt, die Problemlösungskompetenz aller Mitarbeiter zu entfalten. So konstatiert Matsushita, der Gründer des Konzerns Matsushita Electric Industrial, über das Bemühen japanischer Führungskräfte, Anregungen aus der gesamten Mitarbeiterschaft Rechnung zu tragen:

„Wir [Japaner] werden gewinnen und ihr werdet verlieren. Ihr könnt nichts dagegen tun, denn euer Mißerfolg entspringt einer inneren Krankheit. Eure Unternehmen basieren auf Prinzipien [der Arbeitsteilung] von Taylor. Schlimmer noch, eure Köpfe sind taylorisiert. Ihr glaubt wirklich, daß gutes Management Manager auf der einen Seite und Werker auf der anderen Seite bedeutet. Manager, die denken, und die ausführenden Organe. Für euch ist gutes Management der reibungslose Transfer der Ideen der Manager zu den Händen der Arbeiter. Wir haben das Zeitalter von Taylor hinter uns gelassen. Wir wissen, daß Arbeits- und Geschäftsprozesse sehr komplex geworden sind. Das Überleben ist sehr unsicher und die Risiken im

Umfeld groß. Wir wissen, daß die Intelligenz von wenigen Technokraten, auch wenn sie brillant sind, einfach nicht ausreicht, um den Herausforderungen gewachsen zu sein. Nur die Einbeziehung der Intelligenz von allen Mitarbeitern ermöglicht einem Unternehmen das Überleben angesichts der neuen Anforderungen. Ja, wir werden gewinnen und ihr werdet verlieren. Weil ihr nicht in der Lage seid, den veralteten Taylorismus loszuwerden, den wir nie hatten." (Manufacturing Engineering 1988, zitiert nach Sokianos 1991a)

Sicherlich ist in den Worten von Matsushita eine große Portion „psychologische Kriegführung" versteckt, nach dem Motto: Greift uns ja nicht an, wir sind unbesiegbar, Ihr könnt nichts daran ändern. In der Zwischenzeit wissen wir, daß auch Japaner ihre Probleme in der Industrie haben. Dennoch bleibt die Kernaussage ungeachtet der Nationalität gültig: Das gesamte Problemlösungspotential des Unternehmens muß durch die Führungskräfte aktiviert werden! (Vgl. den Beitrag von Wolfgang Bergander in diesem Buch.)

3. Führungsleistung bedeutet „Promotion Power".

Hiermit ist die Fähigkeit gemeint, Ideen aktiv „verkaufen und realisieren" zu können. Promotion Power erfordert mentale Stärke, exzellente Kommunikationsfähigkeit sowohl intern (mit den eigenen Mitarbeitern, Kollegen und mit beteiligten/betroffenen Bereichen) als auch extern: Hier müssen Kunden, Lieferanten und/oder Kapitalgeber gewonnen werden. Bezeichnend ist die Frage, die der bekannte Schweizer Unternehmer (Swatch) Nicolas Hayek an potentielle Mitarbeiter für Schlüsselpositionen stellt: *Sind Sie Promotor?*

Ein Promotor darf nicht Visionen diffus entwerfen, er muß sie in einen beinahe faßbaren Zustand weiterentwickeln. De Benedetti, der Chef von Olivetti, lüftet ein wenig das Geheimnis seines Erfolges und weist dabei in dieselbe Richtung: Man muß künftige Entwicklungen schneller als andere erkennen und nutzen, eine präzise Phantasie haben und nicht zuletzt stolz sein auf das, was man tut!

Wenn nun einzig und allein die „produktive Leistung" zählt und die Verwaltung zu reduzieren ist, dann müssen wohl gute Führungskräfte produktiv sein. Aber was produzieren sie denn? Nach Gerken/Luedecke (1988) gibt es diesbezüglich vier wesentliche Felder:

- Produktion von Handlungsoptimismus,
- Produktion von Psychokraft,
- Produktion von Energiefeldern,
- Produktion von Sprachsystemen zur Vermittlung von Visionen.

Aufgabe einer unternehmerischen Personalpolitik ist somit auch, Führungstalente in diesem Sinne zu entdecken und zu fördern. Dies ist nicht so einfach, wie mitunter angenommen wird. Sorgfältige Beobachtung und systematische, individuelle Förderung, verbunden mit einem Gespür für talentierten Nachwuchs, sind unerläßlich.

4. Führungsleistung bedeutet Personalentwicklung.

Da sich nicht alle Mitarbeiter – zum Glück – nach einem bestimmten Schema entwickeln (lassen), gilt es, jeweils Stärken, Schwächen, berufliche und private Ziele im regelmäßigen Beratungsgespräch zu erarbeiten und das richtige Maß an Forderung und Förderung zu vereinbaren. Hierbei müssen selbstverständlich die betrieblichen Restriktionen beachtet werden, die wiederum in der Regel durch das Wettbewerbsumfeld geprägt sind. Ein Wechsel – in größeren Unternehmen – von einer produktbezogenen, operativen Einheit zu einer anderen oder ein Ressortwechsel von der Produktion zum Vertrieb muß gut vorbereitet sein und als Personalentwicklungsprozeß verstanden werden. In großen und in kleineren Unternehmen muß eine ausgewogene und mitarbeiterindividuelle Balance an Abwechslung und Anspannung einerseits sowie andererseits an Routinearbeit gewährleistet werden. Verbindliche Zielvereinbarungen sind keine Domäne von großen Konzernen mit etablierten Personalentwicklungsabteilungen. Sie sind als Führungsinstrument und als Gradmesser für den Erfolg getroffener Vereinbarungen unerläßlich. Auf der Suche nach Spitzenkräften sind die persönlichen Entwicklungschancen von erheblicher Bedeutung: einerseits als „Nehmen" (die eingene Personalentwicklung) anderseits auch als „Geben" (anderen bei der Entwicklung zu helfen).

5. Führungsleistung beruht auf Vertrauen.

An dieser Stelle könnte sich Widerspruch regen. Gibt es denn in der heutigen, sich schnell wandelnden Zeit Raum für Vertrauen? In den Zeiten der ungebremsten wirtschaftlichen Prosperität im Wachstum war Vertrauen ein Luxus, den man sich leisten konnte. Aber heute? Heute ist doch eine machiavellische Firmenpolitik angebracht, um seine Macht auszubauen (oder doch wenigstens, um den „Stuhl" zu retten). So schreibt *Machiavelli* im Jahr 1513: „Die Erfahrung lehrt, daß gerade in unseren Tagen die Fürsten Großes ausgerichtet haben, die es mit der Treue nicht genau nahmen und es verstanden, durch List die Menschen zu umgarnen; und schließlich haben sie die Oberhand gewonnen über die, welche es mit der Rechtlichkeit hielten." (Machiavelli 1961, S. 103)

Die Ratschläge von Machiavelli dürfen nicht unreflektiert in die heutige Welt übertragen werden. Das 15. und 16. Jahrhundert waren von ständigen kriegerischen Auseinandersetzungen geprägt. So ist diese Empfehlung in Bezug auf das Verhalten gegenüber Feinden zu verstehen (Dlugos 1995, S. 75f.). In den eigenen Truppen dagegen, sollte Vertrauen in die Führungsleistung herrschen; der Fürst sollte sich ständig seiner Vorbildfunktion bewußt sein und muß auch danach handeln.

Machiavelli formuliert weiter: „Es gibt verschiedene Möglichkeiten, das Volk zu gewinnen, die von den Umständen abhängen und sich daher nicht in bestimmte Regeln fassen lassen. Ich will nur so viel sagen, daß ein Fürst das Volk zum Freund haben muß, sonst ist er im Unglück ohne Hilfe." (Machiavelli 1961, S. 74)

Gerade in schwierigen Zeiten ist es also notwendig, sich auf „seine Leute" verlassen zu können. Vertrauen ist jedoch als ein beiderseitiges, durchaus emotionales und weniger rational gewachsenes Gefühl zu verstehen, das nicht per Knopfdruck erzeugt wird. Mißtrauen verursacht andererseits zusätzliche Kosten und Reibungsverluste. Lenin scheint mit seinem Spruch „Vertrauen ist gut, Kontrolle ist besser" endgültig überholt zu sein. Selbstprüfung und eigene Verantwortung, so heißt heute die Devise. Auf Kontrolleure kann man verzichten, wenn die Voraussetzungen hierfür geschaffen sind.

Kontroverser als das Thema *Vertrauen*, wird die *Ethik des Führens* diskutiert. Die zunehmend verlangte soziale Kompetenz beinhaltet ethische Grundelemente im Umgang mit Mitarbeitern, Vorgesetzten und mit Kollegen (auch mit Lieferanten und Kunden). Das Instrumentarium der Ethik ist vielfältig, und die Kraft, die aus ethischen Führungsmaßstäben hervorgehen kann, ist beachtlich. „Wer subordinativ führt, hat Defizite in seiner Persönlichkeit, er meint jedoch, aus der höheren Position sprechend, auch den Interaktionscharakter bestimmen zu dürfen. Nicht wenige Führende erfreuen sich dreist, dem anderen (rangniedrigeren) beliebig oft und quasi legitim ins Wort fallen zu dürfen. Solche schlechten Zuhörer sind meist stark egozentrierte Menschen mit der Tendenz zu eitler Selbstdarstellung und mit dem Bedürfnis nach Dominanz für sich und Unterwürfigkeit der anderen." (Grimm 1994, S. 258)

Es gibt einen klaren Zusammenhang zwischen der Unternehmenskultur und der Führungsethik. Die Unternehmenskultur wiederum wird von der Gefühlskultur und von den Entscheidungs-, Zielbildungs- und Konfliktregelungsmechanismen geprägt (Sokianos 1980). Ohne auf das komplexe Thema der Ethik im Rahmen dieses Beitrages im Detail eingehen zu können, sei die folgende These erlaubt:

Das Humanpotential des Unternehmens kann durch eine Führungskultur, die ethische Wertmaßstäbe beachtet, auf Dauer besser entfaltet werden als ohne die Beachtung gültiger ethischer Werte. „Nur Haltungen, deren gute Gründe man versteht, kann man tolerieren. So trägt die Arbeit an moralischen Konflikten zwar dazu bei, diese zu vermehren, aber sie stärkt auch die Kräfte, sie in einer Gesellschaft einander respektierender kompetenter Bürger aufzunehmen und auszuhalten." (Leist 1995)

Anforderungen der Spitzenkräfte an die Unternehmen

Für manch einen mag dieses Kapitel – angesichts der hohen Arbeitslosigkeit und des Trends zur Verlagerung der Produktion ins Ausland – müßig erscheinen. Soll man doch froh sein, überhaupt einen Arbeitsplatz zu haben! Wer wird da noch wählerisch sein? Eben die Spitzenkräfte!

Ausgangspunkt der weiteren Überlegungen ist folgende These:

Bei sich verschärfendem Wettbewerb werden jene Unternehmen gewinnen, die es verstehen, Spitzenkräfte zu gewinnen. Und zu halten. Der bereits jetzt spürbare Mangel an Spitzenkräften wird in den nächsten Jahren deutlich zunehmen.

Diese Prognose stützt sich auf folgende Annahmen, die ein Szenario bilden:

- Personalreduktionsprogramme werden in mehreren Branchen fortgeführt und intensiviert; die Dienstleistung folgt dem Trend von produzierenden Unternehmen. Führungskräfte und Spezialisten, die ein Unternehmen verlassen (müssen), bauen aber sehr schnell ab; sie verlieren an Selbstvertrauen und an Leistungsfähigkeit, ähnlich wie Sportler, wenn sie nicht mehr täglich gefordert werden. Das heißt, diese Mitarbeiter können nur mit hohem Aufwand und nur mühsam reaktiviert werden.

- Angesichts der vermeintlich schlechten Berufschancen in der Industrie in der Zukunft meiden junge Studenten technologieorientierte Studiengänge und stehen somit im Jahr 2000 auch nicht als qualifizierte Absolventen zur Verfügung. Gegenüber 1990 ist im Jahr 1994 die Zahl der Einschreibungen in den technischen Fächern an deutschen Hochschulen von 27 700 um 10 000 gesunken. Weniger Interesse finden auch die mathematisch-naturwissenschaftlichen Fächer. Hier gingen die Einschreibungen im gleichen Zeitraum von 41 000 auf 28 000 zurück (*VDI Nachrichten* vom 1.12.95). Dieser Trend hat sich leider im Jahr 1995 weiter verstärkt, eine Trendwende ist noch nicht in Sicht.

- Das Konzept der Verkleinerung von unternehmerisch geführten Organisationseinheiten (zum Beispiel kleine Werke, segmentierte Unternehmen, Profit Center) erfordert – nach dem „Abflauen" der Lean-Welle zum Ende des Jahrhunderts – qualifizierten Nachwuchs.

- In vielen Unternehmen müssen um die Jahrtausendwende die heute 50–55jährigen Führungskräfte durch qualifizierten Nachwuchs ersetzt werden.

- Die Internationalisierung der Produktion und der Dienstleistung führt zu einem wachsenden Bedarf an Spitzenkräften, die international einsatzfähig sind und über entsprechende überfachliche, multikulturelle Kompetenzen verfügen.

In Deutschland wird es durch systematische politische Arbeit gelingen, das relativ starre System hinsichtlich Entlohnung und Arbeitszeiten zu flexibilisieren und somit die Produktions- und Dienstleistungskosten zu reduzieren. Gestützt auf die gute Infrastruktur, ein relativ hohes Qualifikationsniveau und sozialen Frieden, wird die Wirtschaft deutlich verstärkt aus dem Anpassungsprozeß der 90er Jahre herauskommen. Die Rolle von Betriebsräten wird sich zunehmend wandeln, auch die Einstellung von Managern zur Betriebsratsarbeit (vgl. den Beitrag von Kurt Krause zum Thema Co-Management in diesem Buch). Das allmählich ansteigende Auftragsvolumen wird auf den Arbeitsmarkt (positive) Folgen haben.

Spätestens ab dem Jahr 2000 wird es einen eklatanten Mangel an Spitzenkräften geben. Unternehmen und der zunehmend privatwirtschaftlich orientierte öffentliche Bereich werden aktiv um die Besten in In- und auch im Ausland werben müssen!

Unter diesem Gesichtspunkt sollten sich Unternehmensleiter und Personalentwickler sowie Personalberater verstärkt mit der Frage befassen: *Welche Anforderungen müssen Unternehmen/Organisationen erfüllen, damit sie für Spitzenkräfte attraktiv sind (bzw. werden)?* An eine Antwort auf diese Frage können wir uns mit Hilfe einer Werthierarchie der humanen Grundwerte herantasten (Abbildung 2).

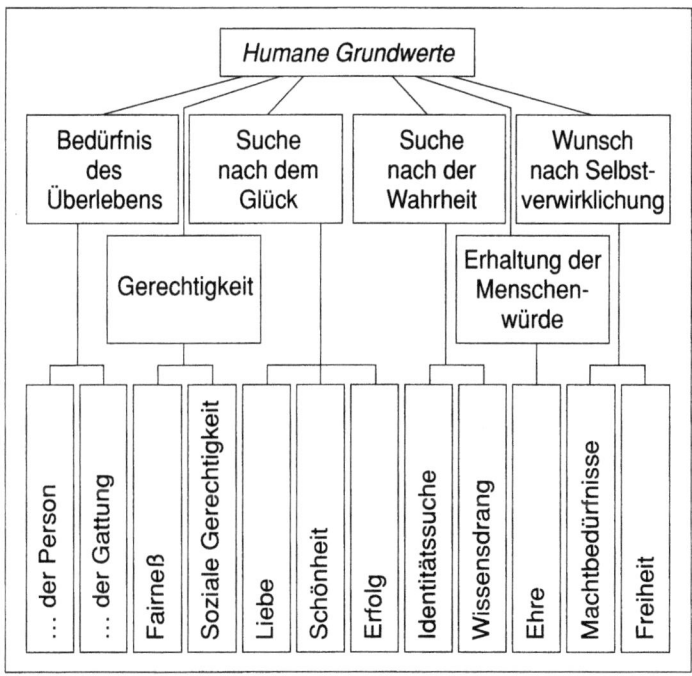

Abbildung 2: Eine typische Wertehierarchie
Quelle: Koelle 1976/77, S. 25

Die in der *Werthierarchie* enthaltenen Elemente sind selbstverständlich individuell unterschiedlich stark ausgeprägt. Empirische Beobachtungen des Autors, in Zusammenhang mit Personalberatungsarbeit, lassen die Annahme zu, daß bei Spitzenkräften der Wunsch nach Selbstverwirklichung (Freiheit, Macht und Gestaltungsoptionen) und auch die Suche nach der Wahrheit (hier sei auf die Aspekte „Wissensdrang" und „Identitätssuche" hingewiesen) bei der Entscheidung für ein Stellenangebot wichtig sind. Die Attraktivität des beruflichen Umfeldes, Standort- und Lebensqualität sind als Kriterien nicht neu. Ein gutes Image des Unternehmens, gestützt auf seine Produkte und die Dienstleistungen und gefördert durch professionelle Kommunikationsmaßnahmen (interne und externe Public Relations) sind wertvoll, wenn es um die Gewinnung von Spitzenkräften geht (vgl. den Beitrag von Elisabeth Kappas in diesem Buch). Hervorragend geführte Unternehmen sind sich der Bedeutung ihres Images in der Öffentlichkeit bei der Gewinnung von Aufträgen und Spitzenkräften bewußt. Die Zielvorstellungen von Ogilvy & Mather (internationale Werbeagentur) seien an dieser Stelle exemplarisch genannt (Ogilvy 1988, S. 137):

- „Effizientere Leistungen für unsere Klienten zu erbringen als jede andere Agentur,

- jedes Jahr einen größeren Gewinn zu erwirtschaften,

- unsere hohen ethischen Maßstäbe beizubehalten,

- die Agentur unter strengen Wettbewerbsmaßstäben zu führen,

- unsere Dienstleistungen up to date zu halten,

- dafür zu sorgen, daß Ogilvy & Mather der interessanteste Arbeitsplatz in der Branche bleibt,

- den Respekt der Gemeinschaft zu verdienen."

Hat man nun durch ein entsprechend gutes Bild in der Öffentlichkeit sowie durch systematisches „Networking" die Aufmerksamkeit von Spitzenkräften für das Unternehmen und Interesse für ein Aufgabenfeld geweckt, so sind die ersten Hürden genommen. Im folgenden sollen einige Empfehlungen zur Diskussion gestellt werden sowie potentielle Fehler, die im Zuge der sich konkretisierenden Gespräche mit dem gewünschten Kandidaten vermieden werden sollten (in Anlehnung an Boyle/Liebowitz 1995).

Erste Empfehlung

Geben Sie eine möglichst präzise Beschreibung der Funktion und des Umfeldes (sowohl unternehmensintern als auch unternehmensextern). Hierbei gilt es, nicht nur die funktionale Entscheidung und Verantwortung zu definieren, sondern auch die Kompetenzen und die Handlungsspielräume einschließlich der „Grauzonen", die eher situativ zu bestimmen bzw. auszufüllen, ja manchmal offensiv zu besetzen sind.

Da das einzige Beständige der Wandel ist, erscheint es angebracht, über Veränderungsszenarien rechtzeitig zu sprechen und somit auch die mentale Einstellung des potentiellen Mitarbeiters bezüglich der Veränderungen zu eruieren.

Zweite Empfehlung

Finden Sie die wirklichen Veränderungsmotive sowie die persönlichen Prioritäten und Wertvorstellungen des künftigen Mitarbeiters heraus! Es ist wesentlich, die Gespräche mit dem Kandidaten zur Besetzung einer bestimmten Position nicht einseitig zu führen („Ist er für uns geeignet?", „Erfüllt er unsere Anforderungen?"), sondern auch umgekehrt festzustellen, ob das neue Unternehmen die Zielvorstellungen, die Denkstruktur und auch die Gefühle und Emotionen des Kandidaten positiv erreichen kann. In diesem Zusammenhang ist sehr wohl auch eine gemeinsame Reflexion über prägnante Erfahrungen des Kandidaten in seinem bisherigen Unternehmen empfehlenswert.

Dritte Empfehlung

Die „Chemie" muß stimmen! Dieser alte Spruch hat ohne Zweifel nach wie vor seine Gültigkeit. Unter „Chemie" ist sowohl die persönliche Sympathie und Wertschätzung zwischen dem Kandidaten und seinem neuen Umfeld (Mitarbeiter, Vorgesetzte, Kollegen) aber gegebenenfalls auch die Affinität zu wichtigen externen Partnern des Unternehmens, zum Beispiel zu Lieferanten, Kunden, Banken (je nach Funktion) zu verstehen.

Obwohl der Begriff „Kultur" mitunter strapaziert wird, ist er im Kontext der Gewinnung von Spitzenkräften wichtig. Die Unternehmenskultur prägt nämlich Verhaltensweisen und Denkmuster nachhaltig. Gerade wenn Sie „frischen Wind" durch eine neue Spitzenkraft wünschen, müssen Sie auch intern mit Geduld die Voraussetzungen für eine Veränderung schaffen. Ihr innovativer Wunschkandidat könnte andernfalls an der gewachsenen Kultur, die sich in hunderten von Aspekten wiederfindet (auch in Kleinigkeiten), scheitern.

Vierte Empfehlung

Übersehen Sie den Einfluß des Lebenspartners nicht. Gerade wenn es um die Besetzung von Spitzenpositionen geht, ist die Einbeziehung der Lebenspartner in den Entscheidungsprozeß von Bedeutung. Wenn das neue Unternehmen als „neue Familie" und häufig genug als „neues Zuhause" empfunden werden soll, müssen die „klassischen" Familien der Führungsmannschaft auch harmonieren.

Fünfte Empfehlung

Seien Sie ehrlich! Ein relativ häufig vorhandener Fehler bei dem Versuch, Spitzenkräfte zu gewinnen, besteht in der Übertreibung oder – noch schlimmer – in wissentlich falscher Darstellung relevanter Sachverhalte, Kompetenzen, Stärken und Schwächen. Es ist durchaus legitim, das eigene Unternehmen und die vakante Position positiv darzustellen. Mit einer falschen Darstellung jedoch riskieren Sie nicht nur die Kündigung einige Monate später, sondern auch einen nachhaltigen Schaden an Glaubwürdigkeit im eigenen Unternehmen und auch extern.

Sechste Empfehlung

Sorgen Sie für ein ausgewogenes „Paket" an Entlohnung, Handlungsspielräumen und Perspektiven.

Die monetäre Seite ist für eine Spitzenkraft wichtig; auch die Wirksamkeit von nicht monetären Zusatzleistungen sollte der Funktion angemessen gestaltet werden. Eine signifikante Erfolgskomponente hängt wiederum von dem im Unternehmen praktizierten Entlohnungssystem ab. Dieser Punkt läßt sich mit den Entwicklungsperspektiven verknüpfen – und korrekterweise auch mit den Folgen im Falle eines Mißerfolgs. Spätestens an dieser Stelle sollten die angestrebten Ziele dahingehend überprüft werden, ob realistische Maßnahmen, die Ressourcen verbrauchen, umgesetzt werden können.

Spitzenkräfte reagieren nicht wie der Pawlowsche Hund, der durch Reize in ein bestimmtes Verhalten manipuliert wird. Spitzenkräfte wünschen Gestaltungsräume, Mitwirkung bei Entscheidungen, inspirierenden Gedanken- und Erfahrungsaustausch mit anderen und herausfordernde Aufgaben. Dann können Spitzenkräfte sich selbst und auch andere motivieren. Dieses Umfeld wird letztlich auch helfen, die Spitzenkräfte, die Sie schon haben, zu behalten (Kohn 1993, S. 37f.)

Menschen gestalten die Zukunft

Immer häufiger ist in den letzten Jahren die Rede von einer neuen industriellen Revolution, die radikale Veränderungen in der Arbeitswelt mit sich bringen wird. In der Industriewelt ist die Initialzündung für diese Veränderungen durch Lean Production gegeben. Sie wurde durch das Business Reengineering noch verstärkt. In der Politik hat zur gleichen Zeit, Ende der 80er Jahre, die Auflösung des sozialistischen Machtblocks stattgefunden. Die Informations- und Kommunikationstechnologie hat ebenfalls zur gleichen Zeit ein neues Zeitalter eingeläutet. Hauptakteure bei all diesen Veränderungen sind die Menschen. Was liegt also näher, als sich auf die Suche nach geeigneten „Mitkämpfern" zu begeben und auch bereit zu sein, ständig dazuzulernen, sich auch selbst zu verändern.

Wenn die Veränderung das einzige Sichere ist, so wird die Überlebensfähigkeit von Unternehmen, Parteien und auch von einzelnen Menschen von der Adaption und Lernfähigkeit entscheidend beeinflußt sein. Es gilt, in einem Balanceakt zwischen diesen sich überlappenden Veränderungsprozessen das Gleichgewicht zu behalten bzw. neu zu erarbeiten. Verschiedene „Gurus" versprechen immer wieder, das *ultimative* Erfolgsrezept gefunden zu haben. Oft handelt es sich um einen „Zwischenstand" auf dem Weg der Erkenntnis, der manchmal nur wenige Monate bestehen kann.

Klee, der große Künstler und Pädagoge, der die Kunst des 20. Jahrhunderts im Bauhaus gravierend geprägt hat, schreibt: „Wir müssen die Suche fortsetzen. Uns fehlt die entscheidende Kraft, weil kaum Menschen da sind, die uns unterstützen. Wir suchen nach Menschen. Wir haben im Bauhaus begonnen, in einer Gesellschaft, wo jeder sein Bestes gegeben hat. Mehr können wir nicht tun." (Klee 1945)

Konzentrieren wir uns also auf *den* Erfolgsfaktor, der auf Dauer das Überleben von Organisationen im Wettbewerb sichert, die Mitarbeiter. „Das Vermögen eines Unternehmens ist das, was seine Mitarbeiter vermögen. Auch wenn unsere Bilanzrichtlinien das nicht widerspiegeln. [...] Aus der Sicht der Banken, Wirtschaftsprüfer und Unternehmensbürokraten zeigt sich das Unternehmen grundsolide, wenn es Tausende von Stühlen und PCs kauft und alle Ingenieure entläßt." (Fuchs 1995, S. 36) Der Wandel hat in den Köpfen einiger wichtiger Entscheidungsträger der deutschen Wirtschaft zum Glück schon längst begonnen. Der für seine knallharte Einkaufspolitik berühmte (und berüchtigte) Ignatio Lopez, verantwortlich für die Beschaffung und die Produktionsoptimierung von VW, hat im Rahmen eines Symposiums zu Führungsphilosophie und Führungsverhalten[3] auf die Frage des Autors nach der Zukunft des *Produkti-*

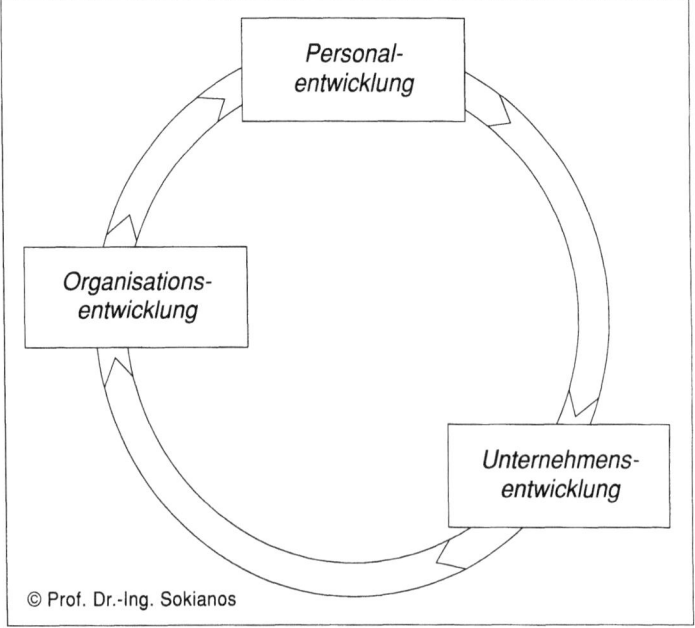

Abbildung 3: Die wechselseitigen Abhängigkeiten zwischen Personal-, Organisations- und Unternehmensentwicklung

onsstandortes Deutschland als dessen wesentliche Stärke das hohe Qualifikationsniveau angegeben. Gleichwohl gelte es, in einem neuen Paradigma der Arbeitsgestaltung den Humanismus und die Freiheit im betrieblichen Alltag zu ermöglichen.

Die erfolgreiche Bewältigung der Zukunft erfordert Ausgewogenheit zwischen Unternehmens-, Organisations- und Personalentwicklung (vgl. Abbildung 3). Sowohl bei der Krisenbewältigung als auch beim *Aufbruch zu neuen Ufern* sind Spitzenkräfte gefragt.

Anmerkungen

1 Der zunehmende Trend zum vorgezogenen Ruhestand ist bedenklich. Zum einen durch den meines Erachtens gravierenden Erfahrungsverlust, zum anderen durch das Aufbürden von betrieblichen Kosten auf das Arbeitsamt (das heißt auf die Steuerzahler), was wiederum den Spielraum für Steuersenkungen reduziert und somit den Produktionsstandort Deutschland belastet. (Politisch dürfte diese Fehlentwicklung bald gestoppt werden.)

2 Nachweis eines Fehlers.

3 Führungsphilosophie und Führungsverhalten im Spannungsfeld zwischen partizipativem Management und betrieblichen Anforderungen. 30. November/1. Dezember 1995, organisiert von der Bertelsmann Stiftung (Gütersloh) und der Hans Böckler Stiftung (Düsseldorf).

Literatur

Anderson, R.: Führungs-Strategien, Stuttgart 1971
Boyle. T../Liebowitz.J.:Recruiting high potentials, in: *Organisation* (griechische Ausgabe), Nr. 26, Athen, 1995, S. 12–18 (Übersetzung des Herausgebers.)
Djarrahzadeh, M./Schwuchow, K.: Von Auslandseinsatz zur internationalen Personalentwicklung, in: Internationalisierung als Herausforderung für das Personalmanagement, hrsg. v. Coenenberg, Funk und M. Djarrahzadeh, Stuttgart 1993

Dlugos, G.: Veränderungen und integrative Veränderungspolitik im Unternehmenssektor, in: Produktion im Wandel. Weichenstellung für das Management der Zukunft, hrsg. v. N. Sokianos, Wiesbaden/Frankfurt 1995

Frankfurter Allgemeine Zeitung vom 11.11.95: Zur Sache (Interview mit J. Champy), S. 49

Fuchs, J.: Wege zum vitalen Unternehmen, Wiesbaden 1995

Geißler, H.: Spannungsfeld Gesellschaft, in: Management im Umbruch, hrsg. v. R. Kalmbach, Wiesbaden/Frankfurt 1994

Gerken, G./Luedecke, G.: Die unsichtbare Kraft des Managers, Düsseldorf 1988

Grimm, B.: Ethik des Führens, München 1994

Hammer, J.: Die Wirksamkeit der Führung verbessern, in: *Management Zeitschrift*, 1979, Nr. 4, S. 188–190

Hammer, M./Champy, J.: Business Reengineering, Frankfurt/Main 1993

Hartz, P.: Jeder Arbeitsplatz hat ein Gesicht, Frankfurt/Main 1994

Klee, P.: Über die moderne Kunst, Bern 1945

Hohmann, R.: Optionen für die Fabrik der Zukunft, in: Lernen der Zukunft, hrsg. v. C. Heidack, 2. Auflage, München 1994

Koelle, H. H.: Systemtechnik, Berlin 1976/77

Kohn, A.: Rethinking Rewards, in: *Harvard Business Review*, Boston, November-December 1993

Leavitt, H.: Grundlagen der Führungspsychologie, München 1979 (Titel der Originalausgabe: Managerial Psychology.)

Leist, A.: Welche Antworten auf den wachsenden Ethik-Bedarf?, in: *Neue Züricher Zeitung*, Internationale Ausgabe, 6./7.5.95, S. 39

Locke, R. R.: Higher Education and Management: Their Relational Changes in the 20th Century, in: Education and Training in the Development of Modern Corporations. Proceedings of the Fuji Conference, ed. by N. Kawabe, Tokio 1993

Machiavelli, N.: Der Fürst, Stuttgart 1961 (Italienischer Originaltitel: Il Principe.)

Mohn, R.: Erfolg durch Partnerschaft, 3. Auflage, Berlin 1993

Mohr, R.: Manager gegen den Windkanal, in: *Frankfurter Allgemeine Zeitung* vom 11.11.95

Ogilvy, D.: Was mir wichtig ist, hrsg. v. I. Raphaelson, Düsseldorf 1988

Pinchot, G.: Intrapreneurship. Why you don't have to leave the corporation to become an entrepreneur, New York 1985 (Deutsche Übersetzung: Intrapreneuring. Mitarbeiter als Unternehmer, Wiesbaden 1988.)

Popper, K.: Alles Leben ist Problemlösen, 7. Auflage, München 1995

Sciuchetti, G. C.: Internationalisierung als Ansatzpunkt einer unternehmerischen Gestaltung der Personalarbeit, in: Innovatives Personalmanagement, hrsg. v. R. Wunder und T. Kuhn, Neuwied 1995

Sokianos, N.: Anforderungen der Industrie an Hochschulabsolventen, in: *Personal*, Heft 12/1993, S. 575–578

Sokianos, N.: Die Zielanalyse als ein Instrument des Konfliktmanagements, Berlin 1980

Sokianos, N.: Mut zur Veränderung. Organisationsentwicklung für die Fabrik der Zukunft, in: *Jahrbuch für Planung und Produktion*, hrsg. v. H. Selzle, Landsberg 1991, S. 16–20 (1991 a)

Sokianos, N.: Entscheidend bleibt der Mitarbeiter, in: *Jahrbuch der Logistik*, Düsseldorf 1991, S. 204–206 (1991 b)

Sokianos, N.: Produktion im Wandel. Weichenstellung für das Management der Zukunft, Wiesbaden/Frankfurt 1995

Der Wirtschaftsfaktor „Humankapital"

von Hans Kremendahl

„Eine gute Bildungspolitik ist die beste Wirtschaftspolitik." Diese Aussage des britischen Labour-Parteiführers Tony Blair auf dem Labour-Parteitag 1995 klingt auf den ersten Blick überraschend. In der gegenwärtigen Diskussion um den Wirtschaftsstandort Deutschland wird über zahlreiche Reform-Notwendigkeiten gesprochen und gestritten: Über den Abbau von Subventionen für veraltete Industriezweige, über eine strategische Offensive und mehr Fördermittel für Produkt- und Verfahrensinnovationen, über notwendige Kostensenkungen für die Unternehmen, insbesondere der Lohnnebenkosten, über Deregulierung, Beschleunigung von Planungs- und Genehmigungsverfahren und vieles andere mehr.

Selten jedoch ist in den politischen Auseinandersetzungen von der Bildungspolitik die Rede, von den Institutionen und Inhalten, in denen die in der Wirtschaft tätigen Menschen – der Faktor „Humankapital" also – ausgebildet und weiterqualifiziert werden. Man kann sich des Eindrucks nicht erwehren, daß die Bildungspolitik auf der politischen Prioritätenskala derzeit ziemlich weit hinten rangiert und im öffentlichen Bewußtsein ein Schattendasein führt. Um so mehr ist Tony Blairs These geeignet, darüber nachzudenken, ob dies im Interesse der künftigen Wettbewerbsfähigkeit der deutschen, ja der europäischen Wirtschaft so bleiben kann. Wenn ein Politiker wie Blair, in dem viele mit gutem Grund den künftigen Premierminister Großbritanniens sehen, die Bildungspolitik im Rahmen seines Modernisierungsprogramms („New Labour for a new Britain") als Eckpfeiler entdeckt und derart in den Mittelpunkt stellt, gibt dies auch uns in Deutschland Anlaß, über ihren Stellenwert neu nachzudenken – gerade auch vor dem Hintergrund der aktuellen Standortdebatte!

Die Reformen der 60er und 70er Jahre

Vor rund 30 Jahren wurde auch in unserem Land der Zusammenhang zwischen einer Reform von Schule, Berufsausbildung und Hochschule mit der Wettbewerbsfähigkeit unserer Wirtschaft sehr deutlich hergestellt. Georg Pichts im Jahre 1964 erschienendes Buch *Die Deutsche Bildungskatastrophe* wirkte wie ein Fanal. In dieser Schrift warnte Picht ausdrücklich davor, daß das Wirtschaftswunderland Deutschland seine führende Stellung verlieren könne, wenn nicht mehr Menschen besser ausgebildet würden und wenn sich unser Ausbildungssystem nicht auf die höheren Qualifikationsniveaus einstellen würde, die in einer sich modernisierenden Industriegesellschaft der Zukunft verlangt würden. Die Tatsache, daß zur damaligen Zeit nur etwa 15 Prozent eines Jahrgangs das Gymnasium, weniger als 10 Prozent die Universität besuchten, daß nur 5 Prozent der Studierenden aus Arbeitnehmerhaushalten stammten, wurde als gigantische Vergeudung von Begabungsreserven qualifiziert und gab Anstoß zu einer grundlegenden Reform unseres Bildungswesens.

Als 1969 die sozial-liberale Koalition unter Willy Brandt mit der Parole „Wir schaffen das moderne Deutschland" die Regierungsführung übernahm, war dafür neben Themen wie „Neue Ost-Politik" und „Moderne Wirtschaftspolitik" auch ein umfassendes Reformprogramm für Schule und Hochschule ausschlaggebend. Die Initiativen für eine soziale Öffnung weiterführender Bildungseinrichtungen, eine drastische Vermehrung der Lehrer- und Hochschullehrerstellen, eine intensive Werbung für den Lehrerberuf und institutionelle Veränderungen wie Gesamtschule und Gesamthochschule wurden unter dem Eindruck der Studentenbewegung und der außerparlamentarischen Opposition erweitert um die Veränderungen von Bildungszielen und Bildungsinhalten. Neben das Ziel einer höheren Qualifikation für immer mehr Menschen trat die Auseinandersetzung über den richtigen Weg der Erziehung zur Demokratie. Viele Bundesländer verabschiedeten Hochschulgesetze, die die Dominanz der ordentlichen Professoren durch in unterschiedlicher Weise paritätisch aus Professoren, Mittelbauvertretern, Studenten und sonstigen Mitarbeitern besetzte Selbstverwaltungsgremien ablösten. Auch im Bereich der Schulen wurden durch Schulverfassungsgesetze Mitbestimmungsregelungen für Eltern, Lehrer und Schüler eingeführt.

Anfang der 70er Jahre fanden intensive Auseinandersetzungen unter dem Stichwort „Konfliktpädagogik" statt – ein Beispiel dafür ist die damalige Diskussion um die Rahmenrichtlinien für den politischen Unterricht des Landes Hessen. Die Gesellschaft, so argumentierten progressive Pädagogen und Didaktiker, sei im wesentlichen durch Konflikte geprägt. Diese Konflikte und ihre Bewältigung müßten als Lernziel in die Pädagogik eingehen und falsch verstandenes Konsens- und Harmoniedenken verdrängen. Schule und Hochschule selbst wurden als Felder exemplarischer Konfliktaustragung betrachtet.

Bildungsinstitutionen und -inhalte wurden auf diese Weise zu einem zentralen Feld politischer Auseinandersetzungen auf Bundes- wie vor allem auf Länderebene. Vielfach wurde eine Politisierung von Schulen und Hochschulen beklagt. Die Gegenreaktion von Lehrern und Hochschullehrern, Bildungspolitikern und Medienvertretern ließ nicht lange auf sich warten. Eine Organisation wie der „Bund Freiheit der Wissenschaft" erhielt großen Zulauf und große Publizität. Aufgrund von Klagen betroffener Hochschullehrer gegen das niedersächsische Hochschulgesetz mußte sich das Bundesverfassungsgericht in den 70er Jahren mit der Frage beschäftigen, wieviel Mitbestimmung der Nicht-Professoren-Gruppen mit dem Grundgesetz vereinbar seien. Durch sein „Hochschulurteil" setzte es deutliche Grenzen und veranlaßte die Korrektur einiger Länderhochschulgesetze.

Zieht man heute eine Bilanz der Reformen in Bildung und Wissenschaft, so kommt man zwangsläufig zu einem differenzierten Befund:

- Die soziale Öffnung weiterführender Schulen und Hochschulen ist weitgehend gelungen. Heute erwerben zwischen 30 und 40 Prozent eines Jahrgangs die Hochschulreife. Rund ein Viertel eines Jahrgangs besuchen Universitäten und Fachhochschulen. Das duale System in der Berufsausbildung gilt weltweit als mustergültig. Nicht zuletzt dank des Bundesausbildungsförderungsgesetzes (Bafög) konnten schichtenspezifische Barrieren im Zugang zu weiterführenden Bildungsinstitutionen fast völlig abgebaut werden. Deutschland hat also die Voraussetzungen geschaffen, vorhandene Begabungsreserven zu nutzen und mehr Chancengleichheit zu verwirklichen.

- Weniger gelungen erscheint die institutionelle Reform im Bildungsbereich. Die großen Hoffnungen, die in die Gesamtschule – ein Schultypus, der die äußere Gliederung durch innere Differenzierung ersetzt – gesetzt wurden, haben sich nur teilweise erfüllt. Die grundlegende Idee der Gesamtschule war, daß die Entscheidung über den künftigen Bildungsweg nicht im Alter von zehn oder zwölf Jahren getroffen werden muß. Durch Ganztagsbetreuung sollten Nachteile, die sich aus unterschiedlichem sozialem Status und unterschiedlichem Bildungsstand der Elternhäuser ergeben, kompensiert werden. Durch eine differenzierte Fächer- und Kurswahl sollte individuellen Begabungen und Neigungen stärker Rechnung getragen werden als durch einen starren Fächerkanon. Der Übergang zur – meist in die Gesamtschule integrierten – gymnasialen Oberstufe sollte dadurch erleichtert werden.

Tatsache ist heute, daß sich die Gesamtschule als Katalysator für eine Reform des Gymnasiums erwiesen hat. Nur etwa drei bis fünf Prozent der Gesamtschüler haben von der Grundschule eine Gymnasial-Empfehlung mitbekommen. Die weitaus meisten, die über eine solche Empfehlung verfügen, besuchen die Gymnasien, die durch vielfältige Beschlüsse der Kultusministerkonferenz heute ein ganz anderes Bild bieten als früher. Das Kurssystem in den Klassen 12 und 13 und differenzierte Wahlmöglichkeiten eröffnen auch hier mehr Chancen für differenzierte Begabungen und Neigungen. Im Ergebnis hat sich das dreigliedrige Schulsystem neben der Gesamtschule behauptet: Die Gymnasien haben nach wie vor starken Zulauf. Die Realschule erfreut sich großer Beliebtheit. Die Hauptschulen hingegen drohen mehr und mehr zur Rest-Schule für Problem-Gruppen im Bildungsbereich zu werden. In manchen Regionen – vor allem in großen Städten – tritt die Gesamtschule de facto die Nachfolge der Hauptschule an, allerdings mit dem Vorteil des erleichterten Übergangs zu qualifizierteren Bildungsabschlüssen, als dies auf dem zweiten Bildungsweg über Abendschulen, Kollegs etc. möglich ist. Die Universitäten haben sich – mit wenigen Ausnahmen – zu Massenuniversitäten entwickelt. Der Ausbau der Kapazitäten in räumlicher und personeller Hinsicht hat mit dem Anwachsen der Studentenzahlen aus haushaltspolitischen Gründen nicht Schritt halten können. Zulassungsbeschränkungen, die vor dem Hintergrund dieser Situation verhängt wurden, wurden immer wieder durch die Verwaltungsgerichte „durchlöchert". Unter der Bewältigung des „Studentenbergs" und des Zwangs zur dauernden Improvisation erlahmten auch die Impulse zur inneren Reform der Hochschulen und zur demokratischen Mitbestimmung. Ein Blick auf die Wahlbeteiligung bei Studierenden zeigt dies drastisch. Die heutigen Universitäten stellen sich weitgehend als wenig strukturierte Massenbetriebe dar, die den einzelnen relativ orientierungslos lassen und ihm aufgrund der quantitativen Überfüllung zureichende Betreuungs- und Beratungsangebote vorenthalten.

Erfreulicherweise gilt dieser Befund weniger für einen in Deutschland spezifischen Hochschultypus, der auf hohem Niveau schnell – in der Regel nach acht Semestern – zu berufsbezogenen Abschlüssen führt: Den Fachhochschulen, die vor allem im Bereich der Ingenieurausbildung, der Betriebswirteausbildung und der Ausbildung in den Bereichen Sozialarbeit und Sozialpädagogik eine immer wichtigere Funktion in unserem Bildungswesen einnehmen. Der seit einigen Jahren beschrittene Weg, die Kapazitäten der Fachhochschulen behutsam auszubauen und diese Alternative zum Universitätsstudium attraktiver zu machen, ist daher der richtige.

Inhaltliche Defizite

Gemessen am ursprünglichen Impuls, junge Menschen fit zu machen für die Industriegesellschaft der Zukunft und unser Land für den härter werdenden Wettbewerb, muß die Reform der Bildungsinhalte als weitgehend mißlungen bezeichnet werden. Nur unzureichend ist es gelungen, in unseren Schulen, teilweise auch in den

Hochschulen, zeitgemäße Themen und Inhalte rechtzeitig in die Curricula zu integrieren, ohne daß dies zu einer ungebührlichen Ausweitung der Stoffülle geführt hätte. Wo werden Schüler – über marginale Ansätze hinaus – mit moderner Informations- und Kommunikationstechnik vertraut gemacht, ohne die moderne Berufsbilder in Produktion, Dienstleistungen, Verwaltungen und Lehrberufen kaum noch denkbar sind? Wo werden Kenntnisse zum Beispiel über Recht und Wirtschaft vermittelt, die jedermann im täglichen Leben braucht? Hinzu kommt, daß eine Reihe von gescheiterten Experimenten wie etwa Ganzheitsmethoden in der Rechtschreibung oder Mengenlehre in der Mathematik mit dazu beigetragen haben, daß auch die Qualität der Vermittlung grundlegender Kulturtechniken wie Rechnen und Rechtschreibung deutlich nachgelassen hat.

Jedenfalls beklagen sich Arbeitgeber wie Hochschullehrer lautstark über mangelnde diesbezügliche Fähigkeiten von Absolventen bis hin zum Gymnasium! An den Universitäten ist – nicht zuletzt aufgrund des Beharrungsvermögens von Professoren – festzustellen, daß innovative Lehrinhalte lediglich im Wege der Addition zu vorhandenen Stoffkatalogen eingeführt worden sind. Kaum eine Studien- oder Prüfungsordnung hat es vermocht, traditionelle Themen und Inhalte aus dem Pflichtkanon herauszunehmen und sie durch modernere zu ersetzen. Nicht zuletzt dies ist verantwortlich für die überlangen Studienzeiten in Deutschland und die Tatsache, daß immer mehr Studierende erst in der zweiten Hälfte ihres dritten Lebensjahrzehnts zum Hochschulabschluß kommen, auch wenn dem weder Berufsausbildung noch Wehrdienst vorangegangen sind.

Außerdem hat sich de facto immer mehr der Typus des Teilzeit-Studenten eingebürgert: Der Job neben dem Studium ist für einen hohen Prozentsatz Realität, was ebenfalls zur Verlängerung der Studienzeiten führt. Zum Teil ist dafür die Teil-Umstellung des Bafög auf Darlehen verantwortlich; sehr viel mehr steht jedoch dahinter auch der Wunsch, ein selbständiges Leben zu führen und sich einen Lebensstandard zu finanzieren, an den man sich im Elternhaus gewöhnt hatte. Diese Neigung nimmt um so mehr zu, je länger die Perspektive der Studienzeit ist, führt allerdings selbst wiederum zu einer weiteren Verlängerung. Die Überfüllung der Universitäten und mangelnder Ausbau der Personalkapazitäten bringt auch ärgerliche Wartezeiten auf Pflichtlehrveranstaltungen und -praktika mit sich, die ebenfalls zur Verlängerung beitragen.

Wissenschaft und Praxis

Gerade im tertiären Bildungsbereich, an den Hochschulen also, setzt sich erst allmählich die Erkenntnis durch, daß Lehre und Forschung etwas mit gesellschaftlicher Praxis, mit den Notwendigkeiten unserer Wirtschaft und anderer gesellschaftlicher Lebensbereiche zu tun haben. Hier hat es für zu lange Jahre eine unheilige Allianz zwischen der konservativen deutschen Bildungstradition und der Ideologisierung in den 70er Jahren gegeben. Das konservative Ideal der „Einsamkeit und Freiheit" des Wissenschaftlers, hat das Prinzip der Zweckfreiheit von Lehre und Forschung hoch gehalten und zur Abschottung gegenüber Wirtschaft und gesellschaftlicher Praxis beigetragen. Der in Zeiten schwieriger öffentlicher Haushaltslagen naheliegende Gedanke, Wissenschaft müsse sich durch ihren praktischen Nutzen für die Gesellschaft ausweisen und Finanzmittel für die Hochschulen müßten von daher bemessen werden, wurde und wird noch heute in weiten Bereichen der Universitäten als Zumutung empfunden und empört zurückgewiesen.

Unter dem Einfluß der kurzzeitigen Renaissance des Marxismus und anderer gesellschaftskritischer und emanzipatorischer Impulse in den 70er Jahren wurde zudem eine allzu praxisnahe Wissenschaft unter Ideologieverdacht gestellt. Auftragsforschung und Technologietransfer wurden als Indienstnahme durch das Kapital diskreditiert. Wissenschaft, so eine weit verbreitete These, dürfe nicht zur Profitmaximierung beitragen. Schon jetzt läßt sich feststellen, daß die auf diese Weise gepflegten jahre- und jahrzehntelangen Sprach- und Kommunikationsbarrieren zwischen Wissenschaft und Wirtschaft mit dazu beigetragen haben, daß Deutschland auf einigen Schlüsseltechnologiefeldern wie Informations- und Kommunikationstechnik oder Biotechnologie den Anschluß an die Weltspitze verloren hat oder zu verlieren droht. Erfreulicherweise hat in den letzten Jahren eine unideologischere und pragmatischere Betrachtungsweise eingesetzt; auch die Studierenden orientierten sich heute verstärkt an den – allerdings eminent schwierig gewordenen – beruflichen Chancen nach dem Studium.

So läßt sich zum Stand der Qualifizierung des „Humankapitals", das unstreitig einen Wirtschaftsfaktor ersten Ranges darstellt, eine eher skeptische Zwischenbilanz ziehen: Soziale Öffnung, Herstellung von Chancengleichheit ist weitreichend gelungen. Dies gilt übrigens auch für die Überwindung traditioneller Rollenbilder und die Qualifizierung von Frauen. Institutionen und Inhalte unseres Bildungswesens befinden sich jedoch in einer durchaus kritischen Situation. Darum genügt es bei der Debatte um den Standort Deutschland nicht, nur über Kosten und Überregulierung zu klagen, es gilt auch, dem menschlichen Faktor hinreichende Priorität zurückzugeben.

Mensch und Wirtschaft morgen: Wohin führt die Entwicklung?

Deutschland, so bemerkte kürzlich der Präsident des Bundesverbandes der Deutschen Industrie, Hans-Olaf Henkel, hat sich vom Exportweltmeister von Produkten zum Exportweltmeister von Arbeitsplätzen entwickelt. Der Trend, menschliche Arbeitskraft durch Maschinen und Technik zu ersetzen, immer mehr Güter mit immer weniger Menschen produzieren zu können, hält schon lange an und wird sich wohl auch in Zukunft nicht grundlegend umkehren. Hinzu kommt, daß immer mehr deutsche Unternehmen aus Kosten- und Logistikgründen Produktionsstätten ins Ausland verlagern, wo entweder Grundstücks- oder Lohnkosten günstiger sind oder aber die Marktnähe den Ausschlag gibt. Dies hat die Arbeitslosigkeit in Deutschland, aber auch in anderen entwickelten Industrieländern wie Frankreich, auf Rekordniveau getrieben.

Auch durchschnittliche Wachstumsraten wie in den Jahren 1994 und 1995 schlagen sich kaum auf den Arbeitsmarkt nieder. Der Begriff des „jobless growth" ist längst eingebürgert. Und es sind auch nicht mehr lediglich un- und angelernte Arbeitskräfte, deren Beschäftigung Konjunkturschwankungen unterliegt und die immer schwerer einen neuen Arbeitsplatz finden. Auch Facharbeiter, qualifizierte Angestellte und selbst Hochschulabsolventen der Ingenieurwissenschaften, der Chemie, der Betriebswirtschaft und anderer wirtschaftsnaher Disziplinen müssen heute lange auf ihre erste Anstellung warten bzw. haben Schwierigkeiten, überhaupt einen adäquaten Arbeitsplatz zu finden.

Aufgrund der dramatischen Haushaltsdefizite nach der deutschen Vereinigung gilt es auch als ausgemacht, daß im öffentlichen Dienst drastische Stelleneinsparungen in den vor uns liegenden Jahren stattfinden werden, daß immer mehr staatliche Dienstleistungen privatisiert werden und daß Bereiche mit bisher sicheren Arbeitsplätzen von Rationalisierungen nicht verschont bleiben.

Vollbeschäftigung als Ziel der Wirtschafts- und Arbeitsmarktpolitik ist daher weit von der Realisierbarkeit entfernt. Auf lange Jahre wird es – nicht nur in den ostdeutschen Bundesländern – notwendig sein, durch eine aktive Arbeitsmarktpolitik (ABM, Lohnkostenzuschüsse, Qualifizierungsmaßnahmen) den Arbeitsmarkt zu flankieren und unter Aufwand erheblicher öffentlicher Mittel dafür zu sorgen, daß Arbeit statt Arbeitslosigkeit finanziert wird. Auf die Dauer ist jedoch nur jene Arbeit wirtschaftlich sinnvoll, die man als „gesellschaftlich notwendig" bezeichnen könnte.

Für Qualifizierung und Einsatz des „Humankapitals", der Menschen im Arbeitsprozeß also, ergeben sich aus diesem Befund eine Reihe von Schlußfolgerungen, denen sich unsere Gesellschaft stellen muß:

- Immer weniger Menschen können damit rechnen, ihr Leben lang in einem einmal erlernten Beruf tätig zu bleiben. Dies mindert nicht den Wert einer gründlichen Berufsausbildung. Lebenslanges Lernen, häufiges Umschulen und Umdenken wird jedoch notwendig sein. Für unsere Bildungsinstitutionen bedeutet dies, daß neben die Aufgabe der Grund- und Erstausbildung in Zukunft verstärkt die der Weiterbildung treten wird. Angesichts knapper öffentlicher Kassen und zum Teil maroder Finanzsituationen an unseren Hochschulen liegt in Weiterbildungsangeboten gegen entsprechende Gebühren denkbarerweise auch eine eigene Einnahmequelle.

- In entwickelten Industrieländern wie Deutschland werden in den vor uns liegenden Jahrzehnten Forschung und Entwicklung, High-Tech-Produkte und entsprechende Produktionsverfahren sowie hochwertige produktionsnahe Dienstleistungen die entscheidenden Wirtschaftsfaktoren sein. Deutschland wird im Vergleichsmaßstab immer ein Hochlohngebiet sein, auch wenn es keine jährlichen Einkommenszuwächse mehr gibt und Abstriche am privaten Lebensstandard unausweichlich sind. Dementsprechend müssen Bildung und Ausbildung in erster Linie auf die Qualifikation für know-how-intensive Arbeitsplätze ausgerichtet sein. Insofern erweist sich die beschriebene quantitative Steigerung qualifizierter Schul- und Hochschulabschlüsse als richtig und sollte auch für die Zukunft unumkehrbar sein.

- Aufgrund der oben genannten Entwicklung wird Flexibilität zum Lernziel Nummer eins. Bei den Bildungsinhalten tritt dadurch zwangsläufig die Orientierung an einer guten Allgemeinbildung, an methodischen Fähigkeiten und an der Bereitschaft zum lebenslangen Lernen in den Vordergrund. Dies wird und muß in unseren Schulen zu einer Veränderung der Pädagogik, teilweise zu einer Renaissance des Einübens in Basis-Kulturtechniken, verbunden mit der verstärkten Integration neuer Fertigkeiten wie der Beherrschung der Informations- und Kommunikations-Technik führen.

- Mindestens ebenso wichtig wird die Orientierung an sozialen und kommunikativen Fähigkeiten. Die Arbeitswelt wird mehr und mehr durch Eigenverantwortlichkeit am einzelnen Arbeitsplatz, aber auch durch Team- und Gruppenarbeit geprägt sein. Vor diesem Hintergrund werden Fähigkeiten der Integration in eine Gruppe, der Menschenführung, der Kooperation, des sozialen Verständnisses ebenso wichtig sein wie solide Fachkenntnisse.

- Flankierend wird es erforderlich bleiben, den Faktor Arbeit einerseits von Nebenkosten zu entlasten und andererseits auch durch direkte arbeitsmarktpolitische Maßnahmen die Einstellung von Menschen für Unternehmen attraktiver zu machen, als es ge-

genwärtig der Fall ist. Es muß deutliche Entlastungen im Bereich der Lohnnebenkosten geben, vor allem durch die Entlastung der Bundesanstalt für Arbeit von versicherungsfremden Leistungen.

- Um die Substanz unseres Sozialstaats zu sichern, müssen Transferleistungen eingestellt oder reduziert werden, die nicht zwingend erforderlich sind, um soziale Sicherheit und Gerechtigkeit oder Hilfe zur Selbsthilfe zu gewährleisten. Auf gesetzlicher und tarifvertraglicher Grundlage muß die Möglichkeit eröffnet werden, Arbeitnehmer zu untertariflicher Bezahlung einzustellen, wobei aus vermiedenen Kosten für Arbeitslosengeld der Differenzbetrag zwischen Tarifgruppe und tatsächlich vom Unternehmen gezahltem Lohn als Ausgleich zu gewähren ist. Denn: Allein mit Hochtechnologie-Produkten und verbesserter Qualifikation werden die Beschäftigungsprobleme nicht lösbar sein. Hochtechnologie ist in erster Linie wertschöpfungsorientiert, nicht beschäftigungsorientiert.

- Jährlich gibt es einen dramatischen Kampf um Ausbildungsplätze. In den ostdeutschen Bundesländern werden heute bereits 60 Prozent der Kosten für die betriebliche – nicht die ohnehin öffentlich finanzierte schulische – Berufsausbildung vom Staat finanziert. Von einem wirklich dualen System kann man bei diesen Relationen kaum noch reden. Immer mehr Unternehmen, die ohnehin Personalabbau betreiben, reduzieren die Zahl ihrer Ausbildungsplätze, weil sie die entsprechenden Kosten sparen wollen oder bereits jetzt genau wissen, daß sie die Auszubildenden nach Beendigung der Lehre nicht übernehmen können. Zwar gilt der Grundsatz, daß auch im Falle der Arbeitslosigkeit eine abgeschlossene Berufsausbildung günstiger ist als keine Berufsausbildung, unvermindert fort. Auf Dauer kann es aber keine Perspektive sein, Menschen für die Arbeitslosigkeit zu qualifizieren oder die Berufsausbildung in außerbetrieblichen Einrichtungen durchzuführen, bei denen es die Perspektive eines Beschäftigungsverhältnisses ohnehin nicht gibt. Berufsausbildung und ihre Finanzierung muß daher als ein Gemeinschaftswerk von Staat und Wirtschaft begriffen werden. Der sinnvollste Schritt wäre es, den Unternehmen steuerliche Anreize für die Schaffung von mehr Ausbildungsplätzen zu bieten. Sollten diese nicht durchsetzbar sein oder nicht greifen, müssen Ausbildungsfonds geschaffen werden, in die die Unternehmen einzahlen, die nicht oder unzureichend ausbilden, und aus denen die Unternehmen unterstützt werden, die zusätzliche Ausbildungsplätze zur Verfügung stellen. Im Grundsatz – es wurde oben bereits erwähnt – hat unser duales Berufsausbildungssystem weltweit Vorbildcharakter. Seine Substanz muß durch eine neue Gemeinschaftsinitiative gesichert werden.

- Von den Vorteilen einer Fachhochschulausbildung war bereits die Rede. In Baden-Württemberg, neuerdings auch in Berlin und Sachsen, ist im tertiären Bereich eine weitere Ausbildungsform hinzugekommen, die noch sehr viel näher an der Wirtschaft und der betrieblichen Ausbildung ist: die Berufsakademien. In einer Berufsakademie wird die Hälfte einer dreijährigen Ausbildungszeit als betriebliche Ausbildung, die andere Hälfte als theoretische und akademische Ausbildung absolviert. Die Erfahrung und jüngste Untersuchungen zeigen, daß Berufsakademie-Absolventen hochqualifiziert und in der Wirtschaft stark gefragt sind. Keineswegs ist es so, daß eine lebenslange „Verhaftung" im Ausbildungsbetrieb stattfindet. Auch bei Wechseln in andere Unternehmen werden Berufsakademie-Absolventen wegen der gleichgewichtigen Verbindung von Theorie und Praxis bevorzugt eingestellt. Diese Ausbildungsform bietet – ähnlich wie duale Ausbildungsgänge im Fachhochschulbereich – den Vorteil der Kürze, der Flexibilität und der großen Praxisnähe. Gerade in diesem Bereich wird der Bedarf der Wirtschaft zunehmen. Hier können die Qualifikationen vermittelt werden, die eine moderne Industriegesellschaft der Zukunft braucht.

Für eine neue Bildungsreform

Aus dem Gesagten folgt, daß Deutschland eine neue bildungspolitische Offensive braucht. Es ist nicht länger angängig, aus der Sicht von Finanzpolitikern die Bildungspolitik nur als „Großverbraucher" zu betrachten und an sie zu allererst zu denken, wenn es um Sparmaßnahmen geht. Wenn man sich das eingangs erwähnte Zitat von Tony Blair vor Augen führt, wird der Zusammenhang zwischen einem qualitativ hochentwickelten Bildungswesen und den Zukunftschancen offenkundig. Kindertagesstätten und Schulen, Berufsausbildungsbereiche und Hochschulen sind daher zugleich wirtschaftsnahe Infrastruktur. Wer über die Zukunft des Standorts Deutschland nachdenkt, muß zwingend zugleich über die Zukunft unserer Bildungseinrichtungen und -inhalte reflektieren. Wir brauchen eine neue bildungspolitische Diskussion in direktem Zusammenhang mit der Zukunftsdebatte, mit den Perspektiven für Industrie, Dienstleistungen und die Grundlagen unseres gesellschaftlichen Zusammenlebens überhaupt. Bildungspolitik muß wieder zum zentralen Reforminhalt von Politik schlechthin werden.

Dazu bedarf es eines breiten Dialoges von Wirtschaft, Gewerkschaften, Politik und Wissenschaft. Hier ist nicht der Ort, ein inhaltliches Konzept für eine Reformstrategie zur guten und zukunftsgerechten Qualifizierung des Humankapitals zu entwerfen. Deshalb sollen abschließend einige wenige Stichworte genügen:

- Bildung beginnt im frühen Kindesalter. Das inzwischen verankerte Recht auf einen Kindertagesstätten-Platz für jedes Kind, für das ein solcher Platz nachgefragt wird, muß deshalb trotz aller Schwierigkeiten der Länderetats durchgesetzt werden. Denn Kindertagesstätten sind keine Aufbewahrungsanstalten, sondern Bildungseinrichtungen. Auch der bei Haushältern in schwierigen Finanzsituationen beliebte Vorschlag, die Gruppengrößen in Kindertagesstätten zu erhöhen, darf nicht unreflektiert nur unter fiskalischen Gesichtspunkten betrachtet werden. Je wichtiger soziales und kommunikatives Verhalten im Arbeitsalltag wird, desto bedeutsamer ist es auch, dies von früher Kindheit an praktisch einüben zu können.

- Das Nebeneinander von gegliedertem Schulsystem und Gesamtschulen bewährt sich vor allem unter dem Gesichtspunkt der Vielfalt der Angebote. Was in den Schulen in den kommenden Jahren Not tut, ist eine grundlegende Reform der Curricula. Auch gegen den Widerstand von Interessenorganisationen muß es eine Entrümpelung der Lehrinhalte von nicht mehr zeitgemäßen Inhalten geben, um Raum zu schaffen für das Bildungs- und Orientierungswissen, das für die Bewältigung der Zukunft erforderlich ist. Einzelne Beispiele sind im ersten Abschnitt angeführt worden. Vorrang muß eine Reform der Pädagogik und ihre Orientierung an zeitgemäßen Lernzielen haben. Aber auch Ausstattung, Erscheinungsbild und Atmosphäre unserer Schulen sind zu einem großen Teil erneuerungsbedürftig. Dafür muß auch in Zeiten knapper Kassen Geld zur Verfügung stehen.

- Die Forderung nach Entrümpelung von überkommenen Lehrinhalten gilt erst recht im Hochschulbereich. Aus Gründen der Flexibilität und der berufspraktischen Einsatzfähigkeit von Hochschulabsolventen müssen die Studienzeiten an den Universitäten drastisch verkürzt werden. Dies kann nicht durch willkürlich festgesetzte Regelstudienzeiten geschehen, deren Überschreitung mit Exmatrikulation sanktioniert wird, sondern es muß durch eine Reform der Lehrinhalte, durch den Mut zur Straffung und zum Verzicht auf Stoff erreicht werden, der für eine moderne Orientierung im Fach nicht mehr zwingend erforderlich ist. Eine derartige Veränderung von Studien- und Prüfungsordnungen muß zur Not auch gegen den Widerstand betroffener Hochschullehrer durchgesetzt werden. Die Wissenschaftsministerien sind hier aufgefordert, Mut zur Entscheidung zu beweisen.

Aufgrund der geschilderten, für die Zukunft erwarteten Qualifikationsnotwendigkeit müssen die Studentenzahlen – von demografischen Schwankungen abgesehen – auf dem erreichten Niveau stabilisiert werden. Um eine adäquate Ausbildung, Lehre und Forschung aber finanzieren zu können, müssen die Hochschulen ein Stück unabhängiger von der Grundfinanzierung durch knapper werdende staatliche Budgets werden. Ihnen muß deshalb die Möglichkeit eingeräumt werden, durch spezifische Angebote der Weiterbildung und des Know-how-Transfers eigene Einnahmen zu erzielen. Eine teilweise Entlassung aus der kameralistischen Haushaltsführung, etwa auch die Beteiligung als Gesellschafter an privaten Unternehmen, darf kein Tabu sein. Dies gilt auch für die Fachhochschulen und andere Bildungseinrichtungen.

Humankapital als Wirtschaftsfaktor – in der Bildungspolitik der Zukunft wird sich nicht zuletzt entscheiden, wie ernst unsere Gesellschaft diesen Zusammenhang, und damit ihre eigene Zukunft, nimmt.

Neue Anforderungen an die Personalpolitik

von Hans-Erich Müller

Die Personalfunktion am Scheideweg

In der geradezu fieberhaften Auseinandersetzung, die in den letzten Jahren um neue Managementkonzepte vom Lean Management bis hin zum Business Reengineering stattfand, verhält sich der Personalbereich – wenn ein Bild aus der Märchenwelt erlaubt ist – wie ein Froschkönig, der Frosch bleibt: den Küssen immer neuer Prinzessinnen zum Trotz. Alle werbenden Angebote, die unter dem Tenor „Der Mensch im Mittelpunkt" von anderen Managementbereichen ausgehen, scheint er in den Wind zu schlagen. Der Personalbereich führt, wie ein Blick in die gängigen Lehrbücher nahelegt, ein selbstgenügsames Leben, obwohl er tatsächlich grundlegenden Veränderungen unterliegt.

Überwindung der Fachgrenzen

Es kann hier dahingestellt bleiben, ob sich im Fach „Personal" heute immer noch nur „ökonomische Spurenelemente" finden (Sadowski et al. 1994). Denn es kommt weniger auf die Disziplinierung der Personalwirtschaftslehre an, als auf die Überwindung ihrer fachlichen Beschränkung. Das eigentliche Problem liegt in der isolierten Betrachtungsweise der jeweiligen Bereiche: „Unser derzeitiges Managementverständnis krankt an der weitgehend isolierten Betrachtung miteinander vernetzter Probleme und ihrer arbeitsteiligen Zuordnung an Spezialisten." (Bleicher 1991, S. 3) Dem Finanzbereich geht es um Zahlungsströme, der Produktionsmanager muß für Qualität und Volumen geradestehen und der Personalleiter sorgt sich um Arbeitsfrieden, Effizienz und Motivation der Belegschaft. Aber gute

Personalarbeit braucht den ständigen Erfahrungsaustausch mit anderen Geschäftsfunktionen.

Der Stellenwert neuer Managementkonzepte liegt darin, daß sie die Überwindung der Fach-, Funktions- und Bereichsgrenzen fordern, Lernprozesse auslösen und damit einem integrierten Management den Weg ebnen. Darauf kommt es heute an. In der turbulenten Welt von heute verbietet es sich, die Managementbereiche losgelöst voneinander zu bearbeiten und zu optimieren; denn zwischen ihnen besteht eine Wechselbeziehung. *Integriertes Management* heißt: Ausgehend von der Vision (des Leitbildes, des Grundauftrages) gleichzeitig und übergreifend Strategie, Struktur, Personal und Kultur entwickeln (vgl. Staehle 1994; Bleicher 1992).

Dem widerspricht nicht, daß zu bestimmten Zeiten einzelne Themen hervortreten müssen. Kritisch beim Ansatz wie bei der Umsetzung auch moderner Managementkonzepte wird es jedoch, wenn einzelne Seiten verabsolutiert werden, wie damals bei „der Suche nach Spitzenleistungen" (Peters/Waterman 1982) die „weiche" Unternehmenskultur und heute beim Reengineering (Hammer/Champy 1993) die „harten" Prozesse und Strukturen. Hermann Simon kann zugestimmt werden: „TQM, Kaizen, Zeitwettbewerb – moderne Managementmethoden gibt es zuhauf. Doch nicht jede Masche sollte gleich als Heilslehre dienen." (*Manager-Magazin* 5/1995). Das ist kein Grund dafür, daß die Personalwirtschaftslehre sich weiterhin überwiegend mit sich selbst beschäftigt.

Man kann auch indirekt führen

Die Personalfunktion steht am Scheideweg. In der „knowledge-based-company" unserer Zeit gelten wieder die Menschen, deren Motivation und Qualifikation als wichtigstes Vermögen. Es ist eine Ironie der Geschichte, daß damit der Status der Personalfachleute als Experten für diese Ressource keineswegs aufgewertet wird – im Gegenteil: Er wird in Frage gestellt. „Schließt die Personalabteilung!" ist nur eine radikale Schlußfolgerung aus der Tendenz, die Personalverantwortung vor Ort, an die Linie, zurückzuverlagern. Abge-

Die Personalfunktion am Scheideweg 71

sehen davon, ob dadurch „das Kind mit dem Bade ausgeschüttet" würde: Die Probleme der Personalarbeit wären nicht vom Tisch (vgl. dazu den Beitrag von Hohmann/Sommer in diesem Band).

Dies alles aber zeigt: Die Überwindung der Selbstgenügsamkeit und die Auseinandersetzung mit den Anforderungen aus anderen Managementbereichen ist heute eine Überlebensfrage der Personalwirtschaft. Im Konzert wechselnder Managementkonzepte der vergangenen Jahre blieb die der Personalfunktion zugemessene Rolle überwiegend untergeordnet und passiv. Höhere Effizienz auch im Personalbereich, mehr Innovationsfreude und Motivation, wird eher von den Veränderungen der Organisationsstrategien und -strukturen erwartet als von der Personalfunktion selbst. So gilt die Dezentralisierung der Organisation als probates Mittel, die Motivation zu erhöhen und den Krankenstand zu senken. Von einer erneuerten Strategie werden auch positive Wirkungen auf die Handlungsspielräume einer ressourcenorientierten Personalpolitik erwartet.

Erst bei näherem Hinsehen zeigt sich, daß die Chancen für die Personalarbeit, aus der Defensive herauszukommen und die Fachgrenzen zu sprengen, so schlecht nicht sind. Bereits Ende der 80er Jahre hat Staehle (1988) entscheidend zur kritischen Rezeption des amerikanischen Human Resources Management in der „alten Welt" beigetragen und auf die Notwendigkeit des gleichrangigen und integrativen Management des Humanpotentials hingewiesen. Ein zweiter Schub der Neubewertung erfolgt heute in der Auseinandersetzung mit neuen Managementkonzepten (vgl. zum Beispiel Kienbaum 1994; Wunderer/Kuhn 1995). Anforderungen, die sich aus den veränderten Unternehmensstrukturen, -kulturen und -strategien für das strategische Personalmanagement ergeben, rücken zunehmend in das Blickfeld des Interesses (vgl. die Kongreßberichte der Deutschen Gesellschaft für Personalführung in: *Personalführung* 8/1993 und 8/1995).

Anforderungen an die Personalpolitik, die sich aus den kritischen Erfolgsfaktoren in diesen Managementbereichen ergeben, sind Gegenstand der folgenden Darstellung. Personalführung erfolgt nicht nur unmittelbar und direkt, sondern auch – vielfach wirksamer – indirekt: zum Beispiel durch Vertrauenskultur, eine an den Kernfähigkeiten orientierte Strategie und ergebnisverantwortliche, dezentrale Einheiten.

Gestaltung ist kein „Selbstläufer"

Dabei sollte klar sein, daß der Übergang von der Personalverwaltung zum Personalmanagement kein „Selbstläufer" ist. Eine Umfrage Anfang der 90er Jahre in zwölf europäischen Ländern im Rahmen des Price-Waterhouse-Cranfield-Projektes hatte unter anderem zum Ergebnis: Zu den Hauptmerkmalen der Personalleitung in Europa gehört nur in Deutschland, Skandinavien, Spanien und der Schweiz die Mitgliedschaft in der Geschäftsführung. Nur bei der Hälfte der Unternehmen ist die Personalleitung am Strategieprozeß von Anfang an beteiligt. Der Anteil der Unternehmen mit einer schriftlich festgelegten Strategie des Personalmanagement ist durchweg niedriger als bei der Unternehmensstrategie. Auf der anderen Seite ist Personalplanung in allen Ländern weit verbreitet und üblich. Die Wahrscheinlichkeit, daß die Personalführung zur Geschäftsführung gehört, nimmt zu. Auch bei zunehmender Dezentralisierung der Personalfunktion bleiben zentrale Strukturen weiterhin wichtig. Die Unterschiede sind nicht so groß, daß sie eine transnationale Personalzusammenarbeit behindern würden (vgl. Bournois/Brewster 1993; Wiltz 1993). Schließlich: Bei großen Kapitalgesellschaften in Deutschland wird – nicht nur weil die Mitbestimmungsgesetzgebung dies erfordert – Personal als Top-Management-Funktion anerkannt (vgl. Wagner 1994).

Organisation – Rückfall ins „Kästchendenken" vermeiden

Der Konkurrenzkampf auf dem Markt für Managementkonzepte ist härter geworden. In der aktuellen Auseinandersetzung um den „post-reengineering-market" wird auch schon einmal, um den Platz auf der Bestsellerliste zu verbessern, durch kräftige Eigenkäufe der

Autoren nachgeholfen, wie die Zeitschrift *Business Week* kürzlich enthüllte. Man sollte sich durch die verwirrende Vielfalt nicht verunsichern lassen: Lean Management, Kaizen, Total Quality Management, Reengineering – die Unterschiede sind in der Praxis nicht bedeutend. Wesentlicher ist die Akzentverschiebung zugunsten der „harten" Strukturen und Prozesse in letzter Zeit. Centerbildung, Ausgliederung, flache Hierarchien, Prozeßorganisation: Das „Reengineering des Organigramms" scheint raschere Erfolge zu versprechen als die Veränderung der Arbeitsorganisation durch Teamgeist, Kaizen und personalpolitische Programme der direkten Verhaltensänderung. Demgegenüber warnt Knut Bleicher (1994) zu Recht vor dem Rückfall in technokratische Managementkonzepte, die der humanen Dimension von Veränderungsprozessen kaum Raum geben. Manche Methoden zur Erzielung von nicht weniger als „Quantensprüngen" erinnern an merkantilistische Rezepte zum Goldmachen (Kieser 1995), mit anderen Worten: an heiße Luft (Womack 1996).

Es ist nicht alles Gold, was glänzt

Nicht immer wird erkannt, daß es sich nicht um kurzfristig wirksame Sanierungsprogramme handelt. Bei Siemens wird zutreffend unterschieden zwischen „Lean"-Projekten, deren Ziele operative Wettbewerbsvorteile, Aktivierung aller Mitarbeiter, die Verkürzung der Prozesse und die Steigerung der Leistung sind, und Sanierungsprojekten, bei denen der Ressourcen-, und damit Verlust-Abbau und die Senkung der Kosten angestrebt wird.

Zentrale Botschaften moderner Managementkonzepte werden mißverstanden. Die Gestaltungsprinzipien der Anwendung von Marktdruck, Eigenverantwortung, Überschaubarkeit und Schnittstellen-Harmonisierung (Frese/Werder 1994) sind nicht neu. Bereits in den 20er Jahren wurden dezentralisierte Bereiche geschaffen. Sie perfektionierten das System der Massenproduktion, dessen Schöpfer Ford, Taylor und Sloan hießen. Aber sie änderten nichts an der Vorstellung, daß die Arbeiter in den Fabriken austauschbare Teile des Produktionssystems waren, wie Womack et al. (1991, S. 41) in der maßgebenden Studie des amerikanischen Massachusetts Institute of Technology (MIT) hervorheben. Entscheidend ist die Verbindung mit den personellen Zielen der Mitarbeiteraktivierung. Aber keine Revolution ohne Vorgeschichte. Erste Meilensteine waren die Hawthorne Experimente und die Human-Relations-Bewegung sowie die soziale Reformbewegung, die den heute festgestellten Wertewandel mit erzeugten. Demnach ist das Human Resources Management ein kritischer Erfolgsfaktor der schlanken Produktionsweise.

In jüngster Zeit wird die Kritik am Strategie/Struktur/System-Konzept, das Sloan entscheidend mitgeprägt hat, wieder aufgegriffen. Die Rolle des Top-Management sei es heute, die Schranken zur Entfaltung der individuellen menschlichen Fähigkeiten niederzureißen, um Initiative, Kreativität und Unternehmensgeist zu ermöglichen (vgl. Bartlett/Ghoshal 1994f.). Hintergrund ist neben der durch individuellere Kundenbedürfnisse entstandenen flexiblen, schlanken Produktionsweise das säkular zunehmende Gewicht der Dienstleistungen. Der industrielle Sektor selbst verändert sich. Das Produkt ist heute ein Teil der Dienstleistung. Früher war Dienstleistung ein Teil des Produkts. Bei der dadurch verstärkt wichtig gewordenen Kundenorientierung kommt dem Personal eine Schlüsselrolle zu. Welch ein Unterschied zu F.W.Taylor und Henry Ford, und zuvor Adam Smith: „The difference of natural talents in different men is, in reality, much less than we are aware of; and the very different genius which appears to distinguish men of different professions, when grown up to maturity, is not upon many occasions so much the cause, as the effect of the division of labour." (Smith 1976, S. 28)

Aber wo sind die Grenzen dieser „schönen neuen Welt"? Entscheidend ist, ob die mit den Gestaltungsprinzipien verbundenen Effizienzannahmen zutreffen, was keineswegs geklärt ist. Frese/Werder (1994) empfehlen deshalb, die für jedes Unternehmen zentralen Erfolgsfaktoren individuell zu gewichten und nicht pauschalen modischen Diätrezepten zu vertrauen. Entscheidend für den Erfolg ist die ganzheitliche und situative Gestaltung der Personal-, Kultur-, Organisations- und Strategieentwicklung.

Das Arbeitsleben berechenbar gestalten

Es kann bezweifelt werden, daß sich eine neue Zielharmonie einstellt, wenn der Mitarbeiter sich zwar als engagierter Problemlöser und Rationalisierer bewähren soll, ihm aber die regelmäßigen, durch Umstrukturierungen hervorgerufenen Entlassungswellen das Arbeitsplatzrisiko vor Augen führen. Massenentlassungen zeigen häufig nicht den erhofften Erfolg, weil die Arbeitsmoral der verbliebenen Mitarbeiter sinkt: „Bis wohin schneidet man Fett, ab wann verletzt man den Muskel? Zu den unausweichlichen Folgen des Downsizing gehört der Niedergang der Mitarbeitermoral. Den Mitarbeitern fällt es schwer, all das Gerede über das ‚wertvolle Humankapital' einerseits und die anscheinend wahllosen Kürzungen andererseits, auf einen Nenner zu bringen. [...] Denken Sie sich die Arbeiter des Pharao als Manager der mittleren Ebene, die mitten in einer Konzernumstrukturierung stecken. Jeder Arbeiter wußte, daß er nach Fertigstellung des Grabes getötet würde ..." (Hamel/Prahalad 1995, S. 33).

Nicht ohne Grund entwickelte sich das schlanke Toyota-Produktionssystem in Japan in einem Umfeld von Senioritätsregeln und Beschäftigungssicherheit für die Stammbelegschaft – eine personalpolitische Situation, die heute zunehmend erodiert. Auch die Vier-Tage-Woche bei Volkswagen (Hartz 1994) kann als Ansatz einer integrierten Sichtweise verstanden werden. Reengineering ohne Ende – die permanente Revolution hält keine Organisation aus. Sie zerstört das Vertrauen und die Berechenbarkeit des Arbeitslebens – ein Wertfaktor, der jede Organisation zusammen- und das Engagement ihrer Mitglieder wachhält (vgl. Stevenson/Moldoveann 1996; Womack 1996).

Steuerung der Eigeninitiative

Vermutlich ist die Gewichtsverlagerung zugunsten der „harten" Organisationsstrukturen dadurch zu erklären, daß weiche, kulturelle Praktiken vergleichsweise schwer zu greifen und nur mittelfristig zu verändern sind. Aber sollte man sie deshalb vernachlässigen? In diesem Zusammenhang ist eine Auswertung der japanischen Außenhandelskammer von Interesse. Danach scheinen japanische Unternehmen in Europa auf „weiche" kulturelle Praktiken der internen Kommunikation zu setzen: Morgendliche Besprechungen, keine Vorrechte bei Kantine und Parkplatz, Firmenkleidung, Ausbildung am Arbeitsplatz und ähnliche Maßnahmen, die ein Wir-Gefühl fördern sollen, werden häufiger genannt als Besonderheiten der Produktionsorganisation wie KVP-Teams oder Just-in-time-Logistik (da Costa/Garanto 1993).

Niedrige Kosten, schnellere Durchlaufzeiten und höhere Qualität werden erreicht durch kommuniziertes Training der Mitarbeiter „vor Ort", durch ein Klima, das zur kontinuierlichen Verbesserung anregt, durch Job Rotation, durch Teamarbeit – aber auch durch Beschäftigungssicherheit und Vertrauensorganisation. Dazu gehört ein Grundauftrag des Unternehmens, an dessen Formulierung die Mitarbeiter beteiligt sind und ein Controlling der Leistungsziele, das die Eigeninitiative der Mitarbeiter fördert.

Dezentralisierung ist kein Königsweg

Man sollte über Empowerment und Selbstorganisation nicht reden, ohne die Grenzen zu benennen: „Es geht um Fremdorganisation von Selbstkoordination und -strukturierung hochgradig standardisierter Arbeitsabläufe. Die Arbeitsgruppe darf ‚ihr eigener Taylor' sein." (Kieser 1994, S.220) Henry Fords Prinzipien sind, in diesem abgeschwächten Sinn, weiter gültig (Pfeiffer/Weiss 1992). Häufig werden nur die Vorteile, nicht aber die Risiken oder Grenzen dezentralisierter und enthierarchisierter Organisationsformen benannt: „Keine Struktur ist darwinistischer, keine fördert mehr den Fitten – solange er fit bleibt – und keine ist verheerender für den Schwachen. Die verflüssigten Strukturen begünstigen die inneren Konkurrenzen und sind manchmal Nährboden für heftige Machtkämpfe. Die Franzosen haben eine bildhafte Beschreibung für solche Prozesse: un panier des crabes – ein Korb voller Krebse; alle kneifen sich, um höher oder gar herauszukommen." (Mintzberg 1979, zitiert nach Kühl 1995) Überhaupt bewegt sich die Debatte häufig in falschen Gegensätzen. Nicht auf zentralisiert *oder* dezentralisiert kommt es an, sondern auf die dem Umfeld und der Situation angemessene Gestalt einer austarierten Organisation.

Voneinander lernen

Das Thema „schlanke Produktion" wird uns, unter welchem Namen auch immer, weiter beschäftigen. Konsens dürfte darin bestehen, daß es nicht um die Anwendung von Rezepten, sondern um ganzheitliche und situativ angemessene Lösungen geht. „Kapieren, nicht kopieren" lautet eine etwas abgegriffene, aber zutreffende Formel. Japanische Unternehmen haben ihre schlanken Organisationsstrategien angesichts veränderter Umfeldbedingungen bereits Anfang der 90er Jahre modifiziert und „europäische" Ansätze der Humanisierung integriert, weil die Arbeit als nervtötend, schmutzig und gefährlich angesehen wurde und Rekrutierungsprobleme am Arbeitsmarkt bestanden (vgl. IAT et al. 1992).

Unter den Bedingungen des globalen Wettbewerbs konkurrieren große Unternehmen nicht nur mit Produkten, sondern auch mit Konzepten und Strategien auf der Basis der nationalen Standortbedingungen: „Es könnte den Anschein haben, als machte die Globalisierung des Wettbewerbs das Land unwichtiger, doch offenbar wertet sie es noch auf. [...] Der heimische Stützpunkt ist der Ort vieler der produktivsten Arbeitsplätze und der höchsten Qualifikationen." (Porter 1991, S. 39). Wenn General Motors/Opel in Eisenach eine Modellfabrik baut, so profitiert das Unternehmen von Konzepten, die es mit Toyota in Amerika erlernt hat. Man kann weltweit von Annäherung der Managementkonzepte sprechen, wenn man dabei den dynamischen Wettbewerb von Vorstoß und Verfolgung und die notwendig lokale Angepassung globaler Strategien (Global Localization) im Auge behält (vgl. näher Müller 1995).

Konfliktregulierung als Standortvorteil

Es kommt auf die institutionellen Rahmenbedingungen an, unter denen der Wettbewerb stattfindet (vgl. North 1981). Neue Anforderungen an die Arbeitgeber-Arbeitnehmerbeziehungen ergeben sich aus der „Convergence of Rationalization – Divergence of Interest Representation", so Altmann et al. (1992). Das MIT hat neben den Studien über Lean Management und Reengineering einen hierzulande wenig beachteten zusammenfassenden Text herausgegeben, der unter dem Titel *Die Krise der USA* auch auf deutsch erschienen ist. Im Unterschied zu Deutschland, Japan und anderen modernen Industrieländern werden in den USA durch mangelnde Konfliktlösungsmechanismen und fehlendes Vertrauen wertvolle Ressourcen und Energien verschwendet. (Dertouzos et al. 1989)

Auch unter massivem Leidensdruck im Personalbereich ist die Lern- und Belastungsfähigkeit unseres regulierten Systems höher. Während die amerikanischen Gewerkschaften der Einführung „japanischer" Produktionsmethoden ablehnend gegenüberstanden empfahlen Arbeitgeberverbände wie Gewerkschaften in Deutschland, die jeweils positiven Seiten der schlanken Produktion zu fördern. Maßnahmen wie KVP-Teams werden in den meisten Unternehmen auch von den Betriebsräten unterstützt. In einem Informationsblatt des Gesamtbetriebsrates von Volkswagen heißt es beispielsweise: „Wir sind nicht Bremser des Kontinuierlichen Verbesserungsprozesses. Im Gegenteil. Aber wir werden diese Maßnahmen mitgestalten, damit nicht am Ende die Kolleginnen und Kollegen die Verlierer sind." Gemeint sind Vereinbarungen zur Standort- und Beschäftigungssicherung und zur Arbeitsorganisation. Dahinter steht ein bestimmtes Selbstverständnis im Umgang mit der Arbeitnehmervertretung, das in anderen Ländern so nicht gegeben ist. Und bei Lufthansa hieß es auch während der Sanierungsphase: „Wir machen auch schwierige Dinge nicht gegen, sondern mit dem Betriebsrat." Die Zielsetzung partizipativer Konzepte, „Betroffene zu Beteiligten machen", verändert auch die Rolle der Betriebsräte. Sie sollten sich, folgt man den Gewerkschaften, zukünftig mehr als Interessenmanager verstehen, als Interessenwahrer und zugleich als Mitgestalter innovativer Prozesse.

Diese Fragen stehen in engem Zusammenhang mit der Unternehmenskultur.

Die Unternehmenskultur wiederentdecken

Am Erfolg der Management-Gurus erkennt man den Zeitgeist. Aber wie den Propheten vom Scharlatan unterscheiden? Der angesehene *Economist* veröffentlichte kürzlich einen *Good Guru Guide,* der ein Ranking nach Einfluß, Originalität, Klarheit und Ergebenheit der Anhänger vergab. Tom Peters, der wohl zur Zeit berühmteste Managementguru der Welt gehört dazu.

Peters hatte vor wenig mehr als zehn Jahren, damals noch mit seinem Kollegen Waterman von Mc Kinsey, mit dem Buch *In Search of Excellence* Bestseller-Auflagen erzielt. Die Kernthese: Erfolgreiche Unternehmen setzen mehr auf „weiche", kulturelle Faktoren, wie den Stil der Führung, das Stammpersonal mit seiner Leistungsfähigkeit und -bereitschaft, Spezialkenntnisse und das Selbstverständnis als kulturgeprägte Identität, weniger hingegen auf „harte" Faktoren wie eine ausformulierte Unternehmensstrategie, formale Organisationsstrukturen und ausdifferenzierte Hierarchie-, Planungs- und Kontrollsysteme.

Heute eröffnet Peters in seinem Bestseller *Liberation Management,* daß er sich geirrt habe (Peters 1993). Die revolutionären Botschaften von damals – Kundenorientierung, Unternehmenskultur – wirken nur, so Peters, wenn die übergeordneten Unternehmensstrukturen niedergerissen werden. „Größe schließt Spitzenleistung aus" – daher komme es heute auf die Zerteilung der Organisation, der Wasserköpfe und Fürstentümer, auf Outsourcing und dezentrale Strukturen an. Diese Orientierung trifft augenscheinlich den Trend, vernachlässigt aber Größenvorteile. Heute scheint Kultur „out", Struktur „in" zu sein. Woran soll man sich angesichts dieses Wechselbades im modernen Management halten?

Wir haben dieses Beispiel vorangestellt, um auch im Bereich der Unternehmenskultur unsere zentrale Hypothese zu unterstreichen: Managementkonzepte, die einzelne Bereiche wie die Unternehmenskultur, die Organisationsstruktur oder die Organisationsstrategie verabsolutieren, statt sie aufeinander abgestimmt zu entwickeln, müssen scheitern.

Was kann man aus den Mängeln und Einseitigkeiten der früheren Auseinandersetzungswelle mit der Unternehmenskultur lernen, und worauf kommt es beim Ansatz an? Dazu folgende Thesen:

Auf den ganzen Menschen kommt es an

Die Schwierigkeiten vormals „exzellenter" Firmen wie IBM und Citycorp werden mit dem Bild des Ikarus-Paradox, das besagt, daß Spitzenfirmen ihren eigenen Niedergang produzieren können, mehr verklärt als erklärt. Bei der Frage „Wenn Sie wählen könnten zwischen den großen amerikanischen Unternehmen, in welchem würden Sie arbeiten wollen?" zählte nur eines der acht beliebtesten Unternehmen zu den von Peters/Waterman auserkorenen exzellenten Firmen.

Bei den beliebten Firmen standen andere Merkmale im Vordergrund: Partnerschaft und Mitbestimmung, Vermögensbeteiligung, Maßnahmen zur Arbeitsplatzsicherung usw. (O'Toole, zitiert nach Neuberger/Kompa 1987) Der Vereinnahmung des ganzen Menschen sind Grenzen gesetzt. Die jeweilige Ausgestaltung der Arbeitnehmer-Arbeitgeberbeziehungen setzt den Rahmen für die Unternehmenspolitik.

Sich weder an Mystik noch an bloßer Zweckrationalität orientieren

Eine weitere Überzeichnung ist die begeisterte Wiederentdeckung der qualitativen, nicht meßbaren Faktoren, die damals bis hin zu einer gewissen Wirksamkeit des sogenannten New Age Management („vodoo-economics") reichte.

Der Gegenpol zur Mystik ist die Zweckrationalität – in der wirtschaftswissenschaftlichen Literatur über weite Strecken prägend. Aber schon Max Weber wußte, daß ein Herrschaftsverhältnis um so labiler ist, je mehr es auf rein zweckrationalen Erwägungen beruht. Stabilität gewinnt es erst durch das Hinzukommen sittlicher Motive und eines bestimmten Glaubens an dessen rationale, traditionelle oder charismatische Legitimität (zitiert nach Kreuder 1993). Schon bei Marx und Keynes wird die Wirtschaftsgesellschaft – wie Begriffe wie „Bereicherungstrieb" und „Hang zum Verbrauch" indizieren – nicht durch blutleere Abstraktionen regiert. Sie schließt im Gegenteil soziale Beziehungen und Bewußtseinsformen, geistige und künstlerische, also kulturelle Lebensäußerungen mit ein.

Auch der Nestor der deutschen Betriebswirtschaftslehre, Erich Gutenberg, mußte rückblickend selbstkritisch feststellen, daß er „keinen Weg [fand] zu einer Verknüpfung der sozialen Tatbestände mit den betrieblichen Funktionen, deren gemeinsames Ergebnis die Leistungen der Unternehmen sind" (zitiert nach Schanz 1992, S. 86). Für die Managementlehre in Deutschland ist die Erkenntnis, daß die Unternehmung nicht nur eine Organisation *hat,* sondern eine Organisation *ist,* daß die Menschen nicht als Objekte, sondern als Individuen in ihrem sozialen und kulturellen Verhalten betrachtet werden sollten und man somit von wirtschaftlicher und sozialer Effizienz sprechen muß, eine erst seit Mitte der 60er Jahre gültige Auffassung.

Wechselwirkung beachten

Man sollte fragen, warum bestimmte Themen wie die Unternehmenskultur zeitweilig aktuell sind, diese aber nicht verabsolutieren. Alfred Kieser bemerkte damals, daß „trotz der aktuellen Betonung der Unternehmenskultur die Gestaltung einer innovationsförderlichen Organisationsstruktur keinesfalls an Bedeutung verloren hat – im Gegenteil: vieles von dem, was unter dem Etikett der Unternehmenskultur propagiert wird, beinhaltet handfeste strukturelle Maßnahmen. Und zum anderen sind Versuche zur Erhöhung der Innovationsförderlichkeit von Unternehmenskulturen am wirksamsten wohl über Änderungen der Organisationstruktur zu erreichen" (Kieser 1990).

Auf den ersten Blick scheint die Geschichte der These „Kultur folgt Struktur" Recht zu geben. Wir haben bereits erörtert, daß die Organisationsstruktur mit der Auseinandersetzung um neue Managementkonzepte zum strategischen Erfolgsfaktor Nummer eins aufrückte, ein Platz, den vormals die Unternehmenskultur nicht minder unbescheiden eingenommen hatte. Wir meinen aber, daß viele Probleme der Reorganisation aus der ungenügenden Integration der

Managementbereiche herrühren. Die Fokussierung allein auf die formale Organisationsstruktur bei flachen Hierarchien, Outsourcingprojekten, Centerstrukturen, das Vertrauen auf „mehr Marktdruck" bei Reengineeringprojekten führt in die Sackgasse. Anzustreben ist die Koordination der relevanten Bereiche „Strategie", „Struktur", „Personal" und „Kultur", ein integrativer Ansatz, um nachhaltige Erfolge zu erzielen. Für Unternehmens- und Mitarbeiterinteressen ist der balancierte Weg beständig neu auszutarieren. Es geht um die Gestaltung des Unternehmens als soziale Organisation.

Eine innovative Unternehmenskultur entwickeln

Kulturwandel ist „nur über eine breite Partizipation möglich und letztlich aus ethischer Sicht auch nur in dieser Weise vertretbar." Unternehmenskulturen lassen sich durch „Kulturingenieure" nicht kurzfristig einführen oder anordnen, sondern lediglich im Sinne von Kurskorrekturen beeinflussen (vgl. Steinmann/Schreyögg 1993, S. 605).

Die stärkere Dezentralisierung der Organisationsstrukturen allein reicht nicht aus. Erfolgreiche Unternehmen, die den derzeitigen strukturellen Wandel gut bewältigen, zeichnen sich „vielmehr durch weitere Merkmale aus:

- Beteiligungstradition;

- kulturprägende und kulturtragende Persönlichkeiten;

- allgemeiner Grundkonsens im Hinblick auf die generelle Unternehmenskonzeption;

- Interessenausgleich, kooperative Konfliktbewältigung und funktionierende Institutionen der betrieblichen Interessenvertretung;

- Offenheit, Transparenz und weitreichende, in der Alltagspraxis wirksame Arbeits-, Führungs- und Beteiligungskonzepte."
(Beyer/Fehr/Nutzinger 1995, S. 16)

Eine neue Strategie

Ende der 80er Jahre stand das aus den USA stammende Konzept „Human Resources Management" zur Debatte – allerdings nur in dem vergleichsweise engen Rahmen der entsprechenden Fachwelt. Das spezifisch Neue, gegenüber den bei uns schon seit längerem geläufigen Konzepten „Personalpolitik" oder „Personalmanagement", bestand nach Staehle „in der systematischen Integration bislang getrennt gehandhabter Personalbeschaffungs- und -entwicklungsmaßnahmen sowie deren Einbindung in Strategie- und Strukturentscheidungen aus einer General Management-Perspektive" (Staehle 1989, S. 388). Dabei ist die systematische Stellung des Personalmanagement zur Unternehmensstrategie Gegenstand von Kontroversen in Theorie und Praxis. Beim traditionellen Konzept der Unternehmensstrategie, wie es bereits in den 50er Jahren an der Harvard Business School eingeführt wurde, geht es sukzessiv von der Analyse der Chancen der Wettbewerbsumwelt und den internen Stärken zuerst um die Strategieformulierung. Das Personalmanagement setzt erst bei der Strategieimplementierung ein.

Dieses Konzept verführt dazu, so Staehle, viel zu anspruchsvolle, das Leistungsvermögen der gegebenen Human Resources überfordernde Strategien zu formulieren. Eine von den internen Ressourcen ausgehende Konzeption des strategischen Management führe demgegenüber zu einem bisweilen gefährlichen Festhalten an Bekanntem und Bewährtem. Staehle empfiehlt statt dessen die simultane und interaktive Entwicklung von Strategie, Struktur und Personal: ein Konzept der integrativen Unternehmensentwicklung.

Orientierung an Kernkompetenzen

Dieser Ansatz ist von bemerkenswerter Aktualität im Hinblick auf die wieder aufgelebte Debatte um die Kernkompetenzen als Ansatz zur Strategieerneuerung. Zu den aktuellen Bestsellern gehört *Wettlauf um die Zukunft* (Hamel/Prahalad 1995). Die Grundaussage ist, daß heute Managementaktivitäten hauptsächlich darauf verwendet werden, *kleiner* (Restrukturierung des Portfolios und Reduzierung der Belegschaft) oder *besser* (Reengineering der Prozesse und ständige Verbesserung) zu werden. Es komme aber darauf an, *anders* zu werden, über das Reengineering hinauszugehen und den Schwerpunkt auf die Neuerfindung der Industrie und die Erneuerung der Strategie zu legen. Erfolgreiche japanische Konzerne, so die Autoren, definieren sich als Portfolio von Kernkompetenzen, während die amerikanischen Wettbewerber diese vernachlässigten und ihre Politik vor allem an dem Kerngeschäft mit Endprodukten ausrichten.

Als Kernkompetenz wird eine spezifische Fähigkeit eines Unternehmens bezeichnet, die den Zugang zu Märkten ganz unterschiedlicher Industrien ermöglicht. So entwickelte das Unternehmen Canon Kernkompetenzen in der Präzisionsmechanik, Feinoptik, Mikroelektronik und der elektronischen Bildverarbeitung. Sie sind die Wurzeln des Erfolges bei vielen Endprodukten, vom Fotoapparat, über Kopierer bis hin zu computergesteuerten Druckmaschinen.

Die Autoren sehen in dem auf interne Ressourcen fokussierten Ansatz nicht die Gefahr des Festhaltens am Bewährten, sondern umgekehrt Brücken in die Zukunft. Aus der Notwendigkeit, die Strategie anders zu verstehen, ergibt sich die Notwendigkeit, anders über die Organisation zu denken.

„In den letzten Jahren haben viele Unternehmen hart an der Organisationstransformation gearbeitet. Sie haben traditionelle Aufgaben der Zentrale wie Planung und Humanressourcenmanagement den einzelnen Geschäftseinheiten übertragen; sie haben versucht, den Angestellten aller Ebenen größeren Spielraum zu geben; sie haben Randbereiche abgestoßen und sich auf das Kerngeschäft konzentriert […]. Diese Ideen stellen die Antithese zu den hochzentralisierten, überbürokratischen, kontrollorientierten, technologiebestimmten ‚big brain' Organisationsarchetypen der sechziger und siebziger Jahren dar. […] Trotzdem hat sich in vielen Fällen gezeigt, daß das Gegenmittel gegen Bürokratie und unnötige Zentralisierung ebenso toxisch wirken kann wie das Gift, das es neutralisieren soll." (Hamel/Prahalad 1995 S. 424f.)

Die Autoren empfehlen weniger Schwarz-Weiß-Denken und statt dessen die Synthese: zielgerichtetes Handeln statt Bürokratie oder

Empowerment, Kernkompetenz statt Diversifizierung oder Kerngeschäft usw.

Der Beitrag von Hamel/Prahalad ist geeignet, die Sehgewohnheiten der letzten Jahre in Frage zu stellen und der Diskussion eine neue Richtung zu geben. Strategische Unternehmensplanung wird heute immer noch nach dem von Staehle beschriebenen Harvard-Konzept gelehrt, wenn auch darauf hingewiesen wird, daß die „Stars" und „alten Hunde" des Endprodukt-Portfolios nicht als Erfolgsrezept für Normstrategien, sondern nur als „Generator von Optionen" (Steinmann/Schreyögg 1993, S. 202) verstanden werden dürfen. Aber das Produkt-Portfolio-Konzept und die Strategische Geschäftseinheit wurden vor mehr als 20 Jahren für das Management diversifizierter Konzerne entwickelt, und es stellt sich die Frage, ob dieses Konzept noch zeitgemäß ist.

Abgesehen von der zuweilen zu hörenden Bemerkung: „Was Kerngeschäft ist, bestimmt der Vorstandsvorsitzende", werden Outsourcing-Entscheidungen vielfach nur nach Kostengesichtspunkten oder, wenn schon auf strategischer Grundlage, nach Portfolio-Gesichtspunkten getroffen, wie sie einer Beteiligungsgesellschaft anstünden. Make-or-buy-Entscheidungen, die an den Ertragschancen des Endproduktes ansetzen, können eine Spirale des Niedergangs zunehmender Auslagerung direkter und indirekter Bereiche nach sich ziehen und die Kernkompetenzen ruinieren.

Hamel/Prahalad sprechen in diesem Zusammenhang von der Willkürherrschaft der strategischen Geschäftseinheit, die bei ihrer vergleichsweise autonomen Stellung zu wenig Mittel für die Entwicklung von Kernkompetenzen bereitstellt und Innovationen nur kleinmütig voranbringen kann. Der wertstiftende Beitrag des Top-Management sollte statt in der Optimierung der Geschäftserträge durch abwägende Mittelverteilung auf die einzelnen Geschäftseinheiten in der Formulierung eines strategischen Gesamtkonzeptes und im Schaffen von Kompetenzen zur Sicherung der Zukunft bestehen.

Strategische Unternehmensplanung sollte daher mit der Festlegung des Grundauftrages auf der obersten Führungsebene beginnen. Dieser Grundauftrag beruht auf der Firmengeschichte, den Präferenzen und Ambitionen des Management und der Eigentümer – wobei hier mit Gutenberg (1958) noch das dritte Zentrum der Willensbildung, die Arbeitnehmervertretung hinzuzufügen wäre –, den Chancen und Risiken der Umweltsituation und schließlich den besonderen Kompetenzen des Unternehmens. Erst dann sind strategische Geschäftseinheiten einzurichten, Ressourcen zuzuweisen und die Planung von Wachstum und Neugeschäft vorzunehmen (vgl. Kotler/Bliemel 1995, Bartlett/Ghoshal 1994 und 1995).

Neue Strategie – neue Personalpolitik

Es versteht sich von selbst, daß von einem derart veränderten Strategiekonzept neue Anforderungen an das Personalmanagement abgeleitet werden. Mitarbeiter-Poteniale, zum Beispiel das Erfahrungswissen ganzer Generationen, das herkömmlichen Outsourcing-Projekten zum Opfer fällt, werden neu bewertet. Vor allem innerhalb des General Management kann die Personalfunktion hierbei unterstützend wirken. Was wird aus den Zentralbereichen? In der Praxis findet sich insgesamt, und auch in der Personalwirtschaft, ein sehr differenziertes Bild, das bei den Teilfunktionen „Personalverwaltung, -ausbildung und -ausstattung" von zentralen Kernbereichen bis zum Modell autarker Geschäftsbereiche reicht. Empfohlen werden maßgeschneiderte Lösungen, eine situative Balance zwischen Konzentration und Dekonzentration. Zur Umgestaltung der Personalwirtschaft sollte gehören:

- die Trennung von Steuerungs- und Dienstleistungsfunktionen,
- die Dekonzentration geschäftsbezogener Funktionen,
- die Konzentration nicht geschäftsspezifischer Funktionen und
- die Prüfung von Outsourcing-Möglichkeiten.

„Nur unverzichtbare Dienstleistungen, die strategische Kernkompetenzen bilden, sollten integriert bleiben." (Krüger/Werder 1995, S. 16)

Die neue Rolle der Zentrale

Dieser Weg der Erneuerung der Strategie verändert das Kultur-, Struktur- und das Personalmanagement. Weder „Jenseits der Hierarchien" noch „Zwang zur Größe": Die radikale Dezentralisierung der Organisation, die Auflösung der Wasserköpfe und Fürstentümer, wie sie etwa Peters (1993, vgl. oben S. 79) empfiehlt, findet ihre Grenzen unter anderem an den steigenden Fixkosten für Automatisierung, Forschung und Entwicklung, Aufbau und Pflege eines Markennamens, eigener Verkauf und Vertrieb, die Triebkräfte der Globalisierung der Unternehmen sind (Ohmae 1992, Müller 1993).

Die Rolle der Zentrale ändert sich (vgl. unter anderem Mirow 1994), aber sie ist kein Auslaufmodell. Auch eine „zu weit getriebene Auflösung zentraler Funktionen, kann sich zukünftig ebenso als nachteilig, ja gefährlich erweisen, wie es ihre unkontrollierte Aufblähung in der Vergangenheit war. Es könnte leicht das Gegenteil von Fettleibigkeit entstehen, nämlich Magersucht." (Krüger/Werder 1995, S. 6)

Bezüglich Zentralisierung/Dezentralisierung, Bürokratie/Empowerment, Technologiebezogenheit/Kundenorientierung usw. ist Hamel/Prahalad zuzustimmen – man sollte nicht fruchtlosen Gegensätzen hinterherjagen. Der Zutritt aktueller, modischer, engpaßkonzentrierter Orientierungen ist gewissermaßen der Preis, den die an systematischer Darlegung interessierte Fachwelt zahlen muß, wenn sie hinderliche Bereichsgrenzen sprengen will. Dabei bleibt die systematische Darstellung, auch in Hinblick auf neue Formen wie Unternehmungsnetzwerke (vgl. Sydow 1995), eine lohnende Aufgabe.

Überwindung von Funktionsgrenzen

Personalmanagement ist so grundlegend, daß man es nicht als seperate betriebliche Funktion sehen darf. Diese Abwandlung eines Satzes, den Peter Drucker für das Marketing geprägt hat, soll am Ende unserer Ausführungen stehen. Wir haben gezeigt, daß in der Auseinandersetzung mit neuen Managementkonzepten die Personalfunktion gar nicht anders kann, als die Funktionsgrenzen zu überwinden.

Die Anforderungen aus anderen Managementbereichen steigen. Schlankere Organisationen verändern Arbeits- und Entgeltsysteme. Die Schaffung einer Vertrauenskultur ist ohne Personalmanagement nicht möglich. Zu einer an den Kernkompetenzen orientierten Strategie gehört die zielgerichtete Entwicklung der Mitarbeiterpotentiale. In einer an den Fällen und Problemlösungen der Praxis orientierten Herangehensweise liegen Chancen zur Weiterentwicklung nicht nur dieser, immer noch für jung gehaltenen Disziplin.

Vor nunmehr etwa zehn Jahren faßte Staehle seinen bahnbrechenden Aufsatz zum Human Resources Management mit der Bemerkung zusammen, daß bei vielen der zugrunde gelegten Annahmen und Werte wie

- Menschen entwickeln sich weiter, wenn es der Arbeitsplatz (vor allem der Arbeitsinhalt) erlaubt,
- Partizipation steigert das Engagement der Mitarbeiter, u.a.m.

die geistige Verwandtschaft zu den humanistischen Managementansätzen der 60er Jahre offensichtlich ist. Nur waren sie damals eine kaum ernstgenommene, freiwillige Option für eine menschenwürdigere Arbeitswelt, während sie heute ein absolutes Muß für modernes Management bedeuten (Staehle 1988, S. 585). In den nachfolgenden Jahren wurde dieser Satz in der Auseinandersetzung um neue Managementkonzepte bestätigt. Noch mehr als bisher kommt es heute darauf an, „Arbeitsstrukturen zu schaffen, die die Einbeziehung der Mitarbeiter ermöglichen und deren Kreativität fördern." (Bullinger 1995). Das eigentlich Neue war die Tiefe und Breite der Umwälzungen und die Veränderung und Konturierung des Korridors der Gestaltungen moderner Managementkonzepte, die den Rahmen für das Human Resource Management abgeben. Während man zunächst häufig glaubte, einfach umsteigen zu können, wie etwa von einer bekannten schwedischen zu einer japanischen Automarke, weiß man heute, daß „Kapieren, nicht Kopieren" richtig ist, daß es also um situativ angemessene Lösungen geht, die unterschiedliche Elemente zu einem eigenen Weg vereinen.

„Der immer schnellere Wandel ist das einzig Stabile." Dieser Ausspruch verweist auf die von Bleicher als Zeitschere des Management bezeichnete Herausforderung. Im Verlauf dieses Jahrhunderts ist bei wachsender Komplexität einerseits die benötigte Reaktionszeit gestiegen, andererseits nimmt bei steigender Dynamik die verfügbare Reaktionszeit ab. Deshalb kommt es darauf an, die Bereiche zu integrieren: „Zukunftsweisende Strukturen und Kulturen, die geeignet sind, den schnellen Wandel zu bewältigen, müssen vor allem den Kriterien der Offenheit und Dynamik genügen." (Bleicher 1992, S. 26) Dabei kommt es aber auch auf Berechenbarkeit und Fließgleichgewichte an: Die beständige Umwälzung alles Bestehenden, permanentes Reengineering führt in die Sackgasse.

Auch Staehle hat mit dem oben skizzierten Konzept der integrativen Unternehmensentwicklung, bei dem es um die simultane und interaktive Entwicklung von Strategie, Struktur und Personal durch die Initiierung von Lernprozessen geht, eine ähnliche Vorgehensweise empfohlen. Das Konzept der lernenden Organisation, das bisher allerdings nur unscharf vorliegt, weist in die gleiche Richtung. Die Vermeidung technokratisch ausgerichteter Konzepte, die Überwindung der Bereichsgrenzen, die Beteiligung der Mitarbeiter, die Anerkennung der relevanten Institutionen der Interessenvertretung, die Förderung einer Vertrauenskultur sind Elemente dieses Weges.

Literatur

Altmann, N.: Convergence of Rationalization – Divergence of Interest Representation, in: New Impacts on Industrial Relations, ed. by S. Tokunaga, N. Altmann and H. Demes, München 1992, S. 15–38

Bartlett, C. A./Ghoshal,S.: Changing the Role of Top Management, in: *Harvard Business Review,* November/Dezember 1994, Januar/Februar 1995, Mai/Juni 1995

Beyer, H./Fehr, U./Nutzinger, H. G.: Unternehmenskultur und innerbetriebliche Kooperation, Wiesbaden 1995

Bleicher, K.: Organisation, Wiesbaden 1991

Bleicher, K.: Das Konzept integriertes Management, Frankfurt/New York 1992

Bleicher, K.: Kapieren, nicht kopieren, in: *Wirtschaftswoche,* 2.9.1994, S. 82

Bullinger, H. J.: Arbeitsgestaltung, Stuttgart 1995

Bournois, F./Brewster, Ch.: Notwendigkeit internationaler Beteiligung, in: *P+ Euro-Magazin Arbeitnehmerbeteiligung* 7/1993, S. 21-29

da Costa, I./ Garanto, A.: Entreprises japonaises et syndicalisme en Europe, in: *Le Mouvement Social* 1993, Nr. 162, S. 95-128

Dertouzos, M. L. et al.: Made in America, Regaining the Productive Edge, Cambridge (Mass.) 1989 (Deutsch: Die Krise der USA, Frankfurt 1990.)

Droege & Comp. (Hrsg.): Unternehmensorganisation im internationalen Vergleich, Frankfurt/New York 1995

Frese, E. /v. Werder, A.: Organisation als strategischer Wettbewerbsfaktor, in: *Zeitschrift für betriebswirtschaftliche Forschung* 1994, Sonderheft 33, S. 1-28

Frese, E.: Die organisationstheoretische Dimension globaler Strategien, in: Unternehmensstrategie und Wettbewerb auf globalen Märkten, hrsg. v. M. Neumann, Berlin 1994, S. 53-80

Gesamtmetall (Hrsg.): Mensch und Arbeit, Köln 1989

Gutenberg, E.: Einführung in die Betriebswirtschaftslehre, Wiesbaden 1958

Hamel, G./Prahalad, C. K.: The Core Compentence of the Corporation, in: *Harvard Business Review* 1990 Mai/Juni, S.79-91 (Deutsch: Nur Kernkompetenzen sichern das Überleben, in: *Harvard Manager* 1991, Nr. 2, S. 66ff.)

Hamel, G. /Prahalad, C. K.: Competing for the future, Boston 1994 Deutsch: Wettlauf um die Zukunft, Wien 1995.)

Hammer, M. /Champy, J.: Reengineering the Corporation, New York 1993 (Deutsch: Business Reengineering, Frankfurt/New York 1994.)

Hartz, P.: Jeder Arbeitsplatz hat ein Gesicht, Frankfurt/Wolfsburg 1994

IAT/IGM/IAO/HBS (Hrsg.): Lean Production, Düsseldorf 1992

Kienbaum, J. (Hrsg.): Visionäres Personalmanagement, Stuttgart 1994

Kieser, A.: Organisationsstruktur, Unternehmenskultur und Innovation, in: Zukunftsperspektiven der Organisation, hrsg. v. K. Bleicher und P. Gomez, Bern 1990, S. 157-178

Kieser, A.: Fremdorganisation, Selbstorganisation und evolutionäres Management, in: *Zeitschrift für betriebswirtschaftliche Forschung* 3/1994, S. 199–228
Kieser, A.: Von merkantilistischen Concepten und fraktalen Fabriken, in: *Blick durch die Wirtschaft*, 21.3.1995
Kotler, P./Bliemel, F.: Marketing-Management, Stuttgart 1995
Kreuder, T.: Neue Managementstrategien und Mitbestimmung, Düsseldorf 1993
Krüger, W./v. Werder, A.: Zentralbereiche als Auslaufmodell?, in: *Zeitschrift für Organisation* 1995, Nr.1, S. 6–17
Kühl, S.: Vom Mythos der flachen Organisation, in : *Blick durch die Wirtschaft*, 28.3.1995
Mintzberg, H.: The Structuring of Organizations, Englewood Cliffs 1979
Mirow, M.: Wie können Konzerne wettbewerbsfähig bleiben?, in: *Zeitschrift für Betriebswirtschaft* 1994, Erg. Heft Nr. 1, S. 9–23
Müller, H. E.: Diesseits und jenseits der Hirarchien, in: *Die Mitbestimmung* 12/1993, S. 78f.
Müller, H. E.: Global Corporate Strategies and Local Interests? in: Euro-Asia Management Studies Association, Tagungsband der 11. Konferenz in Malaysia, 1995 (Manuskript)
Neuberger, O./Kompa, A.: Wir die Firma, Weinheim/Basel 1987
North, D. C.: Structure and Change in Economic History, New York 1981
Ohno,T.: Toyota seisan hoshiki, Tokio 1978 (Deutsch: Das Toyota-Produktionssystem, Frankfurt/New York 1993.)
Ohmae, K.: Die neue Logik der Weltwirtschaft, Hamburg 1992
Peters, T. J./Waterman, R. H.: In Search of Excellence, New York 1982 (Auf der Suche nach Spitzenleistungen, Landsberg 1984)
Peters, T.: Jenseits der Hierarchien, Düsseldorf 1993
Pfeiffer, W./Weiß, E.: Lean Management, Berlin 1992
Porter, M. E.: Nationale Wettbewerbsvorteile, München 1991
Sadowski, D. et al: Weitere 10 Jahre Personalwirtschaftslehren – ökonomischer Silberstreif am Horizont, in: *Die Betriebswirtschaft* 3/1994, S. 397–410
Schanz, G.: Wissenschaftsprogramm der Betriebswirtschaftslehre, in: Allgemeine Betriebswirtschaftslehre, hrsg. v. F. X. Bea, E.

Dichtl und M. Schweitzer, Band 1: Grundfragen, Stuttgart/Jena 1992, S. 57–136

Smith, A.: An enquiry into the Nature and the Causes of the Wealth of Nations, Vol. I. und II, Oxford 1976

Staehle, W. H.: Human Resource Management, in: *Zeitschrift für Betriebswirtschaft* 1988, Heft 5/6, S. 576–585

Staehle, W. H.: Human Resource Management und Unternehmungstrategie, in: *Mitteilungen für Arbeitsmarkt- und Berufsforschung* 3/1989, S. 388–396

Staehle, W. H.: Management, München 1994

Steinmann, H./Schreyögg, G.: Management, Wiesbaden 1993

Stevenson, H. H./Moldoveann, M. C.: Das Arbeitsleben wird weniger berechenbar, in: *Harvard Business Manager* 1996, Nr. 1, S. 9–13

Sydow, J.: Netzwerkbildung und Kooptation als Führungsaufgabe, in: Handwörterbuch der Führung, hrsg. v. A. Kieser, G. Reber, R. Wunderer, Stuttgart 1995, S. 1622–1636

Wagner, D.: Die Personalfunktion in der Unternehmensleitung, Wiesbaden 1994

Wiltz, S.: Strategien und Formen der Personalplanung in Europa, in: *P+ Euro-Magazin Arbeitnehmerbeteiligung* 7/1993, S. 37-47

Womack, J. P. et al.: The Machine That Changed the World, New York 1990 (Deutsch: Die zweite Revolution in der Autoindustrie, Frankfurt/New York 1991.)

Womack, J. P.: Neues von Hammer und Champy, in: *Harvard Business Manager* 1996, Nr. 1, S. 15–17

Wunderer, R./Kuhn, Th. (Hrsg.): Innovatives Personalmanagement, Berlin 1995

2. Kapitel

Die Herausforderungen der Gegenwart

Die augenblickliche wirtschaftliche Lage zwingt alle Unternehmungen, die eigene Identität zu überdenken und gegebenenfalls neu zu bestimmen. Viele sehen sich gezwungen, durch drastische Maßnahmen das Überleben kurz- oder mittelfristig zu sichern. Absehbare negative Folgen auf lange Sicht, etwa durch Know-how-Verlust, meint man dabei oft in Kauf nehmen zu müssen. Spüren auch Ihre Produkte plötzlich den Konkurrenzdruck stärker als bisher? Unterliegen auch die Rahmenbedingungen Ihrer Unternehmung einem tiefgehenden Transformationsprozeß? Die beiden folgenden Beiträge zeigen Ihnen, wie man mit solchen Situationen kreativ umgehen kann. Sie haben schon ein Konzept und wollen die Fertigungstiefe senken, um die wirtschaftliche Effizienz zu steigern? Vorsicht: Wie der dritte Beitrag dieses Kapitels beweist, gibt es effektivere Maßnahmen! Eine kluge Personalpolitik macht's möglich.

Durch Kundenorientierung zum Erfolg

von Wolfgang Bergander

An dem Beispiel der IBM Speicherwerke GmbH in Mainz wird im folgenden verdeutlicht, welche Veränderungen das Unternehmen IBM in der Produktion durchlaufen hat, die zum größten Teil durch Kundenorientierung hervorgerufen wurden.

Nach der Werksgründung 1965 wurde in Mainz bis in die 70erJahre hinein hauptsächlich montage- und testorientiert gearbeitet. Danach vollzog sich ein Wandel zu einer Fertigungsstätte der Plattenspeicher-Technologie. In dem Werk sind heute rund 2000 Mitarbeiter beschäftigt. Seit 1. Januar 1994 ist es eine eigenständige GmbH.

Die Veränderungen im geschäftlichen Umfeld

In den vergangenen zwei Jahrzehnten mußte auch das Unternehmen IBM zur Kenntnis nehmen, daß es das unternehmerische Glück nicht „gepachtet" hatte. Zwar befinden wir uns in einer Situation, von der andere Branchen nur träumen können, denn die Branche der elektronischen Datenverarbeitung wächst kontinuierlich. Der Markt ist also vorhanden, der Bedarf der Kunden schier unersättlich, was leistungsfähige Rechner, großvolumige Speicherkapazitäten mit schnellen Zugriffszeiten, bedienerfreundliche Software, komfortable Anwendungen, zuverlässige Datentransfernetze und hochqualitative Serviceleistungen angeht. In diesem geschäftlichen Umfeld müßte man sich eigentlich wohl fühlen, wenn da nicht einige Tücken wären, die allzuleicht übersehen werden, wenn man sich in einer marktführenden Position befindet. Die immer rasanter werdende

Technologieentwicklung haben wir selbst gesteuert, denn technologische Spitzenleistungen waren schon immer unser Leitmotiv. Daß es aber einen Wettbewerb gibt, der ebenfalls in diese Domäne eintritt, mit uns gleichzieht und uns teilweise an verschiedenen Stellen überholt, wollten wir nur schwer erkennen. Plötzlich waren auch wir mit der Situation konfrontiert, daß nicht mehr das leistungsfähige Produkt mit unserem Namen den Kunden überzeugte. Neben anspruchsvoller Technologie waren es die Faktoren „Preis", „Qualität" und „Grad der Lieferbereitschaft", die die Entscheidungen der Kunden maßgeblich beeinflußten.

Unser Problem: eine veraltete Organisation

Es zeigte sich immer deutlicher, daß unsere gewachsenen Strukturen ein Kostenbild verursachten, das nicht mehr mit den Wertvorstellungen unserer Kunden in Einklang zu bringen war. Wir haben uns zum Ziel gesetzt, das Problem entschlossen zu lösen, dabei die Qualität unserer Produkte und die unserer Arbeitsprozesse zu verbessern und gleichzeitig die Lieferbereitschaft zu erhöhen. Dieses Ziel wollte das Unternehmen nicht nur mit einer Produktionsverlagerung in Niedriglohnländer, sondern mit der rigorosen Restrukturierung unserer Produktionsstätte in Mainz erreichen.

Erschwert wurde diese Aufgabe durch die drastische Erhöhung der Mengen. Allerdings waren die Elemente „neue Produkte" und ein „hochvolumiger Markt" ein Motivationsfaktor, die Herausforderung anzunehmen.

In unseren Lösungsansätzen galten die ersten „Attacken" den Produktionskosten und der Qualität. Kostenreduzierungs- und Qualitätsprogramme wurden aufgesetzt.Wir lernten die Qualitätszirkel und die Just-in-time-Prinzipien aus dem fernen Osten kennen. Die ersten Erfolge waren zu sehen, sie waren aber nur mäßig: Es mußte mehr geschehen! Mit einem weiteren Programm, der Abteilungswertanalyse, wurden wieder weitere Erfolge erzielt. Sie waren allerdings immer noch nicht ausreichend, um unseren Standort zu sichern.

Unser Problem 97

Erst gegen Ende der 80er Jahre waren wir zu einem Quantensprung bereit. Wir erkannten, daß wir uns intensiver mit unserem Humankapital beschäftigen mußten, mit den Menschen, die in der Wertschöpfungskette tätig sind. Diese Erkenntnis zeigte uns, daß wir nicht mehr zeitgemäß organisiert waren. Die Schlüsselerkenntnis war, daß wir uns von den funktionalen Strukturen verabschieden (Taylor good bye!) und uns mehr prozeßorientierten Organisationsformen zuwenden mußten.

Für viele Menschen im Unternehmen war es schwer, gewohntes Gebiet, die Heimat einer liebgewonnenen Organisation, aufzugeben. Besonders die Führungskräfte solcher in sich geschlossener Aufgabengebiete mußten ihre Reiche aufgeben und sich mit neuen Rollen anfreunden.

Die Lösung: autonome Produktionszellen

Auch für uns bestand kein Zweifel daran, daß die Einführung der „Just-in-time-Prinzipien" einen großen Vorteil bezüglich der Produktionsdurchlaufzeiten und der Materialbevorratung darstellten. IBM hat diese Prinzipien weltweit aufgegriffen und ein eigens an unser Unternehmen angepaßtes „CFM-Konzept" (Continuous Flow Manufacturing) entwickelt. In diesem wurde neben der verbrauchsorientierten Produktion und Materialsteuerung auch die adäquate Nutzung des Humankapitals berücksichtigt.

Dieser Überlegung lag die Feststellung zugrunde, daß wir das Wissen und die Erfahrungen unserer Fertigungsmitarbeiter zu wenig nutzten. Die Fertigungsabteilungen waren durch unsere gewachsenen Funktionalstrukturen entmündigt worden, sie waren nur noch Ausführende von Vorgaben anderer indirekter Organisationseinheiten. Zum Beispiel gab die Fertigungssteuerung vor, welche Fertigungsaufträge zu welchem Termin begonnen und abgeliefert werden sollten, und stellte die Materialversorgung sicher. Das Qualitätswesen entschied über die Gutteile. Die Instandhaltungsabteilung arbeitete nach eigenen Wartungsplänen, die Ressourcenplanung bestimmte die Personalzahl der Fertigungsabteilungen, und die technischen Planungsabteilungen entwickelten Methoden und Fertigungsvorgaben, nach denen zu arbeiten war.

Viele aus den indirekten Bereichen redeten mit und erteilten Vorgaben. Die direkte Wertschöpfung am Produkt wurde jedoch von den Fertigungsabteilungen erbracht. Salopp gesagt lebten die Fertigungsabteilungen in einem „Stülpsystem". Genauso aber in einem

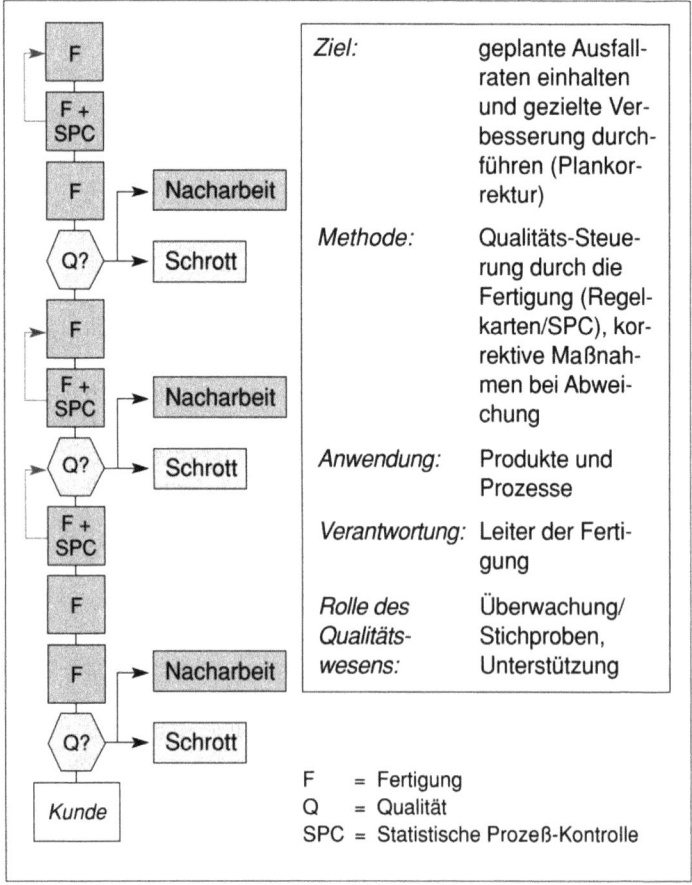

Abbildung 4: Das alte System

Die Lösung 99

recht angenehmen „Entschuldigungssystem", denn wenn der Ausstoß nicht stimmte, waren die anderen Funktionen verantwortlich: Entweder fehlte das Zuliefermaterial oder die Maschine hatte einen Ausfall oder die Fertigungsspezifikation war fehlerhaft usw. In dieser Funktionalstruktur gab es also viele Schnittstellen, viele Verantwortliche und zwangsläufig auch viele Diskussionen über

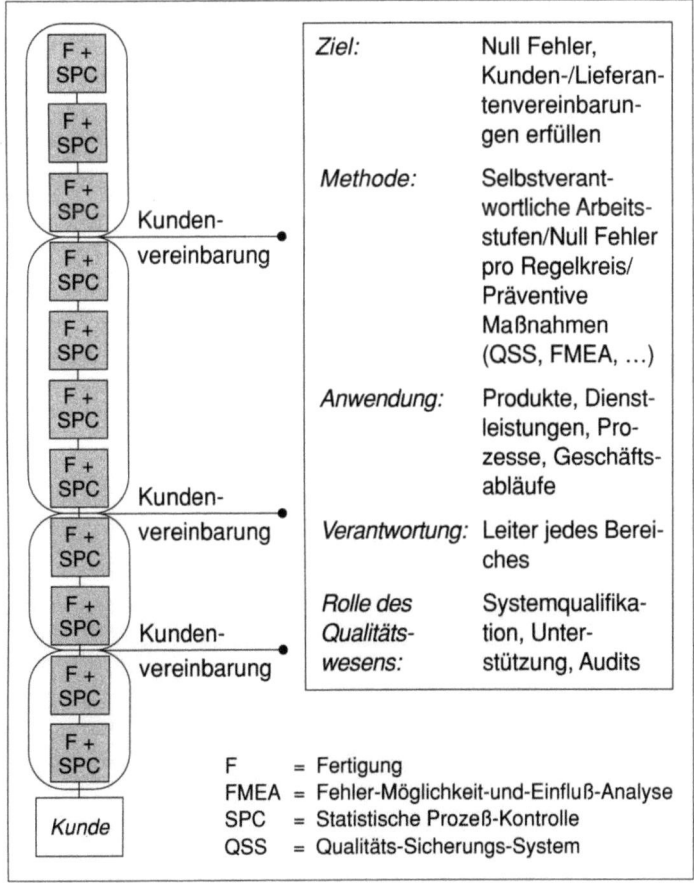

Abbildung 5: Das neue System

Zuständigkeiten, Schuldzuweisungen und Problemlösungsvorschlägen.

Mit der Einführung des CFM-Konzeptes begannen die Fertigungsabteilungen, „verbrauchsorientiert" zu arbeiten, mußten sich also holen, was sie benötigten, und brauchten nicht mehr zu warten, bis es gebracht wurde. Und dies galt nicht nur für das Zuliefermaterial, sondern auch für Leistungen der indirekten Funktionen. Die Fertigungsabteilungen wurden wieder in den Mittelpunkt der Produktionswertschöpfungskette gestellt. Die autonome Produktionszelle wurde eingeführt. Den Fertigungsabteilungen wurde die Verantwortung übertragen, selbständig und möglichst ohne Unterstützung anderer Organisationseinheiten ihr Produkt zu fertigen. Wesentliche Punkte, an denen Verantwortung übertragen wurde, waren die Zu-

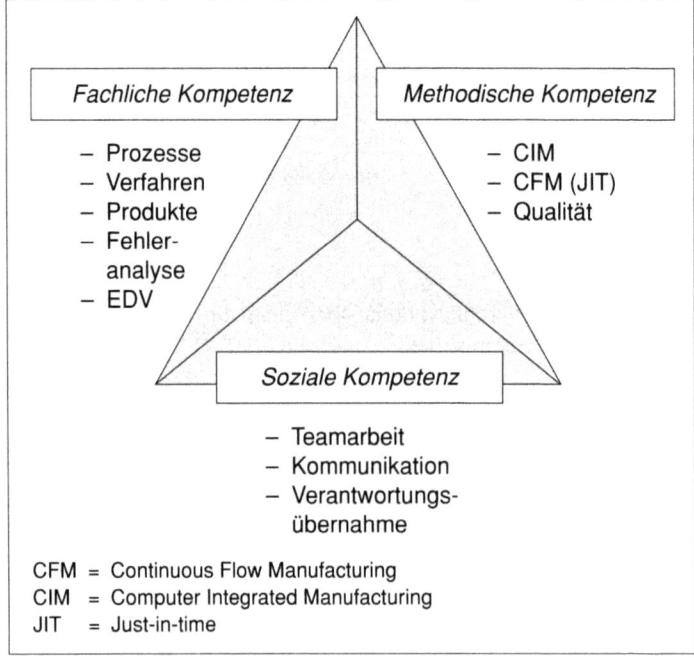

Abbildung 6: Die Schulungsinhalte

Die Lösung 101

ständigkeiten für Kosten, Qualität, Materialfluß und Instandhaltung. Alle anderen Funktionen des Werkes wurden zu Serviceabteilungen erklärt, sie wurden dadurch Lieferanten von Dienstleistungen für die Fertigungsabteilungen. Mit dieser Maßnahme bekamen die Fertigungsabteilungen den Status „Kunde". Aber auch untereinander traten die Fertigungsabteilungen, die jeweils einen Fertigungsabschnitt als autonome Zelle darstellten, in eine Lieferanten/Kunden-Beziehung. Die Abbildungen 4 und 5 (siehe Seite 98 und 99) veranschaulichen den Unterschied der beiden Systeme zum Thema Qualität.

Dieser sehr einschneidende Schritt der organisatorischen Veränderung vollzog sich nicht wie üblich von heute auf morgen, sondern wurde sehr sorgfältig über einen längeren Zeitraum vorbereitet und schließlich schrittweise umgesetzt.

Erster Schritt – „Schulung": Alle Mitarbeiter und Führungskräfte der Fertigungsabteilungen und der unmittelbar angrenzenden Funktionen wurden ausführlich über die geplante Veränderung informiert und intensiv geschult. Die Schulungsinhalte waren nach Kompetenzfeldern gegliedert (vgl. Abbildung 6). In der Umsetzung nahmen die Bereiche „methodische und soziale Kompetenz" den größten Raum ein.

Zweiter Schritt – „Planung": Festlegung eines Phasenkonzeptes zur Umsetzung und Definition eines Pilotprojektes, an dem Erfahrungen gesammelt werden sollten, aber auch die Wirtschaftlichkeit nachgewiesen werden sollte.

Dritter Schritt – „Umsetzung": Vor Beginn der Umsetzung, zunächst in dem Pilotprojekt und später bei sechs weiteren Produktionseinheiten, fand mit betriebspsychologischer Unterstützung ein Teamtraining/Teamworkshop statt, in dem die Betroffenen ihre neue Arbeitsstruktur erarbeiteten und ihre Zielsetzung definierten. Anschließend begann die Umsetzung und Neuorientierung.

Vierter Schritt – „Bewertung": Nach Abschluß des Pilotprojektes wurden die gesamelten Erfahrungen bewertet. Die Erfolge waren beachtlich (vgl. den Kasten auf Seite 102). Die autonomen Produktionszellen konnten jetzt werksweit eingeführt werden.

Die Erfolge

- weniger Schnittstellen,
- effektivere Kommunikation,
- Verbesserung der Geschäftsabläufe (Technik und Organisation),
- bessere Einbeziehung der Mitarbeiter,
- umfassende Nutzung der Qualifikationen der Mitarbeiter,
- weniger Mitarbeiter,
- echte Delegation der Verantwortung,
- kontinuierliche Verbesserung,
- kurze Reaktionszeiten bei der Fehlerbeseitigung/-vermeidung,
- Reduzierung der Durchlaufzeiten,
- bessere Transparenz von Aufwand zu Nutzen,
- (Miß-)Erfolg wird sichtbar.

Die flächendeckende Einführung der autonomen Produktionszellen hatte zur Folge, daß Aufgaben und Verantwortlichkeiten, die früher von indirekten Funktionen wahrgenommen wurden, zum Teil in die Produktionszellen wanderten. Sie konnten größtenteils von vorhandenen, aber brachliegenden Kapazitäten der Fertigungsmitarbeiter abgefangen werden. Es wurden aber auch Versetzungen von Mitarbeitern aus den ehemaligen indirekten Funktionalstrukturen in die Produktionszellen notwendig. Diese Versetzungen waren nicht ganz unproblematisch, denn ein Wechsel in die Fertigung und die damit verbundene Schichtarbeit bedeutete für einige der Betroffenen einen sozialen Abstieg. Diese Problematik konnte mit intensiver Aufklärungsarbeit durch die Führungskräfte und deren vorbildliches Verhalten (eigene Versetzung in die Produktionszellen) entschärft werden.

Heute sind in unserem Haus Rotationen in die Produktionszellen selbstverständlich. Karriere als Führungskraft kann nur machen, wer zwei bis drei Jahre als Führungskraft in einer Produktionszelle gearbeitet hat.

Das organisatorische Wechselspiel

Vor der Restrukturierung, der Einführung der autonomen Produktionszellen, führten die Fertigungsabteilungen, wie vorher beschrieben, Vorgaben der Administrationsabteilungen aus. Heute stellen sie das Kernstück einer selbständigen Geschäftseinheit dar. Sie haben nur eine Daseinsberechtigung, solange sie einen Kunden, also einen Abnehmer für ihr Produkt, haben. Läuft ein Produkt aus, so verschwindet die autonome Produktionszelle wieder. Läuft ein neues Produkt an, so entsteht aus der zur Geschäftseinheit gehörigen vorbereitenden Ingenieurfunktion eine neue autonome Produktionszelle. Dort arbeiten auch die Ingenieure vor Ort mit, die den Produktionsprozeß entwickelt haben.

Mit diesem Konzept entfallen die Übergabewiderstände zwischen Prozeßentwicklung und Fertigung. Mit Recht kann man hier von einer „Wegwerforganisation" sprechen. Sinngemäß ergibt diese Vorgehensweise eine Produkt- und Prozeßbetreuung aus einer Hand „von der Wiege bis zur Bahre" eines Produktes ohne einen Verantwortungswechsel. Diese Geschäftseinheiten verstehen sich als „Profit Center" und verfügen nur über die Ressourcen, die einen unmittelbaren Wertschöpfungsbeitrag zu dem Produkt leisten. Alle anderen Serviceleistungen „kaufen" sie von den verbliebenen, stark reduzierten Dienstleistungsfunktionen ein. Die Geschäftseinheiten mit ihren autonomen Produktionszellen haben sich so zu sehr anspruchsvollen internen Kunden entwickelt. Sie wissen genau, was sie einkaufen, welche Mittel ihnen zur Verfügung stehen, und sie wissen vor allen Dingen, was das, was sie beziehen, kosten darf.

Der Durchbruch für dieses neue Verständnis wurde mit einer Initiative erreicht, die in unserem Hause als „MDQ" (Market Driven Quality) bezeichnet wird. Diese Initiative stellt den Kunden mit seinen Wünschen in den Mittelpunkt und kann auch allgemeinverständlich als das „Konzept der Kundenorientierung" bezeichnet werden.

Das Konzept der Kundenorientierung

Wir haben uns gesagt, daß das, was für den externen Kunden richtig ist, auch für den internen Kunden zutreffen muß. Das heißt, wir haben uns entschlossen, unsere internen Abnehmer wie externe Kunden zu behandeln. Dieses Anliegen machte ein völliges Umdenken erforderlich. Unser weitsichtiges Management Team in Mainz nutzte die Gelegenheit und fühlte sich diesem Gedanken voll verpflichtet. Die gesamte Belegschaft des Werkes Mainz wurde zum Thema „MDQ" geschult, hierarchisch gesehen von oben nach unten (bekanntlich wird ja auch die Treppe von oben gekehrt), um ein neues Verständnis bei allen Mitarbeitern und Führungskräften zu erzeugen. Das Anliegen war, den Begriff „Qualität" von der Prioritätenliste zu bekommen und in dem Unterbewußtsein der Menschen zu verankern.

Unter Qualität verstehen wir fehlerfreie Anlieferung der Leistung zum gewünschten Zeitpunkt zum niedrigsten Preis. Dies kann man nicht anordnen. Es funktioniert nicht mit einem Paukenschlag, son-

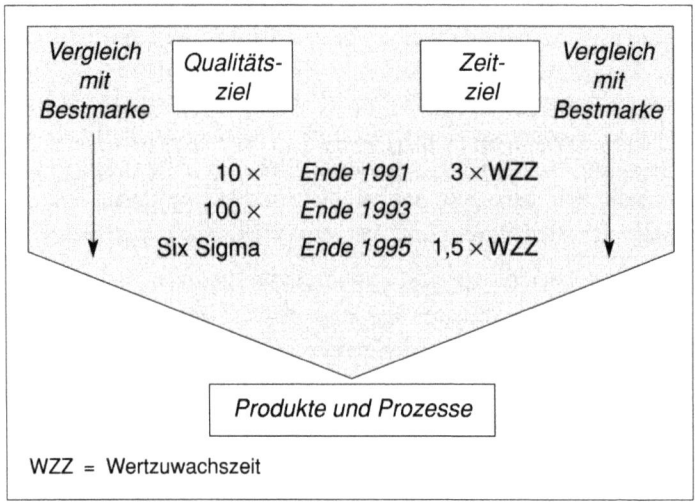

Abbildung 7: Die Qualitäts- und Zeitziele des Unternehmens

Das Konzept der Kundenorientierung 105

dern ist ein Prozeß der kontinuierlichen Verbesserung. Kleine, aber kontinuierliche Schritte zu einem neuen Kundenverständnis bilden unseren Weg, der im folgenden beschrieben wird.

Die Vorgaben des Konzepts

Damit alle Mitarbeiter ein einheitliches Verständnis dafür bekamen, worauf es dem Unternehmen ankam, wurden Definitionen und eine allgemeingültige Zielsetzung aufgestellt.

Als Grundlage für unsere künftige Handlungsweise wurden vier *Prinzipien* festgelegt:
1. Den Kunden entscheiden lassen.
2. Die Marktanforderungen kennen und verstehen.
3. Führend in unseren Märkten sein.
4. Spitzenleistungen in allen Unternehmensbereichen erbringen.

Zur Umsetzung wurden fünf *Initiativen* festgelegt:
1. Die Kundenanforderungen definieren.
2. Die fehlerfreie Ausführung der Arbeit erreichen (Six-Sigma-Qualität).
3. Die Prozeßzeiten verkürzen.
4. Die Beteiligung aller sicherstellen.
5. Die Erfolgskontrolle durchführen.

Zur Zielorientierung und zur Verfolgung der Ergebnisse wurden folgende *Begriffe* definiert:
• das Ausgangsniveau,
• das Optimierungsniveau,
• die Bestmarke.

Die Ziele waren langfristig auf einen Zeitraum von drei Jahren angelegt und für jeden Mitarbeiter des Unternehmens gültig. Mit ihnen lenkten wir unsere Aufmerksamkeit darauf, die Fehler und die Durchlaufzeiten unserer direkten Arbeit am Produkt und unserer indirekten Arbeit (Geschäftsprozesse) drastisch zu reduzieren (vgl. Abbildung 7) und an den vorgegeben Zielpunkten zu messen.

Tabelle 1: Was kann die Verwaltung von der Lean-Production-Idee lernen?

	Fertigung	Verwaltung
Gesamtprozeßverantwortung	vorhanden	unklar
Prozeßdefinition	eindeutig	unklar/fraktioniert
Schnittstellenidentifikation	definiert	unklar
Eingabe-/Ausgabe-Beziehungen	quantifiziert	verbal
Dokumentation/ Arbeitsanweisungen	präzise	unvollständig
Meßpunkte	festgelegt	nicht/selten vorhanden
Statistische Messungen	regelmäßig	nicht/selten vorhanden
Korrekturen/ Modifikationen	präventiv/planvoll	reaktiv/sporadisch

Zur Zielbestimmung der Durchlaufzeit wurde die Wertzuwachszeit (WZZ) der Geschäftsprozesse herangezogen, das heißt die Durchlaufzeit eines Geschäftsprozesses durfte Ende 1991 nur noch das Dreifache der WZZ, Ende 1995 nur noch das Eineinhalbfache der WZZ betragen. Wobei aufgrund von Vergleichen mit der Bestmarke (Benchmarking) Reduzierungen der WZZ durch Restrukturierungen (Reengineering) ein überlagertes Ziel waren. Das heißt, daß die indirekten („unproduktiven") Zeiten und das damit verbundene Personal stark abgebaut wurden.

Eine Veränderungen der Geschäftsprozesse tut not

Traditionell haben wir – wie jedes andere Unternehmen – immer der Fertigung die größte Aufmerksamkeit bezüglich der Produktivitätserhöhung geschenkt. Dies war auch recht einfach, denn alles, was in einem Fertigungsfluß geschieht, ist transparent und mit Maßnahmen veränderbar. Mit der oben beschriebenen Einführung der autonomen Produktionszellen haben wir die Fertigungsabteilungen wieder in den Mittelpunkt des Geschehens gesetzt. Die Verwaltungsfunktionen wurden zwar auch immer wieder aufgefordert, ihre Kosten zu reduzieren und die Qualität ihrer Arbeit zu verbessern. Die absolute Notwendigkeit der von ihnen erbrachten Leistung wurde aber zu wenig in Frage gestellt. Betrachtet man die Merkmale der Transparenz, so ist der Unterschied zwischen den Fertigungs- und Verwaltungsabteilungen deutlich zu erkennen (vgl. Tabelle 1).

Aufgrund der Erkenntnis der vorliegenden Unklarheiten, der unzähligen Schnittstellen und der neuen Vorgehensweise mit dem Konzept der Kundenorientierung wurde es notwendig, auch in den indirekten Funktionen einen Ansatz zu finden, mit dem die gewünschte Transparenz erreicht und vor allen Dingen eine einheitliche Systematik installiert, die Meßbarkeit der Verbesserung sichergestellt wird.

Wie eingangs erwähnt, mußten wir uns von unseren funktionalen Strukturen verabschieden. Das heißt aber nicht, daß all das, was wir in den vergangenen Jahren getan haben, falsch war. Die gewachsenen indirekten Funktionen haben über die Zeit, allerdings jede für sich, Optimierungsprozesse durchlaufen. Insgesamt betrachtet hat jedoch eine Suboptimierung stattgefunden, so daß sich zwischen den Funktionen Barrieren aufgebaut haben. Durch diese ergaben sich eben die oben genannten Unklarheiten und entsprechenden Reibungsverluste (vgl. Abbildung 8 auf Seite 108). Mit dem Konzept der Kundenorientierung haben wir uns den Geschäftsprozessen und ihren Wertschöpfungselementen zugewandt. Dies bedeutete eine völlig neue Betrachtungsweise.

Was zeichnet Geschäftsprozesse aus? Sie kennen keine funktionalen Barrieren. Sie laufen auf das Ziel hin, ein „Geschäft" zu machen. Und ein Geschäft ist nur zu machen, wenn ein Kunde da ist und als zufriedener Kunde immer dableibt (auch innerhalb einer in sich geschlossenen Organisation, als interner Kunde). Alle Prozesse, die keinen Kunden haben, sind keine Geschäftsprozesse und haben deshalb auch keine Daseinsberechtigung. Am Ende eines Geschäftsprozesses muß immer ein Kunde stehen, der bereit ist, für die Leistung, die er bekommt, zu zahlen. Das ist die eigentliche Kernbotschaft.

Das Geschäftsprozeßmodell

Die Erfahrung hat uns gelehrt, daß es nicht richtig ist, alles auf einmal zu beginnen und Gefahr zu laufen, nichts zu vollenden, weil man sich einfach zuviel vorgenommen hat. Aus diesem Grund haben wir uns entschlossen, ein allgemeingültiges Geschäftsprozeßmodell zu entwickeln, das die Aufgaben unserer Betriebsstätte in Mainz in wenigen übergeordneten Blöcken darstellt (vgl. Abbildung 9). Jeder Block setzt sich aus einer Vielzahl einzelner Geschäftsprozesse zusammen. Wir haben zunächst die identifiziert, die wir als besonders kritisch erachteten, um sie im Detail nach den Vorgaben unseres Konzeptes der Kundenorientierung zu betrachten. Außerdem wurde jedem Block je eine Person der obersten Ebene zu-

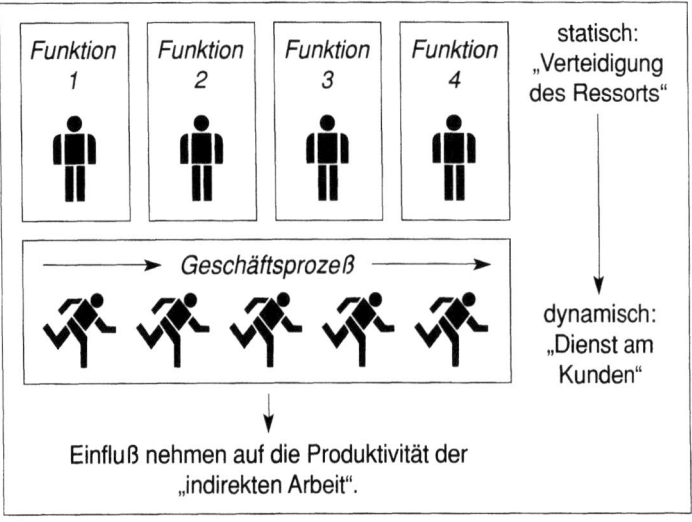

Abbildung 8: Die Veränderung

Das Konzept der Kundenorientierung 109

geordnet. Sie ist dafür verantwortlich, daß die betroffenen Geschäftsprozesse nach einer vorgegebenen Methode (siehe unten) analysiert, neu strukturiert, kontrolliert und kontinuierlich verbessert werden.

Die Methode

Der Methode wurde das Prinzip des Ablaufes eines Geschäftsprozeßschrittes zugrunde gelegt (vgl. Abbildung 10). Es verdeutlicht die Kunden-Lieferantenbeziehung. Hier ist zu erkennen, daß jeder Geschäftsprozeß aus einer Verkettung von Geschäftsprozeßschritten besteht, an dessen Anfang ein Lieferant und an dessen Ende ein Kunde steht. Der Prozeßschritt selbst ist die Verarbeitung der Eingabe zu einer Ausgabe, also einem Produkt, daß den kritischen Anforderungen des Kunden entsprechen muß.

Für den Prozeßeigner bedeutet dies, daß er einerseits Kunde und andererseits Lieferant ist. An beiden Schnittstellen muß der Eigner entsprechende Geschäftsvereinbarungen treffen. Bei einer Kundenorientierung erfährt der Prozeßeigner von seinem Kunden die Anforderungen an das Produkt oder die Dienstleistung. An diesen Anforderungen ist der Prozeß auszurichten. Wie häufig gibt es in inter-

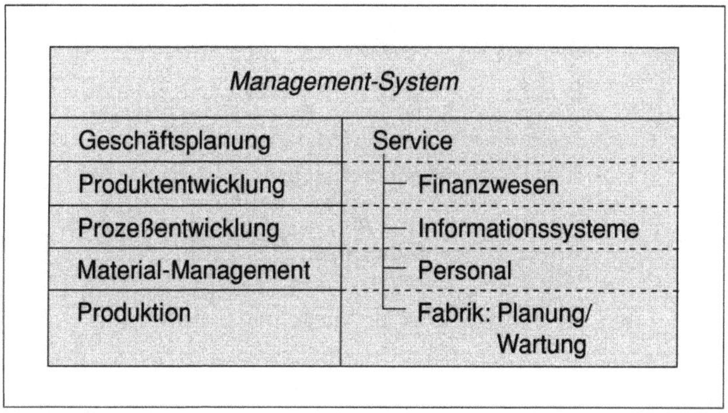

Management-System	
Geschäftsplanung	Service
Produktentwicklung	Finanzwesen
Prozeßentwicklung	Informationssysteme
Material-Management	Personal
Produktion	Fabrik: Planung/ Wartung

Abbildung 9: Das Geschäftsprozeßmodell

nen „gewachsenen" Strukturen Arbeitsprozesse und Ergebnisse, die niemand will oder die nicht den Kriterien des Weiterverarbeitenden entsprechen!

Häufig wird bei diesem Ansatz das Argument benutzt, daß betriebsinterne Kunden ein zu hohes Sicherheitsbedürfnis hätten und unrealistische Anforderungen stellen würden. Dies trifft zu, wenn der Kunde aus einer allgemeinen Umlagenstruktur finanziert wird. Betreibt er jedoch seine Arbeit wie eine eigenständige Unternehmung, die sich selbst finanzieren muß, so entstehen Verhältnisse, die durchaus realistisch sind. Bürofunktionen und andere die Produktion unterstützende Funktionen lernen sehr schnell, daß ihre Leistungen auch von externen Experten zu durchaus attraktiven Preisen eingekauft werden könnten. Hier können diese Funktionen sich messen und neu orientieren. Verlieren sie ihre Wettbewerbsfähigkeit, so werden sie aus dem Geschäftsleben verschwinden.

Soweit zu dem Prinzip des Geschäftsprozesses und dem internen Lieferanten-/Kundenverständnis. Doch nun zu der von uns sehr erfolg-

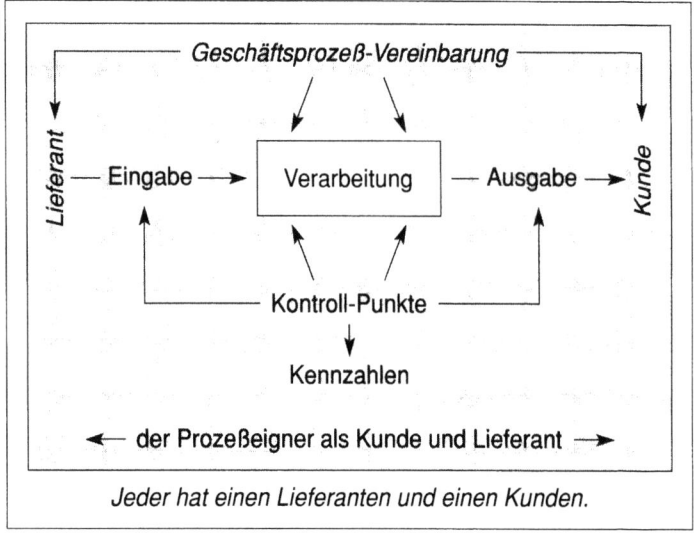

Abbildung 10: Der Ablauf eines Prozeßgeschäftsschrittes

Das Konzept der Kundenorientierung

reich angewandten Methode der Prozeßverbesserung. Wir bezeichnen diese Methode als die *Zehn-Schritte-Methode* (vgl. Abbildung 11).

Auf den ersten Blick erscheint die Methode aufwendig und mit Recht werden Sie sich fragen, ob all diese Schritte notwendig sind. Uns ist es nicht anders ergangen. Heute wissen wir, daß jeder Schritt sehr wichtig ist. Die Methode ist umfassend und eine ganzheitliche Betrachtungsweise. Sie wendet sich dem Arbeitsprozeß und dem Kunden zu, und nicht dem Arbeitsinhalt einer Organisation.

Wir alle kennen aus der Vergangenheit die zunächst scheinbar weniger aufwendige Drei-Schritte-Methode. Hier wird von einer kleinen Gruppe von Experten am „grünen Tisch" erstens der Ist-Zustand erfaßt, zweitens eine Verbesserung erarbeitet und drittens ein Einführungsplan verabschiedet. Danach folgt meist nur eine partielle Umsetzung, oder es bleibt gar nur bei dem Einführungsplan. Die von der Umsetzung Betroffenen entwickeln ungeahnte Widerstandskräfte und „stemmen" sich gegen die Veränderung.

Eine Vorgehensweise nach der Zehn-Schritte-Methode benötigt Zeit, und das paßt nicht in die Gedankenvorstellung eines ungeduldigen Unternehmers, der schnell Ergebnisse sehen will. Er ist jedoch gut beraten, an dieser Stelle Geduld zu zeigen und vor allen Dingen bereit zu sein, eine angemessene Anzahl von Betroffenen in den Veränderungsprozeß einzubinden. Ein geduldiges und unterstützendes Verhalten lohnt sich, denn die außerordentlich guten Ergebnisse werden durch den hohen Identifikationsgrad der bei der Umsetzung der Prozeßveränderung Mitwirkenden erreicht.

Vor der Anwendung der Methode muß die Führungsebene in Aktion treten, die für den gesamten Geschäftsprozeß verantwortlich ist. In der Regel ist dies die Unternehmensleitung, da ja, wie bereits vorher erwähnt, Geschäftsprozesse quer durch das Unternehmen, und nicht nur innerhalb funktionaler Organisationseinheiten ablaufen.

Diese Führungsebene legt den Rahmen für den zu bearbeitenden und zu verbessernden Geschäftsprozeß fest: Zunächst definiert sie den Geschäftsprozeß. Dann legt sie den Prozeßeigner fest. Der Prozeßeigner benennt das Prozeßteam (qualifizierte Mitarbeiter aus den

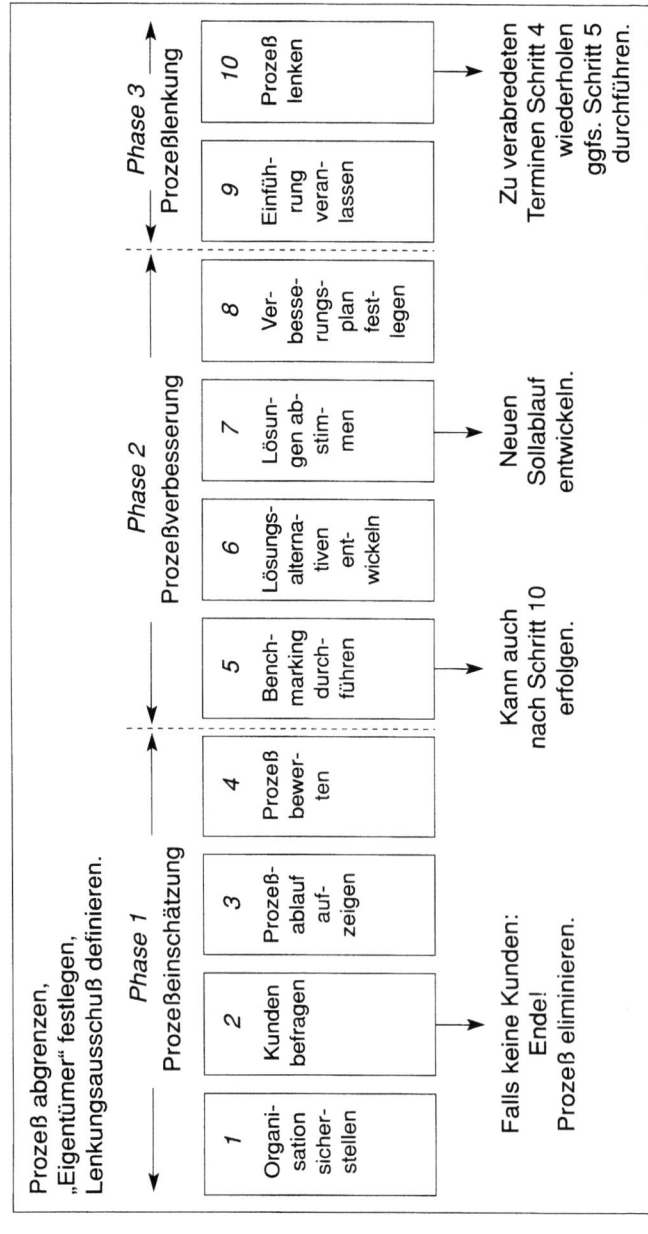

Abbildung 11: Die Zehn-Schritte-Methode

Reihen der von dem Geschäftsprozeß Betroffenen). Er koordiniert alle Aktivitäten während des Durchlaufs der zehn Schritte und ist nach Verabschiedung der einzuleitenden Veränderungsmaßnahmen für den Prozeß der kontinuierlichen Verbesserung auf längere Zeit verantwortlich. Schließlich wird der Lenkungsausschuß festgelegt. Der Lenkungsausschuß besteht aus Entscheidungsträgern, die das Projekt verfolgen und unterstützend begleiten.

Das Prozeßteam besteht in der Regel aus einer Gruppe von Mitarbeitern, die nicht gewohnt sind, eng miteinander in einer sich ergänzenden Art und Weise zu arbeiten, da sie aus unterschiedlichen Abteilungen kommen und unterschiedliche Abteilungsziele haben. Wir haben erlebt, das es immer von Vorteil ist, mit einer neu aufgestellten Gruppe in einem Seminar (mit Workshop-Charakter) einen Teambildungsprozeß zu durchlaufen.

Erster Schritt: Organisation sicherstellen

In diesem Schritt organisiert sich das Team. Die Ziele werden kritisch diskutiert und verbindlich festgelegt. Der Geschäftsprozeß wird gegen andere Prozesse abgegrenzt und seine Mission wird festgelegt. Der erste Schritt ist abgeschlossen, sobald Terminplan und Teilaufgaben festgelegt sind. Der Terminplan enthält Ecktermine, an denen dem Lenkungsausschuß über die Fortschritte berichtet und die Freigabe für die Weiterbearbeitung eingeholt wird.

Zweiter Schritt: Kunden befragen

Jeder Geschäftsprozeß hat einen Kunden, der das Prozeßergebnis für seine Arbeit benötigt. In diesem Schritt wird sich auch zeigen, daß es Leistungen gibt, die in dieser Form keinem Kunden nützen. Ein sicheres Indiz dafür, hier schnellstens für Veränderung oder gar Abschaffung der Tätigkeit zu sorgen.

Es gilt also herauszufinden, wer der Prozeßkunde ist, was genau seine definierten Anforderungen an das Prozeßergebnis sind, ob Produkt beziehungsweise Dienstleistung, also das Prozeßergebnis, mit den Anforderungen übereinstimmen.

Mit der Einführung eines internen Kunden-Lieferanten-Verhältnisses ist bereits ein ganz wesentlicher Schritt in die Richtung auf ein Denken in Geschäftsprozessen vollzogen. Da gibt es oft erstaunliche Erkenntnisse, wenn wirklich einmal gefragt wird: „Was brauchst du eigentlich von mir?" Es fördert die Motivation durch ein Gefühl der Zusammenarbeit und vereinfacht das Tagesgeschäft. Die Kundenbefragung ist eine zwingende Voraussetzung für die nächsten Schritte, denn sie gibt wertvolle Hinweise auf die Stärken und Schwächen des Geschäftsprozesses.

Dritter Schritt: Prozeßablauf aufzeigen, visualisieren

Die Teammitglieder zeichnen den Geschäftsprozeß in seinem Ist-Ablauf im Detail auf. Es ist besonders darauf zu achten, daß der Prozeß so dargestellt wird, wie er in der Praxis abläuft, und nicht, wie er ablaufen sollte. Sonst wird nur eine „heile Welt" dargestellt.

Zur Visualisierung bieten sich die unterschiedlichsten Methoden an. In unserer Beratungstätigkeit haben wir meistens die sogenannte „Wallpaper-Methode", also mit einer Tapete, bevorzugt. Auf einer oft meterlangen Papierwand werden alle Tätigkeiten in ihrer Sequenz mit all ihren Verflechtungen aufgezeichnet. Schon allein der Anblick einer so komplexen Struktur fordert dazu heraus, Abläufe einfacher zu gestalten. Der dritte Schritt ist abgeschlossen, wenn in dem erstellten Ablauf die Schwachstellen eingezeichnet wurden. Dieser Ablauf, also der Geschäftsprozeß, ist die Basis für alle weiteren Schritte.

Vierter Schritt: Prozeß bewerten

Hier wird der Zustand, in dem sich der Prozeß befindet, bewertet. Es werden die qualitativen Anforderungen, denen er genügen muß, meßbar gemacht. Es bieten sich dazu Bewertungskriterien von eins bis fünf an:

1. Der Prozeß ist auf Spitzenniveau.
2. Der Prozeß ist wettbewerbsfähig.
3. Der Prozeß wird wirkungsvoll kontrolliert.

Das Konzept der Kundenorientierung

4. Die Voraussetzungen für einen kontrollierten Prozeß sind erfüllt.
5. Der Prozeß ist nicht unter Kontrolle.

In den meisten Fällen zeigt sich hier die Stunde der Wahrheit, denn nur selten wurde eine Bewertung über vier erreicht.

Fünfter Schritt: Benchmarking durchführen

Benchmarking heißt, sich mit anderen Firmen, mit dem Durchschnitt der Branche oder den Besten der Industrie zu vergleichen, bei denen gleiche oder ähnliche Prozesse ablaufen. Dies ist besonders ratsam, wenn die Meinung vorherrscht, daß der eigene Geschäftsprozeß doch in einem recht guten Zustand sei. Dann nämlich ist das Erstaunen groß, wenn man feststellt, daß bei anderen Firmen diese Geschäftsprozesse schneller, billiger und effizienter ablaufen.

Dieser fünfte Schritt ist nicht zwingend notwendig, besonders dann, wenn die Ist-Ablaufdarstellung und die Kundenbefragung genügend Ansätze zur Veränderung geliefert haben.

Sechster Schritt: Lösungsalternativen entwickeln

In diesem Schritt wird Mut zur Veränderung verlangt, es beginnt die kreative Phase: neue Wege finden, sich auf das Wesentliche, nämlich das, was der Kunde benötigt, konzentrieren. Der Ist-Ablauf (dritter Schritt) wird einer detaillierten Analyse unterzogen. Es ist zu untersuchen, welchen Beitrag zur Wertschöpfung die zum Prozeß gehörenden Aktivitäten, Verfahren, Methoden und EDV-Anwendungen liefern. Hier wird alles in Frage gestellt. Es entstehen so Alternativen für einen Soll-Ablauf.

Siebter Schritt: Lösungen abstimmen

In diesen Schritt bindet das Team möglichst viele, besser sogar alle am Geschäftsprozeß beteiligten Mitarbeiter ein und stimmt mit diesen den endgültigen Lösungsweg ab. Hier zeigt sich auch, wie gut Lieferanten und Kunden eingebunden waren. Dieser Schritt kann zeitintensiv sein, denn die vorgeschlagenen Lösungen werden zwangsläufig Veränderungen der gewohnten Arbeitsweise verlangen. Hier zeigen sich gegebenenfalls Widerstände, liebgewonnene Tätigkeiten aufzugeben. Dieser Schritt verlangt Konsens, er darf keine Verlierer generieren.

Achter Schritt: Verbesserungsplan festlegen

Der Verbesserungsplan hat folgende Inhalte:

- Zeit- und Aktionspläne für die Realisierung erstellen,
- neue Verantwortungen vereinbaren,
- Prozeßdokumentationen erstellen und verabschieden,
- Geschäftsprozeßvereinbarungen abschließen,
- Kennzahlen/Kontrollpunkte und Zielwerte definieren,
- Mitarbeiter informieren und Betroffene schulen,
- Anforderungen an Datenverarbeitungs-Verfahren formulieren.

Sobald diese Aktivitäten beschlossen und kommuniziert sind, steht der Einführung des geänderten und kundenorientierten Geschäftsprozesses nichts mehr im Wege.

Neunter Schritt: Einführung veranlassen

Die sichtbare Identifikation der Führungskräfte ist eine ganz wichtige Voraussetzung. Denn die Gefahr, daß die anfängliche Begeisterung erlahmt, der alte Trott wieder die Oberhand gewinnt oder aber plötzlich neue Prioritäten aus dem Tagesgeschäft alles verzögern, ist sehr groß.

Durch Information und Schulung werden die Betroffenen auf die zu erwartende Änderung vorbereitet und über den Fortschritt ständig informiert.

Zehnter Schritt: Prozeß lenken

Mit diesem Schritt wird die lange Phase der ständigen Prozeßbegleitung und kontinuierlichen Verbesserung eingeleitet. Es werden regelmäßig Qualitätsdaten ermittelt, Trends aufgezeigt und ausgewertet, bis hin zur statistischen Prozeßkontrolle. Wer schlägt in Ihrem Unternehmen, lieber Leser, Alarm und leitet schleunigst Korrekturmaßnahmen ein, wenn sich zum Beispiel in dem Materialflußprozeß zeigt, daß die Materialverfügbarkeitstermine nicht gehalten werden und die Fehlerquote steigt? Dieses kleine Beispiel soll zeigen, daß ein Geschäftsprozeß keinesfalls einmalig eingeführt werden kann. Es werden immer wieder Störgrößen oder neue Anforderungen der Kunden (intern und extern) auftreten, so daß permanent der Erfolg gemessen und die Kundenzufriedenheit festgestellt werden muß, um gegebenenfalls Korrekturmaßnahmen einzuleiten. Erst hierdurch wird eine kontinuierliche Verbesserung gewährleistet.

Die Erfahrung hat gezeigt, daß die Zehn-Schritte-Methode hervorragend geeignet ist, verkrustete Strukturen und ein überzogenes Abteilungsdenken aufzubrechen. Sie orientiert sich an dem Arbeitsprozeß, und nicht an organisatorischen Abgrenzungen. Die Ergebnisse sind verblüffend, Durchlaufzeitverbesserungen bei indirekten Arbeiten der Bürofunktionen in der Größenordnung von 50 Prozent sind keine Seltenheit. In den meisten Fällen sind Umorganisationen notwendig, weg von der Funktionalorganisation, hin zur Prozeßorganisation (also: Taylor good bye!).

Die Voraussetzungen für die Weichenstellung

„So gut wie nötig" ist eine gefährliche Maxime. Wer entscheidet, was nötig ist? Allzu oft maßen sich innerbetriebliche Instanzen dieses Urteil an. Für die Kundenzufriedenheit ist ihre Meinung aber ohne Belang, denn der Kunde entscheidet, ob das Produkt seinen Ansprüchen genügt. Als Produkt wird hier sowohl das produzierte Gut als auch eine betriebsinterne Dienstleistung, wie zum Beispiel der Bestellvorgang, die Materialbestellung, die Spesenabrechnung usw. verstanden. Bei der Diskussion über Kundenanforderungen ist es wichtig zu akzeptieren, daß der Kunde nicht den Aufwand, den ein Hersteller treibt, honoriert, sondern ausschließlich den Nutzen, den ihm das Produkt bringt. Seine Wertvorstellung muß getroffen werden (wie bereits eingangs angesprochen). Die produktive Umsetzung des Kundenwunsches gelingt allerdings nur, wenn den „internen" Kunden-Lieferanten-Beziehungen und der Orientierung am Arbeitsprozeß, und nicht der organisatorischen Einheit die größte Aufmerksamkeit geschenkt wird. So werden zum einen kostenaufwendige Kontrollen und Nacharbeiten reduziert, und zum anderen wird der Prozeß der kontinuierlichen Verbesserung ermöglicht.

Dies hört sich recht einfach an, in der Praxis jedoch ist die konsequente Umsetzung sicher der schwierigste Teil des Wandels in eine neue Qualitätskultur. Die Umsetzung läßt sich nicht anordnen oder gar befehlen, sondern sie muß sorgfältig vorbereitet werden. Dazu sind natürlich einige Voraussetzungen erforderlich.

Die oberste Führungsebene muß den Veränderungsprozeß wirklich wollen und unterstützen. Sie muß mit persönlichem Engagement das gesamte Führungsteam von der Notwendigkeit, Dinge anders zu machen, überzeugen. Hilfreiche Instrumente für die Überzeugungsarbeit sind eine Standortbestimmung und eine Selbsteinschätzung nach Malcolm Baldrige[1].

Eine Standortbestimmung kann durch die Beantwortung der folgenden Fragen durchgeführt werden.

- Wo stehen wir?
- Was wollen unsere Kunden?
- Wann wollen unsere Kunden etwas?
- Wer sind die Mitbewerber und ihre Produkte?
- Wieviel darf ein Produkt kosten?

Die Antworten werden ein realistisches Bild ergeben und verdeutlichen schon einmal, ob ein Handlungsbedarf besteht. Restliche Zweifel werden mit Sicherheit durch die MBA-Ergebnisse (Malcolm Baldrige Assessment) beseitigt. Es würde zu weit führen, die Methode hier zu beschreiben, aber einige Hinweise werden gegeben: In der MBA-Mini-Selbsteinschätzung unter der Anleitung eines erfahrenen MBA-Beraters halten sich die Führungskräfte den Spiegel vor. Sie bewerten durch Vergabe von Punkten folgende Themenkreise: Unternehmensführung, Information und Analyse, Strategi-

Die Voraussetzungen für die Weichenstellung

sche Qualitätsplanung, Personalentwicklung und -führung, Management der Geschäftsabläufe, Qualitäts- und Geschäftsergebnisse, Kundenorientierung und -zufriedenheit

Die Bewertung ergibt eine Punktzahl zwischen 0 und 1000 Punkten, wobei dem Themenblock „Kundenorientierung" das größte Gewicht gegeben wird. Immer wieder treffen wir auf Führungskräfte, die vor der Selbsteinschätzung ein Ergebnis von 700 bis 800 Punkten prognostizieren und danach aus der eigenen Einschätzung enttäuschende 250 bis 350 Punkte erzielen. Das ist ein „Aha-Effekt", der den letzten Zweifler überzeugt.

In jedem Fall werfen die Ergebnisse aus der Standortbestimmung und der MBA-Selbsteinschätzung neue Fragen auf. Etwa: Was müssen wir tun, um unsere führende Rolle zu behalten? Oder: Was müssen wir tun, um die führende Rolle zu erlangen und um auf die Überholspur zu kommen? Die Antworten auf diese Fragen helfen bei der Definition einer Vision, die eine große Bedeutung für das zukünftige Handeln der gesamten Belegschaft hat. Wir haben unsere Vision als „Market Driven Company" beschrieben.

Aus der definierten Vision wurden die oben erläuterten Strategien entwickelt und als individuelle Zielsetzungen über alle Führungsebenen hinweg an die Mitarbeiter getragen. Diesen Prozeß nennen wir „strukturierte Zielvereinbarung". Durch ihn wurden alle Mitarbeiter eingebunden. Hier werden Ziele *vereinbart,* und nicht vorgegeben. Dies ist ein anderer Führungsprozeß: mehr führen und weniger managen ist verlangt.

Eine weitere Voraussetzung für die erfolgreiche Umsetzung des Veränderungsprozesses ist die Durchführung von Schulungen. Innerhalb eines Jahres wurde die gesamte Belegschaft geschult, wobei wir bei der obersten Führungsebene begonnen haben. Die Schulungen wurden einerseits als Kommunikationsprozeß und andererseits zur Vermittlung von Wissen genutzt. Im Bereich der Kommunikation war es uns wichtig, daß jede Person ein einheitliches Verständnis von der Notwendigkeit der Veränderung, der vier Prinzipien, der fünf Initiativen, der Ziele und der strukturierten Zielvereinbarung bekam. Im Bereich der Vermittlung des Wissens haben wir uns auf den methodischen Teil, wie zum Beispiel den Umgang mit der Pareto-Analyse, dem Ursache-Wirkungs-Diagramm, der statistischen Prozeßkontrolle, der Geschäftsprozeßanalyse und vieles mehr, konzentriert. Entsprechend der hierarchischen Arbeitsebene wurden die inhaltlichen Schwerpunkte angepaßt. Auf der Führungsebene wurden mehr die Führungs- und Lenkungsaspekte und auf der Mitarbeiterebene mehr die methodischen Vorgehensweisen angesprochen.

Die Erfolge

Die bis heute erzielten Erfolge sind überwältigend und haben zur Sicherung unseres Standortes beigetragen. Die Ergebnisse in den verschiedenen Verantwortungsbereichen sind sehr unterschiedlich. Als Werksergebnis und Leistung aller Beteiligten stellen sich Werte in folgenden Größenordnungen dar:

- Bei gleichbleibender direkter Mitarbeiterstärke hat sich der Ausstoß mehr als verdoppelt.
- Die Anzahl der indirekten Mitarbeiter ist um mehr als 60 Prozent geschrumpft.
- Der benötigte Platz ist um mehr als 30 Prozent reduziert.
- Die Bestände sind um ca. 50 Prozent gefallen.
- Die Durchlaufzeiten haben sich bei Baugruppen zum Beispiel von Wochen in Stunden verkürzt.
- Fehlerraten haben sich aus dem Bereich von 50 000 ppm in kleiner als 100 ppm entwickelt. (Ppm heißt: „parts per million" und bezeichnet die Anzahl der fehlerhaften Teile bei einer Gesamtprobe von einer Million Teilen.)
- Ferner sind ganze Funktionen aufgelöst und hierarchische Ebenen abgebaut.

Wir haben als erstes IBM-Werk in Europa im Malcolm-Baldrige-Vergleich über 700 Punkte erreicht und damit die Auszeichnung in Silber erhalten, die Ausgangsbasis lag einmal unter 500 Punkte.

Ein schmerzhafter Veränderungsprozeß

So ganz reibungslos stellten sich die oben aufgezeigten Erfolge aber nicht ein. Die betroffenen Menschen, ob Führungskräfte oder Mitarbeiter, teilweise auch Lieferanten, konnten sich mit der neuen „Welt" nicht ohne weiteres einverstanden erklären, gerade dann, wenn man in der Vergangenheit doch sehr erfolgreich war. Führungskräfte sahen ihren Verantwortungsbereich schwinden und „Herzogtümer" schwanken. Führungskräfte und Mitarbeiter erkannten die Gefahr, ihren Arbeitsplatz zu verlieren. Sie sahen sich mit neuen Aufgaben konfrontiert, bei denen sie froh gewesen waren, daß andere sie erledigten. Sie sorgten sich teilweise um einen möglichen sozialen Abstieg, wenn es darum ging, nicht mehr im Büro, sondern in der Fertigung, eventuell auch in Schichten, zu arbeiten.

Den Sorgen und Ängsten der durch den Veränderungsprozeß Betroffenen wurde durch ausführliche Kommunikation und begleitende Personalprogramme begegnet. Im Bereich der Kommunikation wurden zum Beispiel die Betroffenen regelmäßig über den Fortschritt der Fehlerreduzierung und der Verkürzung und Restrukturierung der Geschäftsprozesse informiert, damit der Erfolg der Bemühungen auch sichtbar wurde.

Eingeleitete Personalprogramme waren schwerpunktmäßig darauf ausgerichtet, freigesetzten Mitarbeitern (wenn möglich) adäquate Tätigkeiten anzubieten, wobei es das Ziel war, vorhandene Erfahrungen sinnvoll zu nutzen. So wurden unter anderem auch neue Geschäftsfelder im Bereich der Dienstleistung erschlossen. Der Veränderungsprozeß hatte zur Folge, daß sich das Angebot unserer traditionellen Speicherprodukte um das Anbgebot von Serviceleistungen erweiterte.

Ein Teil unserer ehemaligen Mitarbeiter fand eine neue Beschäftigung in unserem Vertrieb, da auch diese Organisation das Konzept der Kundenorientierung weiter ausbaute und in diesem Zusammenhang praxiserfahrene Mitarbeiter suchte. Älteren Mitarbeitern wurden attraktive Vorruhestandsprogramme angeboten, die eine überwältigende Akzeptanz fanden.

Neben den sehr anspruchsvollen Personalthemen traten auch unvorhersehbare technische Probleme auf. Sie haben auch gelegentlich zu Rückschlägen geführt. Immer wieder wurde die Diskussion laut, ob man nicht doch auf das Bewährte der Vergangenheit zurückgreifen sollte.

Hier sind Führungskräfte gefordert, die den Mut haben, ihre eigenen Herren zu sein, zu führen und zu agieren und nicht nur zu reagieren; Führungskräfte, die wie Unternehmer, und nicht wie Verwalter denken; Führungskräfte, die mit ihrem Team an den Kunden, und nicht an ihren Chef und dem ihrer Karriere Dienlichen denken. Führungskräfte, von denen erwartet wird, wie Unternehmer zu handeln, brauchen aber auch die Freiheit eines Unternehmers und dürfen nicht Gefangene alter Richtlinien und Vorschriften sein.

Obwohl wir mit unseren bisherigen Erfolgen zufrieden sein können, sehen wir noch mehr Potential zur Produktivitätserhöhung. Deshalb verfolgen wir mit unserer gesamten Kraft das Konzept der Kundenorientierung weiter, indem wir den Prozeß der kontinuierlichen Verbesserung betreiben und lenken.

Anmerkungen

1 Malcolm Baldrige war amerikanischer Handelsminister und hat sich außerordentlich für die Förderung des TQM-Gedankens in den USA eingesetzt. 1987 rief der amerikanische Kongreß den „Malcolm Baldrige National Quality Award" per Gesetz ins Leben. Kontaktadressen:

- National Institut of Standards and Technology, Route 270 and Quince Orchard Road, Gaithersburg, MD 20889, USA oder:

- IBM Speichersysteme GmbH, Helmut Adelhofer, Postfach 25 40, 55015 Mainz

Führungsqualität als Erfolgsfaktor

von Bernd Balzereit

Erfolgreiche Bewältigung der
Herausforderungen in der Vergangenheit

Die deutschen Energieversorgungsunternehmen (EVU) haben in der Vergangenheit immer wieder eindrucksvoll bewiesen, daß sie selbst überraschende Entwicklungen ihres Umfeldes angemessen bewältigen können. Erinnert sei nur an die rasanten Aufbaujahre nach dem Zweiten Weltkrieg mit erheblichen Verbrauchszuwächsen, an die Ölpreiskrisen von 1973 und 1978 und an den Investitionsboom nach Inkrafttreten der Großfeuerungsanlagenverordnung 1983, als es darum ging, möglichst rasch und effektiv große Teile der Kraftwerke umzurüsten und mit wirkungsvollen Rauchgasreinigungsanlagen zu versehen. Durchaus erfolgreich sind die Elektrizitätsversorger auch bei den vielfältigen Aktivitäten zur qualifizierten Kundenberatung auf dem Gebiet der Energieeinsparung und damit der Ressourcenschonung, der sinnvollen Unterstützung regenerativer Energien in der Entwicklungsphase und nicht zuletzt bei der noch längst nicht abgeschlossenen Sanierung und Ertüchtigung der Elektrizitätsversorgung in den neuen Bundesländern. Ihre Kernaufgabe, eine jederzeit sichere, preisgünstige und umweltschonende Versorgung zu gewährleisten, haben die deutschen EVU also stets erfüllt. Damit garantiert die Branche – gemessen an der Freizügigkeit der Inanspruchnahme ihrer industriellen Leistung rund um die Uhr – ein hohes Maß an Kundensouveränität.

All diese Erfolge, die auch im Weltmaßstab beachtlich sind, korrespondieren allerdings nur teilweise mit einer entsprechenden Anerkennung in der Gesellschaft. Vor allem in der Bundes- und Landespolitik werden die Vorteile eines natürlichen Monopols bei der leitungsgebundenen Energieversorgung zunehmend in Frage gestellt. Breite Teile der Industrie und der veröffentlichten Meinung versprechen sich von einer Wettbewerbsintensivierung quasi automatisch oft überzeichnete drastische Senkungen der Energiepreise. Dabei folgen sie mitunter einem durchaus verständlichen ordnungspolitischen Credo. Gelegentlich hat man jedoch den Eindruck, daß manche Stellungnahmen eher auf verfestigten Vorurteilen beruhen, daß die extrem emotionalisierte Diskussion zur Kernenergie „durchschlägt" oder – wie in Deutschland nicht ganz untypisch – schlichtweg neidvoll-hyperkritisch auf einen Wirtschaftssektor geschaut wird, der bisher trotz mancher Erschütterungen von einer tiefgreifenden Krise verschont blieb. Natürlich ist in einer derart ambivalenten Situation „Führung" bereits zur Stabilisierung des Erfolgspfades in besonderer Weise gefragt. Dies gilt noch mehr, wenn man auch die im Moment aktuellen – aber relativ diffusen – Zukunftsszenarien berücksichtigt.

Veränderungsdruck durch politische und wirtschaftliche Signale

Die lange Zeit konstanten Rahmenbedingungen der Stromversorger sind instabil geworden. Die Diskussion zur Zukunft der Kernenergie in Deutschland und zum zukünftigen nationalen wie europäischen Ordnungsrahmen für die Energieversorgung, bei dem die Tendenzen zwischen Deregulierung und neuen Formen der Überregulierung schwanken, weiter wachsende Anforderungen vor allem der gewerblichen Großkunden, die rasant beschleunigte technologische Entwicklung auf dem Informations- und Kommunikationssektor sowie Privatisierungsambitionen bei öffentlichen Eigentümern, die vor allem regionale und kommunale Stromversorger noch weitgehend dominieren, verdeutlichen dies. Das Wechselspiel vieler teilweise unberechenbarer Kräfte läßt kaum noch eine belastbare Prognose zu. Diese bislang nicht gekannte Unsicherheit über die zukünftige Entwicklung der Versorgungswirtschaft bei Stagnation und zum Teil sogar Rückgang des Stammgeschäfts haben bei vielen Energieversorgern einen geradezu dynamischen Wandel eingeleitet. Dabei reagieren die Entscheidungsträger noch weithin auf eher schwache bzw. widersprüchliche politische und wirtschaftliche Signale.

Jedenfalls hat sich im Zuge der Öffnung Osteuropas, der weiteren europäischen Integration und einer mehrjährigen energie- und wettbewerbspolitischen Diskussion ohne klares Ergebnis die Unternehmensführung vieler EVU inzwischen entschlossen, die absehbaren Herausforderungen in der Branche als eine echte Chance zur fundamentalen Neuorientierung zu begreifen. Diese Entwicklung wurde natürlich beschleunigt durch die tiefgreifende Rezession in der Gesamtwirtschaft während der letzten Jahre, die unter anderem zu einem massiven Druck auf die Energieversorger führte: Sie mußten alle Rationalisierungsreserven ausschöpfen, um zu einem Energiepreisniveau zu gelangen, das – trotz aller politischen Sonderlasten – im internationalen Standardwettbewerb bestehen kann.

War die leitungsgebundene Energiewirtschaft Jahrzehnte vornehmlich am Ziel der technischen Versorgungssicherheit ausgerichtet, so scheint es jetzt, als wolle sie in Windeseile nachholen, was erfolgreiche Unternehmen in anderen Industriezweigen auszeichnet: Die Stärkung ihrer Wettbewerbsfähigkeit durch konsequente Markt- und Kundenorientierung, den Einstieg in neue Geschäftsfelder oder die konsequente Berücksichtigung der berechtigten Erwerbsinteressen der Eigentümer – etwa im Sinne einer aktionärsorientierten Unternehmenspolitik. Zugleich ist unverkennbar, daß die EVU auch in dieser Situation bemüht bleiben, ihre traditionell guten Beziehungen zur Mitbestimmung zu erhalten, aber ebenso Tarifwerke und Betriebsvereinbarungen zu „entrümpeln" und im Sinne einer stärkeren Leistungs- bzw. Ergebnisorientierung umzugestalten.

Trotz der allenthalben beobachtbaren Bewegung wäre es freilich falsch, auf eine unsichtbare „Anpassungsautomatik" zu setzen. Die problemsichtige Analyse der Ausgangslage in den einzelnen Unternehmen, die notwendige Einigung auf ein Leitszenario für die Zukunft, daraus resultierende Entscheidungen zu Zielen und einzuschlagenden Wegen erfordern vielmehr in besonderem Maße unternehmerische Führungsstärke. Zweifellos ist in erster Linie das gesetzlich berufene Kernorgan – Vorstand, Geschäftsführung, Werkleitung – gefordert. Der Erfolg wird sich aber nur einstellen, wenn in dem komplexen Wandlungsprozeß alle Führungskräfte ihre verantwortungsvolle Rolle bei der Willensbildung, -durchsetzung und -sicherung engagiert erfüllen. Selbst eine weitreichende Verständigung zwischen Vorstand, Betriebsrat und Hausgewerkschaft wird mit Sicherheit scheitern, wenn es den Führungskräften auf allen Ebenen nicht gelingt, möglichst viele Belegschaftsmitglieder auf einen erfolgversprechenden Weg in die Zukunft mitzunehmen. In diesem doppelten Sinne wird letztlich die Führungsqualität in einem EVU über sein zukünftiges Schicksal entscheiden.

Aktuelle Anpassungsstrategien

Versucht man, die verschiedenen Anpassungsstrategien der EVU in Richtung einer wettbewerbsorientierten Zukunft, die im Grunde genommen der unternehmerischen Normalität entspricht, zu klassifizieren, so kann man nach meinem Erachten zwischen instrumentellen, strukturellen, personellen und normativen Ansätzen unterscheiden. Dabei werden zum Teil Wege beschritten, die bereits in der Praxis anderer Branchen erprobt sind. Im *instrumentellen* Bereich gehören hierzu vor allem Marketingmethoden, Controlling-Systeme und Benchmarking. Der *strukturelle* Ansatz ist dadurch gekennzeichnet, daß die früher dominante Betrachtung der Aufbauorganisation abgelöst wird durch eine detaillierte Analyse der Abläufe bzw. Prozesse in und zwischen den einzelnen Wertschöpfungsstufen. Im Zuge ihrer Optimierung wird dann die traditionell funktionale Aufbaustruktur meist abgelöst von einem „Sparten- bzw. Ergebnis-Center-Konzept". Mit den Wertschöpfungsstufen „Erzeugung", „Transport" und „Verteilung" und/oder – insbesondere bei kommunalen Querverbundunternehmen – den einzelnen Geschäftsfeldern wie „Strom-, Wärme-, Gas- und Wasserversorgung", „Consulting", „Entsorgung", „Telekommunikation" usw. entstehen dabei mehr oder weniger selbständige Betriebseinheiten. Dem aktuellen Trend entsprechend geht die Umstrukturierung durchweg einher mit einer Abflachung der Hierarchie. Dadurch entfallen zum Beispiel Stellen für Unterabteilungsleiter und Gruppenleiter. Oft wird gleichzeitig versucht, die Wertschöpfungskette zu verlängern (zum Beispiel durch Aufbau eines Facility-Management) oder zu verkürzen (zum Beispiel durch Aufgabe der Beteiligung an einer Zeche) und das Verhältnis von Eigenleistung und Fremdbezug zu optimieren.

Im *personellen* Bereich konzentriert man sich einerseits auf die Steigerung der Arbeitsproduktivität durch systematische Personalausdünnung mit Hilfe von Einstellungsstopps, Ausnutzen der natürlichen Fluktuation, Vorruhestandsregelungen oder freiwilligen Aufhebungsverträgen. Tarifverträge, das Einwirken der Betriebsräte und die Grundhaltung der Unternehmensführungen selbst tragen maßgeblich dazu bei, daß der Personalabbau weitgehend sozialverträglich abläuft. Andererseits erfolgt mit der Fokussierung auf das Humankapital meist eine generelle Aufwertung des personalwirtschaftlichen Funktionsbereiches in den EVU. In diesen Fällen kommt es zu einer Neuausrichtung bzw. sogar zu einer Neubesetzung des Personalmanagement und zur Einführung zeitgemäßer personalwirtschaftlicher Methoden. Hierzu kann man etwa die in den EVU lange Zeit unbekannten Assessment Center zur Personalauswahl und Personalförderung, eine systematische quantitative und qualitative Personalplanung sowie Personalentwicklung mit Leistungs- und Förderbeurteilungen, aber auch die Umgestaltung des Vorschlagswesens und des gesamten betrieblichen Anreiz- und Belohnungssystems rechnen.

Immer mehr EVU sehen schließlich in ihrem Wertesystem den zentralen und übergeordneten Ansatz für einen fundamentalen Veränderungsprozeß. Deshalb beschäftigen sie sich intensiv mit den vorherrschenden *Normen,* Grundeinstellungen, Gewohnheiten und Symbolen, das heißt letztlich mit der jeweiligen Unternehmenskultur. Dabei sollte es kaum überraschen, wenn bei einer kritischen Bestandsaufnahme das Bild, das Mitarbeiter, Kunden und die Gesellschaft von dem Unternehmen haben, mehr oder weniger deutlich vom gewünschten Idealbild der Firma abweichen. Corporate-Identity-Strategien mit explizit formulierten Visionen, Unternehmensphilosophien, Leitbildern, Unternehmens- und Führungsgrundsätzen sollen dann für eine sukzessive Annäherung an das Wunschbild dienen, was nicht selten einer durchaus dramatischen „Kulturrevolution" in Zeiten eines tiefgreifenden Paradigmenwechsels gleichkommen kann.

Zur Führungsrolle in Wandlungsprozessen

Bringt man die Führungsrolle in den derzeit ablaufenden Wandlungsepisoden auf einen recht einfachen Nenner, so lassen sich die Erwartungen an das kollektive Führungsorgan (Unternehmensführung) wie auch an jede einzelne Führungskraft aller Ebenen (Mitarbeiterführung) auf zwei griffige Formeln reduzieren:

1. vom Verwalter zum Gestalter und
2. vom technokratischen Vorgesetzten („Head") zum unternehmerischen Führer („Leader").

Wer in der Vergangenheit in EVU Führungsaufgaben übernahm, konnte sich auf relativ wohlstrukturierte Verhältnisse einstellen. Bei geschlossenen Versorgungsgebieten, positiven Wachstumsraten und vergleichsweise sicheren – mitunter freilich bescheidenen – Renditeerwartungen hatte sich ein Führungsverständnis entwickelt, das eher dem Bürokratiemodell von Behörden als am Markt kämpfenden Unternehmen entsprach. Das Verwaltungsprinzip äußert sich vor allem

- in perfektionierten Stellenbeschreibungen, die starre Formen der Arbeitsteilung festschreiben und bei unvorgesehenem Arbeitsanfall fast zu Arbeitsverweigerungen „einladen",

- in einem engen Hierarchie- und Ressortdenken, bei dem die Sicherung des eigenen Status und die Verteidigung einmal gewonnener Zuständigkeitsterrains schnell interne „Partisanenkämpfe" provoziert, bei denen sich ganze „Seilschaften" gegenseitig beobachten, belauern und bedrohen können, was die externe Handlungsfähigkeit zwangsläufig schwächen muß,

- in einer Überbetonung der Fachqualifikation bei der Auswahl und Förderung von Führungskräften mit dem hierfür typischen „Kaminaufstieg" aus den eigenen Reihen, bei dem das „Peter-Prinzip" schnell seine Bestätigung findet, weil der technokratische Nur-Fachmann bei zunehmender unternehmerischer Gesamtverantwortung irgendwann eben seine Stufe der Inkompetenz erreicht. Gleichzeitig werden hierdurch die für EVU schon als typisch geltenden Konfliktmuster zwischen „Technikern" und „Kaufleuten" stabilisiert bzw. verstärkt,

- in einer Verhaltenssteuerung, die sich weitgehend auf eine Vielzahl von detaillierten Regelwerken verläßt, deren Akzeptanz – im Sinne eines mechanistischen Menschenbildes – oft per se unterstellt wird,

- in personalwirtschaftlichen Förderungssystemen, die meist erstaunliche Defizite aufweisen, wenn es darum geht, effizienzorientiertes Handeln zu belohnen oder zu innovativen Leistungen zu motivieren.

Dagegen gibt das *Gestaltungsprinzip* den Führungskräften echte Freiheitsgrade, indem es

- die ressortübergreifende Zusammenarbeit in Teams und Projektorganisationen bewußt fördert,

- zu flachen, dezentralen Organisationsstrukturen tendiert,

- neben der fachlichen Basisqualifikation ein das Fachgebiet übergreifendes Überblickswissen mit Verständnis für komplexe fachliche Zusammenhänge, Kenntnisse der wichtigsten Führungs- und Kooperationstechniken sowie ein Denken und Handeln in einem unternehmerischen Gesamtzusammenhang voraussetzt und

- eine Verhaltenssteuerung vor allem über Zielvorgaben bzw. Zielvereinbarungen, personifizierte Verantwortung, klare Effizienzindikatoren sowie darauf abgestellte Beurteilungs- und Belohnungssysteme begünstigt.

Bei dem hier nur grob skizzierten Übergang von einer verwaltungs- zu einer gestaltungsorientierten Wahrnehmung der Führungsrolle ergibt sich natürlich die Frage, inwieweit das Top-Management zu einer derartigen Selbsttransformation willens und in der Lage ist.

Mittlerweile sollte eigentlich kein Zweifel mehr daran bestehen, daß erfolgreiche Veränderungsprozesse an der Spitze beginnen müssen und dort stets eine selbstkritische Diagnose der eigenen Führungsleistungen voraussetzen. Dagegen ist mit dem Rollenwechsel von „Headship" zu „Leadership" das Verhalten der Führungskräfte auf allen Ebenen, sozusagen im alltäglichen Führungsprozeß, angesprochen.

In der Mitarbeiterführung geht es immer um zwischenmenschliche Verhaltensbeeinflussung durch Kommunikation. Die charakteristische Art und Weise, in der dies geschieht, trägt maßgeblich zur Unternehmenskultur bei. Obwohl aus der empirischen Führungsforschung bekannt ist, daß es keine universell erfolgreichen Führungsformen gibt, kann man doch davon ausgehen, daß das Führungsverhalten der Vorgesetzten für die Initiierung eines Veränderungsprozesses, für die Umsetzung definierter Wandlungsziele und für das allgemeine Lernklima in einem Unternehmen mit seinem Einfluß auf die zukünftige Entwicklung von kaum zu überschätzender Bedeutung ist. Dabei äußert sich „Leadership" im Sinne einer in ihrer Richtung erkennbaren, glaubwürdigen und überzeugenden Führerschaft vor allem in

- der adressaten- und situationsgerechten Interpretation autorisierter Ziele und Direktiven, womit die tendenziell steigende Komplexität, Unsicherheit und zum Teil sogar Widersprüchlichkeit in einem konkreten Handlungsfeld auf ein handhabbares Maß reduziert wird;

- einer starken Betonung der koordinativen und persönlichen Autorität gegenüber der formalen Position als Vorgesetzter;

- ermutigender Aufgeschlossenheit für abweichende Standpunkte, solange sie von Querdenkern und nicht von Quertreibern kommen;

- der frühzeitigen Einbindung möglichst vieler Mitarbeiter und ihrer Interessenvertreter in den Diagnoseprozeß und die vorgesehenen Transformationsschritte;

- der erkennbaren Bereitschaft, als Coach, Spielmacher, Schiedsrichter oder Moderator zu fungieren, wenn dadurch ein Prozeß-

Zur Führungsrolle in Wandlungsprozessen

fortschritt bzw. die Überwindung eines Konfliktes möglich erscheint;

- der Fähigkeit, als Garant für das Erreichen bestimmter Meilensteine die Verantwortung zu übernehmen, ohne sich in Ausreden oder den Verweis auf „Sündenböcke" zu flüchten;

- der klaren Artikulation von begründeten Forderungen, bei denen immer die Zusammenhänge zwischen Weg, Ziel und Konsequenzen transparent sein sollten;

- der primär sachlichen Auseinandersetzung mit aufgetretenen Fehlern, um aus den hieraus gewonnenen Erkenntnissen für die Zukunft zu lernen, wobei es besonders wichtig ist, zu klären, ob Fehler durch fehlendes Wissen, mangelhaftes Wollen oder unzureichendes Können ausgelöst wurden (hiernach richtet sich dann auch die sekundäre Frage nach angemessenen personellen Konsequenzen);

- periodischen und ehrlichen Rückmeldungen mit begründeter Anerkennung oder Kritik zur Verstärkung erwünschten bzw. zum Abbau unerwünschten Mitarbeiterverhaltens;

- in der Fähigkeit zu Selbstdisziplin, Selbstkritik und dem festen Willen, „an sich selbst permanent zu arbeiten".

Insofern genügt es wohl nicht, ganz allgemein ein „kooperatives Führungsverhalten" zu reklamieren, wie es vielerorts getan wird, weil das dann relativ schnell zu einer beliebig auslegbaren Leerformel werden kann. Einzelne EVU dagegen heben inzwischen die Bedeutung der Führung im Umgestaltungsprozeß besonders hervor, so beispielsweise die Stadtwerke Düsseldorf AG mit ihrem 3-K-Konzept, das die Wiederentdeckung und Neuprofilierung der wichtigen Führungsfunktionen „Kommunikation", „Koordination" und „Kooperation" zum Gegenstand hat.

Eine wichtige Führungsleistung: die Harmonisierung der Gestaltungsfelder

Zumindest in größeren EVU wäre es eine Illusion, würde man davon ausgehen, daß der Wandlungsprozeß „in einem großen Wurf" und dann noch „in einem Zug" stattfinden kann. Bereits in der „Auftauphase" wird es Bereiche geben, in denen die Veränderung besonders schnell vorankommt, und andere Einheiten, die nach dem Motto „im Westen nichts Neues" möglichst lange am Status quo festhalten wollen. Bei ausgezeichneter „past performance" und widersprüchlichen Signalen aus dem Umfeld finden sich immer ausreichend Argumente für eine Rechtfertigung derartigen Abwehrverhaltens.

Im übrigen darf man nicht vergessen, daß ein so tiefgreifender Wandel von der Technikdominanz und Produzentenorientierung zur Markt- und Kundenausrichtung eine Veränderung lange eingeschliffener Handlungsmuster und Grundeinstellungen voraussetzt. In einem zum Teil schmerzlichen Resozialisationsprozeß müssen erwachsene Menschen alte Gewohnheiten verlernen und neue Qualifikationen, Verhaltensweisen und Verhaltensdispositionen erlernen. Nicht selten geht dieser Lernprozeß einher mit dem Verlust einer vertrauten Arbeitsumgebung, aber auch verinnerlichter Glaubenssätze und Doktrinen. Plötzlich verlieren alte Wahrheiten an Gültigkeit, zum Beispiel die von der zwingenden Überlegenheit eines „natürlichen" Monopols in der leitungsgebundenen Energieversorgung, die von der einzig richtigen Preisbildung nach dem Schema „cost-plus-fee" und die einer geradezu dogmatisch verteidigten Zweigliedrigkeit des Preissystems mit hohem Festbetrag (weil ja auch die fixen Kosten hoch seien), mit ausgeklügelten Preisdifferenzierungen nach den Bedarfsarten Haushalt, Gewerbe und Landwirtschaft.

Diesen „Wahrheiten" widerspricht aber die aktuelle Realität: In den neuen Bundesländern entstehen zum Teil parallele Gastrassen und ein geradezu exemplarischer Wettbewerb um die Erdgaskunden, der mit allen Tricks und Finessen ausgetragen wird. Die Zweigliedrigkeit des Preissystems wird durch hohe variable Anteile immer mehr

Eine wichtige Führungsleistung

ausgehöhlt, die Bedarfsartendifferenzierung zunehmend in Frage gestellt. Viele Energieversorger haben sich inzwischen darauf eingestellt, daß im Wettbewerbsmarkt Preisanpassung gefragt ist. Dann lautet die Formel plötzlich: „Marktpreis minus Kosten = Gewinn" wobei die gewohnten Renditen nur noch mit einer drastischen Kostensenkung zu erreichen sind.

Wer so grundlegend umlernen muß, benötigt Orientierungshilfen, damit er durch Einsicht lernen kann, und psychologische Verstärker zur Stabilisierung der erwünschten neuen Verhaltensmuster. Er muß beobachten können, wie Vertreter der neuen Richtung als erfolgreiche Vorbilder wirken und ein „Lernen am Modell" ermöglichen. Doch diese Lernformen werden kaum ausreichen. Deshalb ist es am besten, wenn möglichst viele Belegschaftsmitglieder in ihrer täglichen Arbeit die Umstellung erleben und dabei durch die Chance zur Einflußnahme aus passiv „Betroffenen" zunehmend aktive „Beteiligte" werden.

Für einen derartigen Prozeß muß es jedoch fatal sein, wenn das neue Rollenmuster gravierende Unverträglichkeiten aufweist. Dann steht nicht nur der Effizienzerfolg eines Wandlungsprozesses, sondern zugleich die Glaubwürdigkeit und Gestaltungskraft der Führungskräfte auf dem Spiel. Gerade die Unternehmensführung muß daher ständig die Entwicklung in den einzelnen Teilsystemen des Unternehmens verfolgen und für eine zieladäquate Abstimmung im Rahmen eines zumindest grob abgesteckten, kulturverträglichen Bewegungsfeldes sorgen. Dabei kommt es darauf an, die wechselseitigen Abhängigkeiten in drei Richtungen zu harmonisieren: horizontal, vertikal und ergebnisbezogen, also final.

Horizontale Harmonisierung

Bei der horizontalen Harmonisierung geht es darum, die eingeleiteten strukturellen, instrumentellen, personellen oder normativen Aktivitäten aufeinander abzustimmen bzw. komplementär zu ergänzen. Beispielsweise darf nicht der Eindruck entstehen, daß die einzelnen Ressortchefs in ihrem „Beritt" persönliche „Spielwiesen kultivieren", was man in den übrigen Bereichen nicht so ernst zu nehmen brauche. Mit solchen Vorurteilen hatten vor allem die ersten Vertreter von Corporate-Identity-Strategien, von Marketing- und Controlling-Konzepten zu kämpfen, nicht selten aber auch Führungskräfte, die sich für zeitgemäße Verfahren der Personalauswahl und -entwicklung einsetzten.

Gerade bei der horizontalen Harmonisierung bedarf es wohl des Gefühls für das richtige „Zeitfenster". Erst wenn der Leidensdruck in der Unternehmensführung insgesamt ein gemeinsame Aktivitäten induzierendes Niveau erreicht hat, bestehen gute Realisierungschancen. Allerdings macht es zum Beispiel wenig Sinn, strukturell selbständige Unternehmensbereiche für die Kraftwerke, den Stromtransport und die Stromverteilung zu schaffen bzw. eigenständige Gesellschaften für neue Geschäftsfelder wie Entsorgung, Telekommunikation und Consulting zu gründen, für deren Führung man jeweils unternehmerisch denkende und handelnde Führungspersönlichkeiten benötigt, ohne sich gleichzeitig zu vergewissern, daß man die neuen Schlüsselpositionen anforderungsgerecht besetzen kann. Hier muß eine enge Kopplung zu Personalmanagementsystemen im Unternehmen hergestellt werden, wobei es vorrangig um geeignete Verfahren der Personalauswahl und -entwicklung geht. Nicht selten stellt sich aber auch die Frage, ob und wie man sich von Führungskräften trennen kann, die den neu definierten Anforderungen nicht mehr gerecht werden bzw. keine Neigung zeigen, sich auf die veränderte Unternehmenssituation einzustellen.

Ähnlich fragwürdig ist es, wenn sich ein EVU – im Zuge des allgemeinen Branchentrends – in seiner normativen Corporate-Identity-Strategie auf den Wandel zum Energie-Dienstleistungs-Unternehmen mit einer hohen Kundenorientierung festlegt und dieses vermeintliche „Gütesiegel" mit allen möglichen Variationen in Hochglanzbroschüren, den mondänen säkularen Monstranzen, in die Öffentlichkeit trägt, ohne diesen Anspruch strukturell, instrumentell und personell abzusichern. Der Stromkunde will den Wandel nicht nachlesen, sondern nachvollziehen können. Deshalb wird er sein EVU – abgesehen vom Preis je Kilowattstunde – vor allem danach beurteilen, ob seine Energieabrechnung verständlich aufgebaut und ansprechend gestaltet ist, ob er seinen Hausanschluß kurzfristig erhält, ob er auf seine Anfrage eine schnelle Antwort bekommt, ob er kompetent und freundlich beraten wird, ob man ihm im Störungsfall rasch und unbürokratisch hilft usw.

Ebenso sind die Interdependenzen zu beachten, die auftreten, wenn neue Instrumente bzw. Unterstützungssysteme eingeführt werden. Waren in den 80er Jahren EVU, die ein Controlling-System aufbauten, noch absolute Exoten, so gewinnt man inzwischen den Eindruck, daß jetzt viele Energieversorger in der Einführung eines Controlling geradezu den Königsweg sehen, um Kosten- und Wertetreibern auf die Spur zu kommen, erwerbs- bzw. eigenwirtschaftliche Entscheidungskriterien in sämtlichen Bereichen des Unternehmens zu verankern und sich mit dieser instrumentellen Verstärkung für den Wettbewerb zu wappnen. Soll das Controlling die beabsichtigten Wirkungen als „institutionalisiertes wirtschaftliches Gewissen" im EVU aber tatsächlich entfalten, so gelingt das eben nur, wenn wiederum die personellen, strukturellen und normativen Zusammenhänge angemessen beachtet werden. Controlling kann den Führungswillen und die Führungsqualität stärken, aber Führung keinesfalls ersetzen. Insofern dürfte es nur hilfreich sein, die verantwortlichen Entscheidungsträger gelegentlich daran zu erinnern: „Controlling ist gut, Führung ist besser!"

Wie schon angedeutet, hängt die Harmonisierung der eingeleiteten Aktivitäten und der Erfolg des Wandlungsprozesses nicht zuletzt vom Wandel im Personalwesen ab. Durch die zumindest ursprünglich gegebene Nähe auch der großen EVU zur Verwaltung ihrer öffentlichen Eigner weist das Personalwesen oft bis heute extrem bürokratische, das heißt vor allem regel- statt dienstleistungs- bzw. ergebnisorientierte Züge auf. Die Unternehmensführung setzt sich geradezu der Lächerlichkeit aus, wenn sie verkündet, für Einstellungen und Beförderungen seien ausschließlich Eignung und Leistung ausschlaggebend, Flexibilität und innovatives Verhalten würden von der gesamten Belegschaft erwartet und entsprechend belohnt, wenn im Personalbereich Konzepte oder Kompetenz fehlen, um solche Programmpunkte auch umzusetzen, und sich an der Basis die Auffassung hartnäckig hält, daß für Ein- und Aufstieg „Stallgeruch", Parteibuch und/oder Gewerkschaftszugehörigkeit wichtiger sind als die nachweisbare Qualifikation. Ähnliches gilt, wenn sich im Rahmen des betrieblichen Vorschlagswesens eingebrachte Anregungen als Kritik am unmittelbaren Vorgesetzten umgedeutet werden und deshalb regelmäßig versanden.

Freilich muß man einräumen, daß der horizontalen Harmonisierung durch die Unternehmensführung Grenzen gesetzt sind. Das beginnt bei der Koorientierung im Leitungsorgan selbst. Wenn hier völlig unverträgliche Charaktere aufeinanderprallen, müssen Aufsichtsrat oder Gesellschafter eingreifen, um für den – bei aller fruchtbaren Heterogenität unverzichtbaren – Grundkonsens zu sorgen. Außerdem entlassen die Städte ihre kommunalen EVU nur äußerst ungern aus den Bindungen des öffentlichen Tarifrechts und schwächen schon dadurch deren Attraktivität am Arbeitsmarkt bzw. die Chancen der Unternehmensführung, dem Leistungsprinzip konsequent zum Durchbruch zu verhelfen

Vertikale Harmonisierung

Mit der vertikalen Harmonisierung ist der Gefahr zu begegnen, daß sich in Unternehmen mehrere „Welten" herausbilden. Konzentriert sich der Wandlungsprozeß allzusehr auf den oberen Führungskreis, so mag dies durchaus Anfangserfolge versprechen. Eine tiefgreifende Veränderung mit nachhaltiger Wirkung setzt jedoch voraus, daß die Führung möglichst breite Teile der Belegschaft für ihren Weg in die Zukunft begeistern kann. Damit dies gelingt, ist es zweifellos wichtig, sich mit den Mitbestimmungsträgern in jeder Phase des Prozesses so abzustimmen, daß sie ihre Anregungen und Bedenken mit Aussicht auf Erfolg einbringen können.

Erstaunlich bleibt jedoch, daß gelegentlich das mittlere Management mit einem auffälligen „Primadonnengehabe" als Hemmschuh bzw. Engpaßfaktor im Veränderungsprozeß auffällt. Gerade auf diese mittlere Führungsschicht kommt es aber an, weil sie die anfangs eher natürliche Kluft zwischen dem „was die oben wollen" und dem „was unten geschieht" durch kontinuierliche Information, überzeu-

Eine wichtige Führungsleistung 137

gende Motivation, eigenes Vorbild und gegebenenfalls konsequentes Handeln überbrücken müssen.

Je weiter sich ein Wandlungsprozeß von der „Strategie des Bombenwurfs" entfernt, bei der nur wenige Eingeweihte etwas wußten, bevor der Zukunftsentwurf im Unternehmen mit großem Getöse plaziert und verordnet wird und sich statt dessen vielen Belegschaftsmitgliedern Gelegenheit bietet, durch eigene Vorschläge und Ideen Vorgehen und Ergebnis zu beeinflussen, um so mehr werden die Führungskräfte der mittleren Ebene gefordert. Für das Top-Management gerade in größeren EVU heißt das zweierlei: Einmal müssen sie der wechselseitigen Kommunikation mit dem mittleren Management im Wandlungsprozeß besondere Aufmerksamkeit schenken. Dafür haben sich institutionalisierte periodische Gesprächsrunden gut bewährt. Besonders wirkungsvoll ist es jedoch, wenn Vertreter des Top-Management auch immer wieder selbst den direkten Kontakt mit der Basis suchen, um auf diese Weise ihre Vorstellungen „im Originalton" vermitteln zu können und dabei zugleich einen ungefilterten Eindruck vom realen Geschehen „vor Ort" mitzunehmen. Dabei sollten die Gesprächskreise möglichst klein bleiben, um eine echte Diskussion zu ermöglichen.

Bei der BEWAG wurden solche Runden unter dem Motto „Wir reden miteinander" erfolgreich eingerichtet. In dieser Hinsicht können die deutschen Unternehmen allgemein noch von amerikanischen Unternehmen lernen, die zum Beispiel ein „Management by talking about" (United Airlines) oder „Management by wandering around" (Hewlett Packard) propagieren, um den Basiskontakt permanent zu sichern.

Finale Harmonisierung

Während die horizontale und vertikale Harmonisierung sehr stark auf die Prozeßpromotion abstellt, geht es bei der finalen Harmonisierung um eine konsequente Ergebnispromotion. Sie rückt vor allem die Fähigkeit des Leitungsorgans in den Blickpunkt, angestrebte Ergebnisse auch bei hartnäckigeren Widerständen, die selbst bei einer hochpartizipativen und insgesamt günstigen Prozeßpromotion niemals zu vermeiden sind, mit entsprechenden Machtmitteln durchzusetzen.

Harmonisierung heißt also keinesfalls „Harmonie um jeden Preis". Je mehr Konsens sich im Wandlungsprozeß mobilisieren läßt, um so weniger Macheinsatz wird erforderlich sein. Andererseits kann es durchaus notwendig werden, zur Ergebnissicherung auch auf solche Mittel zurückzugreifen, die in der gewachsenen Unternehmenskultur als tabuisiert gelten durften. Dazu zählen in EVU manchmal schon Versetzungsbeschlüsse im Rahmen der organisatorischen Umstrukturierung, die zu einem Verlust langjähriger Tischgemeinschaften führen. Erst recht ist Konsequenz gefragt bei Maßnahmen wie den folgenden:

- rigoroses Zurückdrängen ideologischer Präferenzkriterien im Bereich der Personalauswahl, der Personalförderung und bei Aufstiegsentscheidungen, sofern es hierfür im Anforderungsprofil der entsprechenden Positionen keinerlei Anhaltspunkte gibt;

- Einschnitte in liebgewordene, aber zwischenzeitlich überholte Sozialleistungen bis hin zu Betriebsrenten, die eine Überversorgung entstehen lassen, zugunsten einer stärkeren Leistungsorientierung in Tarifverträgen, Betriebsvereinbarungen und bei Betriebsabsprachen;

- eindeutiges Vorgehen gegen überzogene Standards im technischen Bereich, wenn klare Alternativkonzepte im Sinne des „Abspeckens" vorliegen, gegen Reservepraktiken bei der Planung und Budgetierung, gegen Alibistrategien bei Umsetzungsprojekten;

- gewollt erkennbare Erstreckung betrieblicher Sanktionen auch auf Schwachleister und beharrliche Opponenten gegen die neue Entwicklung im Führungsbereich;

- bewußte Stärkung der Positionsmacht aller Führungskräfte durch entsprechende Rückendeckung bei Auseinandersetzungen mit sich omnipotent gebärdenden Mitbestimmungsträgern, wenn in Schönwetterperioden die an sich vorgesehenen Rollen im Verantwortungsgefüge des EVU etwas durcheinandergeraten sind und dadurch gefährliche „Nebenregierungen" entstehen konnten.

Natürlich muß die Unternehmensführung um so weniger auf rigide Machtmittel zurückgreifen, je mehr es ihr in allen Phasen des Wandlungsprozesses gelingt, eine breite Übereinstimmung zur Interpretation der Ausgangslage, über Stärken und Schwächen des EVU, seine Ziele und die zu ihrem Erreichen zweckmäßigen Maßnahmen herbeizuführen. Bei geschicktem Verhalten kann sie sich gleichzeitig auf ein hohes Maß an „Identifikationsmacht" stützen. Dafür sind gerade die symbolischen Handlungen der Unternehmensführung von zentraler Bedeutung. Sie wirken über das Einzelereignis hinaus, können „Aha-Erlebnisse" vermitteln und in diesem Sinne als „stellvertretende Verstärkung" wirken. Durch direkte Beobachtung oder über die vielfältigen Kommunikationskanäle in einem Unternehmen gewinnen dann auch die nicht unmittelbar Beteiligten einen zunehmend sicheren Eindruck vom realen Zusammenhang bestimmter Handlungsalternativen, -ausgänge und -konsequenzen.

Wer beispielsweise einmal gehört hat, daß der Vorstand sich verschiedener Kundenbeschwerden persönlich annimmt, sogar „Testkunden" einsetzt, um die Wirkung von Vertriebsschulungen zu ermitteln, wird dies im Normalfall bei seinem Alltagshandeln nicht unberücksichtigt lassen. Wer erlebt hat, wie Vorstandsmitglieder konstruktive Vorschläge bewußt aufnahmen, wird ermutigt, auch seine Ideen einzubringen.

So können aus symbolischen Ereignissen breit motivierende Multiplikationsfaktoren werden. Das wird um so besser gelingen, je klarer die Führung zum Beispiel das veränderte Wertesystem für alle Beschäftigten sichtbar vertritt und vorlebt. Nur was man selbst bereit ist zu tun und woran man selbst glaubt, kann man auch anderen Personen überzeugend vermitteln. Alles andere wird über kurz oder lang als unglaubwürdig erkannt und abgelehnt. Aus dem gleichen Grund sind Reformversuche eben zum Scheitern verurteilt, wenn sich die Unternehmensführung offenkundig selbst nicht einig ist, welche Strategien und Maßnahmen ergriffen werden sollen. Führungserfolg setzt demnach gleichermaßen Konzepte, Kompetenz und Konsequenz voraus.

Qualitätsindikatoren der Führung: Vision, Aktion, Identifikation, Legitimation

Immer mehr Wandlungskonzepte betonen die Notwendigkeit, bei der Umgestaltung eines Unternehmens nicht nur die Produkt- bzw. Dienstleistungsqualität und die Prozeßqualität bei der Leistungserstellung unter die Lupe zu nehmen, sondern ganz vorrangig die Führungsqualität. Sie gilt sozusagen als der Schlüssel für eine Verbesserung der Effektivität („to do the right things)" und die Effizienz der Prozesse („to do the things right"). Dabei wird vielfach auf die visionäre Kraft der Führung abgestellt, so zum Beispiel von Hammer und Champy: „The leaders primary roll is to act as visionary and motivator." (Hammer/Champy 1993, S. 103)

Auf den Zusammenhang von Vision und Motivation verweist der Psychoanalytiker Erich Fromm: „Wenn das Leben keine Vision hat, nach der man sich sehnt, die man verwirklichen möchte, dann gibt es auch kein Motiv, sich anzustrengen." (zitiert nach Noll 1995)

In der Energieversorgung hat schon Emil Rathenau eine hohe Visionskraft besessen. Sein Sohn Walter erinnerte daran in der Gedächtnisrede am 23. Juni 1915 zur Beisetzung seines Vaters: „Als er zum erstenmal diese kleine Birne leuchten sah, da sah sein Auge die Erde umspannt mit kupfernen Netzen, da sah sein inneres Auge den Strom rinnen von Land zu Land, und es genügte nicht, daß er nur Licht spenden sollte, er wollte ihn zum Träger haben der Kraft, der Lebenskraft, der Wirtschaft, er sollte bewegen und er sollte befruchten." (Rathenau 1915, S. 10)

Ganz im Sinne dieser frühen Leitidee gingen inzwischen immer mehr EVU dazu über, ihre bisher allenfalls latent vorhandene Unternehmensphilosophie ausdrücklich zu formulieren. Mit einer Corporate-Identity-Strategie soll der Wandel der realen Unternehmenskultur in Richtung des „philosophischen" Idealbildes beschleunigt werden. Im Mittelpunkt der Corporate-Identity-Strategie steht oft die Entwicklung der Vision bzw. des Leitbildes. Bei der Vision handelt es sich meist um ein konzentriertes Destillat der im Leitbild näher beschriebenen Unternehmensphilosophie, der Kernaufgaben,

Kernkompetenzen und Kernaktivitäten. Im Prozeß des Wandels kann eine Vision wie ein Fixstern wirken. Dazu muß sie freilich einfach und einprägsam, möglichst futuristisch und faszinierend sein, ohne die Schwelle zur unrealistischen Utopie zu überschreiten. Keinesfalls darf es sich um den kleinsten gemeinsamen Nenner in einem Unternehmen handeln. Deshalb beruht sie nicht selten auf der visionären Kraft einzelner charismatischer Unternehmerpersönlichkeiten oder einer aktiven Kernmannschaft in den Unternehmen, die sich nicht auf die Führungskräfte beschränken muß.

Denn Visionen haben es fast zwangsläufig an sich, auch Ablehnung zu provozieren, insbesondere die Widerstände all derer, die – aus welchen Gründen auch immer – am Status quo festhalten. Das gilt selbst für vermeintliche Experten. Als zum Beispiel Anfang der 60er Jahre hochkarätige Wissenschaftler in einer Sitzung bei John F. Kennedy versammelt waren, legten sie ihm lang und breit dar, daß es technisch und wirtschaftlich unmöglich sei, einen Menschen auf den Mond zu schicken. Nach einer ganzen Weile erklärte Kennedy abschließend: „O.k. you are right. But I see the man on the moon!" Er sollte recht behalten.

Die BEWAG orientiert sich derzeit in ihrem Wandlungsprozeß, in dem die Entwicklung eines Leitbildes noch nicht abgeschlossen ist, an folgender vorläufiger Vision:

Die Vision der BEW AG

Die BEW AG als leistungsstarkes, umweltorientiertes und innovatives Verbundunternehmen zur Strom-, Wärme- und Kälteversorgung in Berlin.

Die BEW AG als Systemführer bei Energie und als Dienstleister zur Lösung der regionalen und kommunalen Energieprobleme.

Die BEW AG als Wertschöpfungsspezialist, als Wirtschaftsunternehmen mit einer vertikal und horizontal verlängerten Wertschöpfungskette zum Ausbau und zur Absicherung der Marktposition.

Über die Unternehmensphilosophie hinaus enthalten Unternehmensleitbilder meist noch Hinweise zu den strategischen Zielen des Unternehmens bzw. entsprechenden Konzepten sowie Grundsätze für die Führung, Organisation, für die Vertriebs- oder Öffentlichkeitsarbeit. Wie bei der Vision bleibt es freilich ihr Kernanliegen, bei aller Flexibilität im Prozeß des Wandels die dauerhaften, gemeinsam geteilten Wertvorstellungen zum Ausdruck zu bringen.

So entstehen regelmäßig Leitbilder, die einen Bezug zur Tradition aufweisen, zugleich aber innovative Trends hervorheben, die Umweltverantwortung betonen und mit ihrem Inhalt – nach weitgehender Befriedigung der existentiellen Bedürfnisse in unserem Kulturkreis – vor allem höhere Bedürfnisklassen ansprechen, etwa das Bedürfnis nach Zugehörigkeit zu einer „Wertegemeinschaft" auch in Unternehmen, nach sozialer Anerkennung, nach Unabhängigkeit und Entfaltung. Zusammen mit einem ergänzenden Corporate Design will das Unternehmen zugleich Sympathie gewinnen.

Man kann in einem Leitbild auch so etwas wie die „innere Verfassung" eines Unternehmens sehen, die sein relativ dauerhaftes Selbstverständnis im Sinne einer ganz spezifischen, unverwechselbaren Unternehmensindividualität zum Ausdruck bringt, mit der Kraft seiner Bilder immer wieder Impulse auf den Weg in die Zukunft gibt, aber auch Grundlage für die Selbststeuerung aller Einheiten im Unternehmen ist und gerade bei dezentralen Strukturen das gemeinsam Verbindende herausstellt und somit integrativ wirkt. So heißt es im Vorwort zu dem bereits 1987/88 entstandenen Leitbild der EWAG Nürnberg:

„Die EWAG Energie- und Wasserversorgung Aktiengesellschaft erfüllt ihre Aufgaben als Dienstleistungsunternehmen im Blickpunkt der Öffentlichkeit. Unsere Mitarbeiterinnen und Mitarbeiter arbeiten für die Daseinsvorsorge im Großraum Nürnberg. Dabei begegnen wir vielfältigen, zum Teil gegensätzlichen Erwartungen und Forderungen. Deshalb wollen wir aufzeigen, was wir anstreben, wie wir vorgehen, was uns bewegt. In dem vorliegenden Leitbild sind die langfristig gültigen Orientierungsmarken verankert, die unseren Kurs bestimmen. In diesem Ziel- und Handlungsrahmen streben wir nach überzeugenden Lösungen für die wechselhaften Alltagsprobleme und für neue Herausforderungen, die sich aus dem gesellschaftlichen Wandel ergeben. Deshalb suchen wir das Gespräch nach innen und außen. Ein konstruktiver Dialog erleichtert es uns, wichtige Konzepte konsensfähig fortzuschreiben und unser Dienstleistungsangebot bedarfsgerecht weiterzuentwickeln. Wir setzen auf diese partnerschaftliche Zusammenarbeit – drinnen und draußen."

Die Kernaussagen des Leitbildes selbst verdeutlichen dann eine Denk- und Handlungsrichtung, wie man sie – in formaler Hinsicht – auch in anderen Leitbildern von Energieversorgern wiederfindet, zum Beispiel:

- „Wir handeln im Auftrag der Stadt Nürnberg." – Kommunale Orientierung bzw. eben sachliche und geographische Orientierung am Eigner.
- „Wir wollen zufriedene Kunden." – Kundenorientierung.
- „Wir übernehmen Verantwortung für unsere Umwelt." – Umweltorientierung.
- „Wir nutzen die Vorteile des Querverbundes." – Markt- und Synergieorientierung.
- „Wir setzen auf fortschrittliche Technologien." – Technologie- und Qualitätsorientierung.
- „Wir denken und handeln wirtschaftlich." – Wirtschaftliche Orientierung.
- „Wir tragen soziale Verantwortung." – Soziale bzw. Gesellschaftsorientierung.

In diesem Leitbild wird allein durch die Wortwahl deutlich, daß es nach innen auf ein dichtes „Wir-Gefühl", und damit auf ein hohes Maß an Identifikation zielt. Die Vereinigte Saar-Elektrizitäts-AG, Saarbrücken (VSE) stellt in ihrem Leitbild folgendes heraus:

- „regionale Verantwortung (korrespondierend mit der Anteilseigner-Struktur) des Unternehmens für Infrastruktur-Dienstleistung (korrespondierend mit den Kernkompetenzen),

- Verbreiterung der unternehmerischen Basis in der kommunalen Ver- und Entsorgung mit dem Ziel, zu einer ökologisch sinnvollen, qualitativ hochwertigen und ökonomisch optimierten Leistungserbringung beizutragen,
- die Ausrichtung auf den gesamten Saar-Lor-Lux-Raum mit entsprechenden geographischen Wachstumsfeldern." (Löbbe/Jochum 1995, S. 300f.)

Trotz der zweifellos stimulierenden, motivierenden und integrierenden Wirkung von Vision, Unternehmensphilosophie und Leitbild sollte man sich doch vor einer Absolutierung hüten. Der angestrebte Führungs- und Unternehmenserfolg wird sich meines Erachtens nur einstellen, wenn sich die Vision wiederum in korrespondierenden Aktionen niederschlägt und die Führung damit intern wie extern ein Höchstmaß an Glaubwürdigkeit und Vertrauen erreicht. Deshalb sind im logischen Anschluß an das Leitbild unternehmenspolitische Konzepte zu entwickeln und umzusetzen, die das Unternehmen in die gewünschte Richtung vorantreiben.

Je nach unterstelltem Szenario und strategischer Grundausrichtung profilieren sich die EVU gerade durch ihre strategischen Konzepte immer mehr in unterschiedliche Richtungen. So mag sich ein kostengünstiger Wasserkrafterzeuger auf die Position eines „Nischenversorgers" beschränken, können vertikal operierende Versorger strategische Allianzen mit Vorlieferanten suchen und die Wertschöpfungskette in den Servicebereich hinein verlängern. Horizontal spezialisierte Versorger werden sich darum bemühen, ihre Marktanteile zu erhöhen, beispielsweise auf dem Gebiet der Stromerzeugung.

Als Dienstleister müssen die EVU darüber befinden, ob sie sich auf Aktivitäten in der Nähe ihres Kerngeschäftes (zum Beispiel Verbrauchsmanagement, Abrechnungen, Energieberatung oder (maximal) Entsorgung) konzentrieren bzw. versorgungsfremde Dienstleistungen anbieten wollen wie zum Beispiel Telekommunikationsdienste. In einem offenen Markt werden sich zudem „Energiehändler" über den An- und Verkauf von großen Energiemengen hinaus als Beschaffer von Leitungskapazitäten bzw. Inhaber entsprechender Kuppelstellen zusätzliche Erfolge anstreben.

Qualitätsindikatoren der Führung 145

Zu einer bemerkenswerten Aktion gehört die vor kurzem gestartete „Qualitätsoffensive" der RWE Energie AG in Essen, mit der sich das Unternehmen als erstes deutsches EVU zur Einhaltung bestimmter Dienstleistungs-Standards verpflichtet. Abgeleitet aus dem Ergebnis einer Meinungsumfrage, in der Kriterien wie Erreichbarkeit, Zuverlässigkeit und Termineinhaltung in der Wunschliste der Kunden ganz oben rangierten, werden folgende Qualitäts-Standards zugesichert:

- Bei einem Strom- oder Gasausfall kümmert sich ein Reparaturteam sofort um die Netzstörungen. Spätestens in zwei Stunden ist das Einsatzkommando auch in der entlegensten Stelle des Versorgungsgebietes.

- Geplante Energieunterbrechungen, die länger als eine halbe Stunde dauern, will RWE mindestens einen Tag vorher bekanntgeben.

- Fragen zur Versorgung und Abrechnung werden sofort, schriftliche Anfragen zum Vertrag und zur Abrechnung innerhalb einer Woche beantwortet.

- Ebenfalls innerhalb einer Woche sollen Zähler in oder außer Betrieb genommen werden.

- Auf einen Antrag soll in Wochenfrist ein Angebot für einen Anschluß vorliegen, das dann ein Jahr gültig ist und nach Auftragsvergabe einen verbindlichen Fertigstellungstermin garantiert.

Führungsqualität besteht also darin, neben der visionären Kraft für konzeptionelle Entwürfe auch die operative Stärke aufzubringen, immer wieder kleine, vielleicht sogar simple Schritte mit den Mitarbeitern zu gehen, um das Ziel zu erreichen. Dabei setzen die konkreten Aktivitäten regelmäßig bei den bekannten Gestaltungsvariablen „Qualität", „Zeit", „Kosten" an. Gerade mit der Bildung von überschaubaren, für das einzelne Belegschaftsmitglied verständlichen und nachvollziehbaren Arbeitszielen verhindert man Resignations- und Frustrationseffekte, wenn sich das strategische Fernziel erst nach ungewisser Dauer und mit einiger Mühe erreichen läßt. Ein weiterer Vorteil besteht darin, daß sich diese „Alltagsziele" meist leicht überprüfen lassen und man beim Fehlschlagen einer Aktion daraus lernen kann, um einen neuen Anlauf zu nehmen. Durch die iterative Rückkopplung mit der konzeptionellen Gesamt- bzw. Weitsicht besteht allerdings eher die Chance, Kurs zu halten, als bei einem rein intuitiven „Durchwursteln".

Das Führen mit klaren, verbindlichen, ehrgeizigen Zielvereinbarungen über alle Führungsebenen hinweg ergänzt also in idealer Weise die strategische Führung mit einer Vision. Von allen Führungskräften verlangt das freilich, daß sie zeit- und situationsgerecht „umschalten" können, also in der Lage sind, bei ihren Führungsinstrumenten intelligent und flexibel verschiedene „Register" zu ziehen.

Außerdem sollte sich die Unternehmensführung bei der Wirkungsanalyse der eingeleiteten Maßnahmen nicht nur auf subjektive Einschätzungen verlassen. Dabei besteht immer die Gefahr der Selbsttäuschung. Im Führungszusammenhang bedeutet dies vor allem, die beiden Zielvariablen der Identifikation und der Legitimation „objektiv" im Auge zu behalten. Mitarbeiter wie Kunden können sich in ganz unterschiedlichem Maße mit ihrem EVU identifizieren, womit letztlich eine emotionale Bindung oder Nähe gemeint ist. In einem pluralistischen Gesellschaftssystem ist jeder Energieversorger aber zugleich darauf angewiesen, Unterstützung von anderen relevanten Einflußgruppen zu erhalten.

Wie wichtig es sein kann, in einem gesellschaftlich akzeptierten Rahmen zu agieren, zeigen die anhaltende Diskussion zum Energiekonsens und besonders plastisch die Vorgänge um die geplante Versenkung einer Bohrinsel der Firma Shell in der Nordsee. Neben der Identifikation bleibt daher die rechtliche und gesellschaftliche Legitimation eine wichtige Größe. Deshalb sind neben systematischen Mitarbeiter- und Kundenbefragungen auch immer wieder Imageanalysen zu einzelnen Produkten, Dienstleistungen oder auch zum EVU allgemein zweckmäßig.

Führungsqualität läßt sich also nicht nur an der Entwicklung harter Indikatoren ablesen (Umsatz, Deckungsbeitrag, Cash-flow, Aktienkurs, Kostenreduktionen etc.), sondern auch an „weichen Faktoren" wie Zufriedenheit der Kunden, der Mitarbeiter und des relevanten gesellschaftlichen Umfeldes. Freilich hängt der Unternehmenserfolg letztlich auch immer von Einflüssen ab, die außerhalb der Reichweite der Führung eines EVU liegen und manchmal nichts anderes sind als glückliche oder unglückliche Zufälle. Auch auf solche Eventualitäten kann ein Unternehmen jedoch um so gelassener reagieren, je mehr Führungsqualität es im übrigen aufweist. Abbildung 12 zeigt die dargestellte Wirkungskette noch einmal im Zusammenhang.

Mit der multiplikativen Verknüpfung von Vision und Aktion soll deutlich werden, daß es besonders problematisch ist, eine der beiden Größen zu vernachlässigen. Je mehr die Führungskräfte als „Unternehmer im Unternehmen" agieren, ihre Gestaltungsrolle damit aktiv wahrnehmen, sich nicht auf die verliehene Autorität verlassen, sondern tatsächlich „Leadership" praktizieren, um so leichter wird sich das EVU zu einem Hochleistungsunternehmen entwickeln. Je mehr es dagegen im Wandlungsprozeß zu einem permanenten Infight von „Würdenträgern" und „Bedenkenträgern" kommt, um so weniger wird dies gelingen. Die in Wandlungsphasen so besonders notwendige Mobilisierung aller Teile der Belegschaft setzt voraus, daß sich die Führungskräfte selbst als vorbildlich engagierte Leistungs- und Kulturträger erweisen, die sich begeistern lassen und begeistern können. Die damit verbundene Führungsqualität sollte nicht zuletzt auch für Nachwuchsleute attraktiv sein. So könnte sich das Image

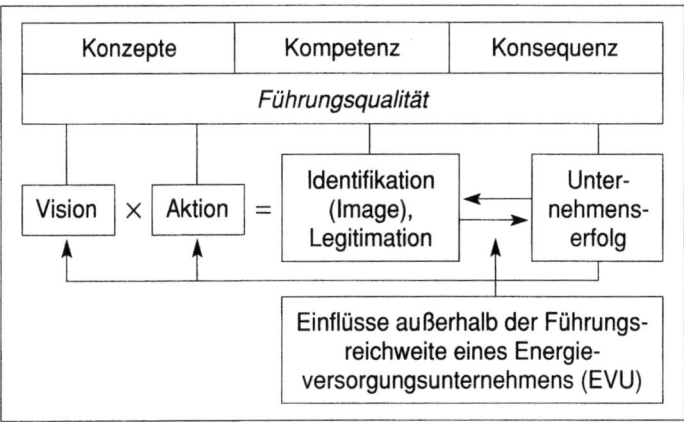

Abbildung 12: Komponenten der Führungsqualität

der Energieversorger auch am Arbeitsmarkt für den Führungsnachwuchs verbessern.

Zweifellos müssen die EVU ihre „Reifeprüfung" in der Wettbewerbswirtschaft noch bestehen. Aber auf dem Weg dorthin haben viele kommunale, regionale und überregionale Unternehmen bereits modellhafte Schritte eingeleitet, die Schule machen werden. Deshalb darf man durchaus zuversichtlich sein, daß die Branche – vielleicht nach einem gewissen „Läuterungsprozeß" – auch die neuen Herausforderungen wieder gut bestehen wird, was unmittelbar dem Produktionsstandort Deutschland zugute kommt.

Literatur

Hammer, M./Champy, J.: Reengineering the corporation, New York 1993

Löbbe, S./Jochum, G.: Prozeßorientierte Unternehmensentwicklung – eine Chance für die Energiewirtschaft, *Energiewirtschaftliche Tagesfragen* 5/1995

Noll, H.: Motivation, Königstein 1995

Rathenau, W.: Gedächtnisrede zum Tode von Emil Rathenau, Sonderabdruck, Oberschöneweide 1915

Die Zukunft der Produktion: Wie sieht sie aus?

von Joachim Bußmann

Die aktuelle Situation im Maschinenbau

Die für den gesamten Maschinenbau schwierige Zeit fordert dazu heraus, unter mehr oder weniger starkem äußeren Druck über die wirtschaftliche Effizienz des eigenen Unternehmens nachzudenken und Strategien zu dessen Lebensfähigkeit zu entwickeln. Aber auch ohne ein durch die Konjunkturschwäche bewirktes „verändertes Bewußtsein" scheint die Zeit reif für eine neue Unternehmenskultur, in der Mitarbeiter- und Kostensenkungspotentiale besser als bisher erschlossen und genutzt werden: Der Produktionsbetrieb als Dienstleistungsunternehmen, das nicht nur nach außen, sondern auch in sich eher nach marktwirtschaftlichen als nach planwirtschaftlichen Prinzipien funktionieren sollte?

Die vorschnelle Auslagerung des so wichtigen Standbeines „Produktion" – zur Senkung der Fertigungstiefe – darf nicht geschehen. Wenn die sorgfältig analysierten Sachverhalte es allerdings unumgänglich machen, ist es selbstverständlich, dies mit strategischen Konzepten sinnvoll zu tun.

Wir müssen in Zukunft „ganzheitlich" denken und handeln und damit die täglichen Arbeiten in den Unternehmen vorantreiben: Unsere Chancen liegen darin, die Bereiche „Vertrieb", „Konstruktion", „Auftragsabwicklung" besser mit der Produktion zu koppeln und die Potentiale des Angestelltenbereichs wirksamer zu nutzen. Es ist nach meiner Überzeugung der falsche Weg, immer nur auf die Produktion, und hier speziell auf die Fertigung, zu schauen, wie das in dem Begriff „Lean Production" auch durch die enge Auslegung des Begriffs „Produktion" zum Ausdruck kommt. *Lean Company* muß es heißen, und hierfür gilt es, ein Bewußtsein zu wecken, das vom Vertrieb bis hin zur Maschinenaufstellung beim Kunden gesamthaft durchgängig ist.

Unternehmen sind heute in der immer stärker werdenden internationalen Wettbewerbssituation vielfältigen Einflüssen aus Markt, Technik, Politik, Recht und Gesellschaft ausgesetzt. In diesem komplexen Umfeld ist es nicht leicht, die richtigen unternehmerischen Entscheidungen zu fällen. Betrachten wir einmal die Produktion, dann sind die allgemeinen Unternehmensfaktoren, die eine wirtschaftliche Produktion ermöglichen, also Personal, Betriebsmittel, Organisation, Investitionen, Informationen, Schnittstellen etc., in allen Unternehmen und an jedem Standort gleichermaßen vorhanden. Was die Betriebe und Industriestandorte allerdings unterscheidet, sind die politischen Rahmenbedingungen, die Strukturen in Qualität und Quantität, die Schlußfolgerungen und die jeweiligen Entscheidungen, die für den langfristigen Fortbestand oder auch Untergang eines Unternehmens ausschlaggebend sind.

Die Merkmale einer Lean Company

Wir haben sicher noch nicht das Ende des fertigungstechnischen Fortschritts erreicht, aber die großen Potentiale liegen nicht mehr in den technischen Verbesserungen, nicht mehr in der Werkstatt. Geld wird heute in den vorgelagerten Bereichen verdient, in Vertrieb, Konstruktion und Materialwirtschaft. Es ist bekannt, daß etwa 70 Prozent der Kosten für ein Produkt durch die Konstruktion festgelegt werden. Hier müssen Konstruktion, Produktion und Kostenmanagement gemeinsam ansetzen. Wir brauchen Durchsichtigkeit über das gesamte Unternehmen, denn transparent war bisher nur die Fertigung. Falsch konstruierte Teile wurden der Produktion angelastet, und es wurde nicht gefragt, wo vielleicht die Ursachen für eine Terminüberschreitung oder eine zu teure Fertigung liegen.

Es geht also vor allem darum, die der Fertigung vorgelagerten Bereiche effizienter zu machen. Dabei gilt es, sich auf einfache Dinge zu besinnen, zum Beispiel das Gespräch zwischen Konstrukteur und Facharbeiter in der Werkstatt. Der Taylorismus, der bis zum Ende

Die Merkmale einer Lean Company

des Verkäufermarktes vielleicht seine Berechtigung hatte, ist überholt. Für einen Käufermarkt muß man sich auf Zusammenarbeit konzentrieren.

Folgende Merkmale einer „Lean Company" lassen sich skizzieren. Sie müssen heute einen hohen Stellenwert haben. Deshalb werden sie nachfolgend im einzelnen erklärt:

- Führung und Unternehmenskultur,
- Zielvorgaben, Strategien, Primat des Handelns, konzertierte Aktionen,
- Stärkung der Basis (Facharbeiter und Meister, Konstrukteure und Sachbearbeiter),
- Produktion – ein wichtiges Standbein des Unternehmens,
- Kostenmanagement und Logistik als Querschnittsfunktionen,
- gesamtunternehmerisches Denken.

Führung und Unternehmenskultur

Führung mit Glaubwürdigkeit, Zielvorgaben, Strategien und Menschlichkeit zu praktizieren und damit die Grundlage für eine sich erfolgreich auswirkende Unternehmenskultur zu legen, ist nicht einfach.

Wichtig ist, Mitarbeitern die richtigen Informationen zu geben, sie frühzeitig zu informieren, ihnen Freiraum zu schaffen, so daß Ideen entstehen können, und Aufgaben zu delegieren. Es kommt darauf an, das Know-how und die Möglichkeiten des Mitarbeiters zu nutzen.

Zielvorgaben, Strategien, Primat des Handelns, konzertierte Aktionen

Ich habe in Japan eine entscheidende Erkenntnis für mich gewonnen: Es müssen Philosophien und Strategien entwickelt werden, mit denen sich klare Zielvorgaben konsequent umsetzen lassen. Es hat keinen Sinn, nach einer Zielsetzung gleich wieder ins Zweifeln zu kommen und die Dinge im Sande verlaufen zu lassen. Das konsequente Handeln ist eine Grundlage, auf der man die Zukunft aufbaut. Hierfür ist das „Primat des Handelns" ein Schlagwort. Für das Unternehmen ist zu fragen, womit man am meisten Geld verdienen kann. Es kann durchaus eine sinnvolle Alternative für ein Unternehmen sein, mehrere Standbeine zu haben, das heißt zu diversifizieren, um das Risiko im Falle einer Schwäche eines Bereiches kleiner zu halten. Auch in Zusammenarbeit mit anderen Unternehmen lassen sich Schwachstellen in dem einen durch Stärken in dem anderen Bereich ausgleichen.

Andererseits ist die Bereinigung der Produktpalette eine Zielvorgabe, die zur Gesundung eines Unternehmens beitragen kann. Wo notwendig, müssen konzertierte Aktionen der Betriebsbereiche selbstverständlich werden. Um Zielvorgaben effektiv durchzusetzen, muß unter Umständen kurzfristig auch ein höherer Geldbetrag eingesetzt werden. Entscheidend sind die belegbaren mittelfristigen Einsparungen, zum Beispiel durch systematisch durchgeführte Wertanalyseprojekte.

Stärkung der Basis

Wenn die Basis in den Unternehmen nicht so gut wäre, wie sie teilweise in Deutschland ist, dann würde manches Unternehmen schneller am Abgrund stehen. Die Position von Facharbeitern, Meistern, Konstrukteuren und Sachbearbeitern muß gestärkt werden. Sie müssen in ihrer Arbeit geschätzt und in Entscheidungen einbezogen werden, wobei ihr Know-how zu nutzen ist. Daß der Meister die schwierige Aufgabe zu lösen hat, eine Verbindung zwischen Facharbeiter und Unternehmensleitung herzustellen, muß anerkannt werden. Eine Unternehmensführung tut gut daran, dies auch kundzutun: Um so mehr wird sie sich dann auf diese Potentiale verlassen können.

Ein wichtiges Standbein des Unternehmens: Die Produktion

Ein Unternehmen, das Produkte herstellt, braucht eine Produktion, sprich: „Fertigung". Es ist unstrittig, daß der Bedarf von einfachen Werkstücken auch durch Zulieferanten abgedeckt werden kann, aber ich widerspreche der These, daß ein Produkthersteller keine Fertigung mehr braucht. Die wichtigen Know-how-Teile, die die Stärke eines Produktionsunternehmens ausmachen, müssen auch dort hergestellt werden, besonders auch in Hinblick auf die Wettbewerbsfähigkeit der Unternehmen am Standort Deutschland.

Im übrigen ist diese Ansicht nur logisch, wenn ich für eine Zusammenarbeit von Konstruktion und Produktion plädiere. Hier kommt auch der Faktor „Zeit" ins Spiel. Mit dem Begriff „Simultaneous Engineering" wird auf die Zusammenarbeit zwischen Entwicklung, Konstruktion und Produktion hingewiesen, sie ist ein Schlüssel für den zukünftigen Erfolg eines Unternehmens.

Das Hinterfragen von Konstruktionen – sind sie fertigungsgerecht?, sind sie montagegerecht? – kostet zwar zunächst Kraft und Zeit, erschließt aber ein Kostensenkungspotential, das auszuschöpfen sich lohnt. Gerade hierbei spielen das gesamtunternehmerische Denken und die Achtung des gegenseitigen Fachwissens eine starke Rolle.

Zusammengefaßt: Die beiden Standbeine „Konstruktion" und „Produktion" sind lebenswichtig für das Unternehmen. Doch dieser Grundsatz schließt nicht aus, daß Kosten „knallhart" überprüft werden, um letztlich ein qualitativ hochwertiges, preiswertes Produkt termingerecht ausliefern zu können.

Controlling und Logistik als Querschnittsfunktionen

Die richtigen Entscheidungen können nur dann getroffen werden, wenn erkannt wird – und dies auch belegbar ist –, wo Kosten- und Umsatzpotentiale stecken. Dies setzt eben Transparenz voraus, und zwar des gesamten Untenehmens. Dazu bedarf es klar festgelegter

Querschnittsfunktionen und einer Organisation, ohne „Mauern". Ich kann hierfür keine Patentrezepte geben, aber meine berufliche Erfahrung zeigt, daß es eine enge Zusammenarbeit zwischen Controlling und Produktion geben muß. Ebenso müssen die Verbindungen von Produktion und Controlling zu Konstruktion und Einkauf intensiviert werden. Entscheidend ist schließlich die gute Zusammenarbeit mit dem Vertrieb und dem Marketing, damit die externe Kundenorientierung sichergestellt ist.

Gesamtunternehmerisches Denken

Wenn wir dahin kommen, daß jeder Mitarbeiter in Eigenverantwortung abteilungsübergreifend denken und handeln lernt, das heißt, wenn er kosten- und qualitätsbewußt wie ein „Kleinunternehmer" vorgeht, wenn Fachwissen mit dem Ziel einer erfolgreichen Produktentwicklung mit größter Selbstverständlichkeit über Abteilungsgrenzen hinweg ausgetauscht wird, wenn Transparenz für das Controlling gegeben ist und das alles in einer von der Führung vorgegebenen Unternehmenskultur gedeihen kann – wenn wir das alles erreichen würden, bräuchte man keine Sorge um das Unternehmen und den Produktionsstandort Deutschland zu haben. Dazu gehört aber auch der Mut, Fehlentwicklungen wie zum Beispiel eine vorschnelle und nicht sorgfältig genug geprüfte Auflösung von gesamten Fertigungen zu korrigieren.

Der wertschöpfende Unternehmensbereich

Gute Facharbeiter und Meister im gesamten direkt produktiven Bereich der Unternehmen haben von der Vergangenheit bis in die Gegenwart mit ihrem Know-how in der Produktion marktfähige Produkte erstellt und zum Erfolg unserer Volkswirtschaft beigetragen. Dieses hochwertige Know-how-Potential darf nicht in übereilten Ad-hoc-Entscheidungen aufs Spiel gesetzt werden. Der heute so massiv vorherrschende Trend zur Senkung der Fertigungstiefe kann in vielen Fällen ein Irrweg sein.

Sie kann mittel- bis langfristig vielfältige negative Folgen verursachen: für das Unternehmen, zum Beispiel fehlende kurzfristige Einflußmöglichkeiten auf die Auftragsabwicklung, Abhängigkeit von Fremdlieferanten, Verlust des eigenen Firmenprofils, und für unsere Volkswirtschaft, zum Beispiel höhere Arbeitslosigkeit, Handelsbilanzverschiebungen, Sozialkosten. Deshalb muß eine Reduzierung der Fertigungstiefe vorher sorgfältig analysiert und durchdacht werden. Fehlentwicklungen sind nur nach Jahren mit größter Mühe wieder in die richtigen Bahnen zu bringen. Wenn über die Reduzierung der Fertigungstiefe nachgedacht wird, dann muß sie erst einmal unternehmensspezifisch genau definiert werden.

Das, was dem „Made in Germany" zu Weltruf verholfen hat und in den Produktionsabteilungen direkt erzeugt wurde und wird, muß notwendigerweise den gebührenden Stellenwert im Unternehmensgefüge erhalten. Die Fertigung darf nicht als „Stiefkind der Nation" oder – anders ausgedrückt – als Ursache aller Probleme dargestellt werden. Zu den Fehlern der Vergangenheit muß man stehen, daraus lernen und es im gesamten Unternehmensablauf heute besser machen.

Hochwertige mechanische Werkstückbearbeitungen und Montageabläufe aus dem Werkzeugmaschinenbau, sogenannte Kernkompetenzen, zum Beispiel Hochgenauigkeitsfräsen und -schleifen, Spindelfertigung und -montage, Getriebebau, Vertikalschlittenfertigung, Ständerbau, verlangen neben den richtigen Betriebsmitteln spezialisiertes Fachwissen, das über lange Jahre erworben wurde. Diese Fachkompetenz ist ein Positivfaktor im internationalen Wettbewerb. Wertschöpfung muß im Unternehmen erhalten bleiben, denn gerade heute wird für den Kunden immer wichtiger, wer das Produkt herstellt: „Made by ..."

Deshalb sind direkte Einflußnahmen im eigenen Unternehmen auf Organisation (Aufbau, Ablauf), Einsatz neuer Technologien, Produkt- und Prozeßinnovation, Personalentwicklung langfristig für den Erhalt des Unternehmens von entscheidender Bedeutung.

Demgegenüber stünden bei kompletten Produktionsverlagerungen beispielsweise folgende wesentliche Faktoren zur Diskussion:

- Know-how-Abfluß,
- Verlust der direkten Einwirkungsmöglichkeiten auf Qualität, Termin und Kosten,
- Schwächung der Innovationsimpulse für Produkt und Prozeß durch fehlende direkte und schnelle Kommunikation zwischen Konstruktion und Produktion,
- Verlust von Flexibilität.

Um hier fatale Fehlentscheidungen und -entwicklungen zu vermeiden, sind im Unternehmen ganzheitliche Kosten- und Strukturanalysen zur Entscheidungsvorbereitung rechtzeitig durchzuführen.

Diese Betrachtungen müssen meines Erachtens auch über das Unternehmen hinausgehen. Die Entscheidung für eine Auslagerung der Produktion kann folgende außerbetriebliche Folgen haben:

- eine dramatisch hohe Sockelarbeitslosigkeit. Wo gibt es neue Arbeitsplätze für das frei werdende Fachpersonal der Produktion? Das Heil liegt sicher nicht in einer Dienstleistungsgesellschaft.
- veränderte Aus- und Weiterbildungskonzepte in allen Bereichen, von der Schule über die Hochschule bis hin in die Unternehmen.
- Leistungsbilanzveränderungen der einzelnen Volkswirtschaften. Sie haben starke Rückwirkungen auf die Unternehmen und sind somit in globale Wettbewerbsstrategien einzubeziehen.

Primär hat natürlich jedes Unternehmen erst einmal an sich zu denken, doch übergreifende Probleme dürfen nicht außer acht gelassen werden. Ihre Folgen betreffen jedes einzelne Unternehmen in irgendeiner Form, zum Beispiel durch Zinsentwicklung, Sozialabgaben, Gesetze, Steuern oder Genehmigungsverfahren.

Unternehmensanalyse: Ausgangspunkt jeder Verbesserung

Der Erfolg oder Mißerfolg im Unternehmen zeigt sich in schwarzen oder roten Zahlen. Alle Abläufe und Handlungen im Unternehmen schlagen sich in Kosten nieder. Deshalb ist der erste Schritt für unternehmenssichernde Entscheidungen eine objektive, gesamthafte Ablauf- und Kostenanalyse.

Sehr oft werden „Äpfel mit Birnen verglichen" oder oberflächliche Kostenbewertungen angestellt. Vergleiche ohne saubere Differenzierung können nur zu falschen Schlußfolgerungen führen. Kleine und mittlere Unternehmen haben zum Beispiel spezifische Problembereiche und brauchen deshalb andere Unterstützung als große.

Im Rahmen einer umfassenden Kostenbetrachtung ist vom gesamten Unternehmen, und somit von den Selbstkosten, auszugehen. Die isolierte Herstellkostenbetrachtung des transparentesten Bereiches im Unternehmen – der Fertigung – birgt dann große Gefahren in sich, wenn allein daraus Maßnahmen zur Verbesserung der Unternehmenssituation abgeleitet werden. Seit Jahren propagierte Gemeinkostenanalysen und Fixkostenbetrachtungen müssen konsequent angegangen werden. Es geht zukünftig nicht um das Halten von „Königreichen", sondern um das Wohl des Ganzen. Dies verlangt ein völliges Umdenken, vorrangig in den Köpfen aller Führungskräfte. Bisher erfolgte die Umsetzung von sinnvollen Maßnahmen zum größten Teil nicht, weil viel Zeit für alle möglichen Blockademechanismen aufgewendet wird.

Nachfolgend sind einige Gründe für zu hohe Kosten genannt, die sich in der Fertigung niederschlagen, dort aber direkt nur bedingt zu verantworten beziehungsweise beeinflußbar sind:

- Terminüberschreitungen in den vorgelagerten Unternehmensbereichen,
- fehlende Standardisierung der Produkte,
- hohe Qualitätsanforderungen der Kunden, die oft nicht bezahlt werden,

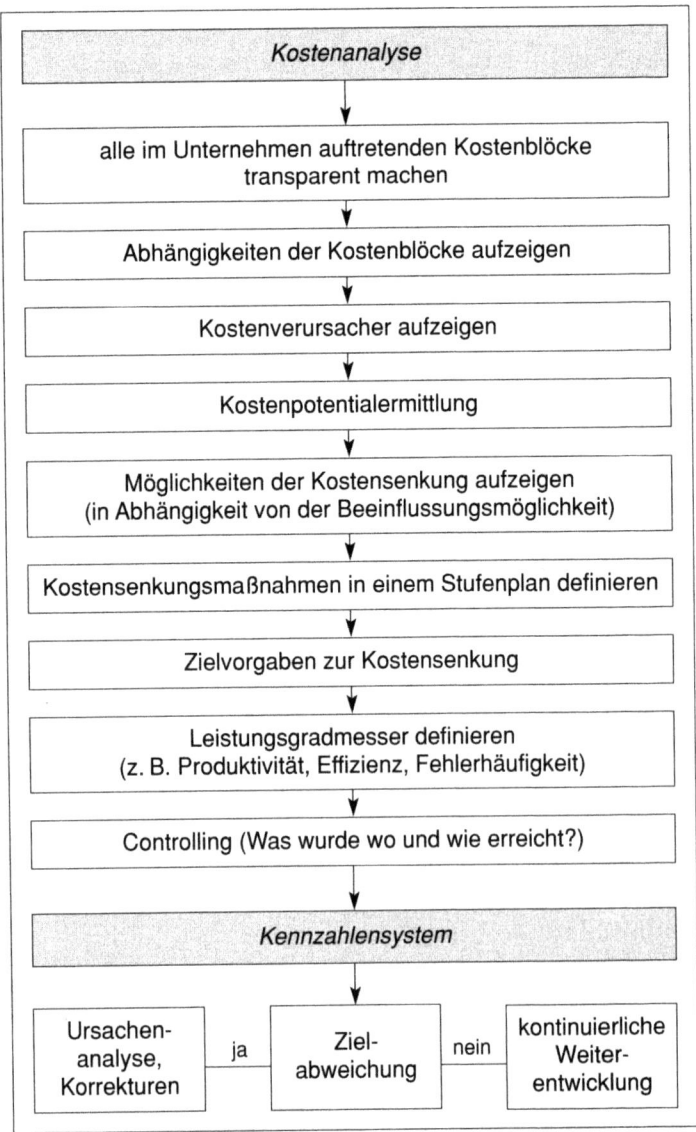

Abbildung 13: Kostentransparenz schaffen

- hoher Montage- und Demontageaufwand durch zu späte Festlegung der Kundenwünsche,
- unvollständige Arbeitsunterlagen aus den vorgelagerten Bereichen,
- kostenintensive Fehlerbeseitigung in der Montage aufgrund zu später Fehlererkennung,
- oft zu enge Liefertermine, die Sonderaktionen notwendig machen,
- Sonderwünsche der Kunden, die nicht kostendeckend bezahlt werden,
- fehlende Eckterminüberwachung der vor- und nachgelagerten Unternehmensbereiche,
- umfangreiche Konstruktionsänderungen,
- ausschließlich Einkauf nach dem niedrigsten Preisangebot,
- verspätete Materialbereitstellung.

Diese kostenerhöhenden Faktoren werden meistens vordergründig der Produktion angelastet. Es muß deutlich werden, daß viele Probleme erst in der Fertigung aufgedeckt und dort mit viel Einsatz, Fachwissen und Organisationstalent „geradegebogen" werden. Hier sind in der Zukunft differenziertere Kostenzuordnungen erforderlich, um dann nach systematischer Analyse die richtigen Kostensenkungsmaßnahmen festzulegen (vgl. Abbildung 13). Die Realisierung eines Frühwarnsystems in enger Zusammenarbeit zwischen Produktion und Controlling hilft, die nötigen Schritte des Gegensteuerns einzuleiten. Nachweisbare Kostensenkungen können auf diesem Wege erreicht werden.

Weitere Analysedaten, zum Beispiel die Kostenentwicklung in den einzelnen Kostenstellen, werden aus Kostenstellenberichten entnommen und im Produktionsbereich mit PC-Unterstützung aufbereitet. Die beeinflußbaren Hauptkostenblöcke werden der Abteilungs- und Meisterebene zur Information monatlich zur Verfügung gestellt. Den gesamten dargestellten Kosten wird die verrechnete Leistung gegenübergestellt, so daß der Meister sehen kann, wie sich die Kosten im Verhältnis zur Leistung entwickeln. Bei deutlichen Differenzen wird sofort Kontakt mit dem Controlling aufgenommen, um die offenen Fragen zu klären. Durch diesen engen Dialog zwischen Controlling und Produktion wird eine saubere Darstellung der gesamten Kostensituation erreicht.

Wir haben das gestufte Kennzahlensystem für den gesamten Bereich der Produktion, das die wesentlichen Kennziffern, die zur Beurteilung des Bereiches notwendig sind, enthält, jeweils auf einem Blatt darstellt. Das gesamte Schema ist gestuft aufgebaut, zur Nutzung für die Bereichsleitung bis hin zum Meister. Zum einen sind Personalkennziffern (Mitarbeiterzahl, Ausfallzeiten, Überstunden etc.), zum anderen Daten über die Kapazitäten aufgeführt. Ebenso wichtig sind Plangrad und Qualitätskennziffern. Zur Beurteilung der Materialdisposition wird die Fehlteilmenge dargestellt. Schließlich ist die Zahl der ausgelieferten und abgenommenen Maschinen als Leistungskenngröße angegeben. Weitere „Datenblätter" kommen vom Controlling. In ihnen werden pro Kostenstelle Kapazitätsdaten und geleistete Stunden nach Soll und Ist detailliert aufgeschlüsselt.

Nach Feststellung der Schwachstellen sind erforderliche Umstrukturierungen für alle Unternehmensbereiche konsequent zu planen und umzusetzen. Es kommt gar nicht immer sofort auf die umfassende Lösung an. Statt dessen geht es um kleine Schritte, die eingeleitet werden. Jeder große Erfolg ist das Ergebnis vieler Teilschritte.

Die Umsetzung aller neuen Technologien und Unternehmensstrategien, von CIM über Lean-Production bis hin zu JIT oder Make-or-buy, wird nur dann von Erfolg gekrönt sein, wenn eindeutige Kostentransparenz vorhanden ist und eine objektive Bewertung vorgenommen wird. Hierfür sind die Kostenverursacher im Unternehmen aufzuzeigen und einzugrenzen. Wenn das Problem nicht an der Wurzel gepackt wird, verschiebt man es nur, und alle neuen Technologien und Methoden, die grundsätzlich sinnvoll sein könnten, verstärken die Schwierigkeiten.

Eine lokale Kostenoptimierung reicht für den Gesamterfolg des Unternehmens nicht aus. Das, was an einzelnen Stellen des Unternehmens mit harter Arbeit zu Einsparungen führt, wird an anderen Stellen mit vollen Händen wieder ausgegeben. Das kann nicht die Lösung sein. Das Controlling der Zukunft muß aufgebaut sein als Integrationsfunktion, als Teamkonzept, und nicht ausschließlich als Kontroll-Organ.

Controlling ist eine Querschnittsaufgabe über alle Unternehmensbereiche hinweg. Abteilungsgrenzen und „Königreiche" werden durch sauber aufbereitete Fakten und Quervergleiche aufgelöst. Unternehmen müssen sich in der Zukunft gravierend verändern, besonders in der Informationsdurchgängigkeit von oben nach unten und umgekehrt.

Unternehmenspotential „Mitarbeiter"

Nur verbale Lippenbekenntnisse, daß der Mensch heute wieder im Mittelpunkt stehe, reichen nicht aus. Glaubwürdige Personalmaßnahmen und Wertschätzungen der Mitarbeiter müssen einhergehen mit wichtigen Punkten wie

- Verantwortungsübertragung,
- Einbindung in Entscheidungsvorgänge,
- Einbindung in den Informationsfluß,
- angepaßte Aus- und Weiterbildung,
- Bereitschaft zur Veränderung der eigenen Macht- und Kompetenzbereiche und damit
- Veränderung der Führungsstrukturen und -methoden.

All diese Erfordernisse, wie auch die Schaffung eines neuen Bewußtseins, lassen sich durch eine eindeutige Führung realisieren. Richtige Unternehmensführung ist in dieser schwierigen Zeit der Schlüssel zum Erfolg. Begriffe wie strukturelle Veränderungen, Unternehmenskultur und internationale Zusammenarbeit lassen sich durch eine effiziente Führungsstruktur, die der heutigen Zeit angepaßt ist, realisieren. Hierbei sind Begriffe wie Vertrauen, Nähe zum Mitarbeiter und glaubwürdiges Handeln von großer Bedeutung.

Mitarbeiter an der Basis, zum Beispiel ein Konstrukteur, ein Arbeitsvorbereiter, ein Facharbeiter oder ein Meister, müssen mit ihrem Wissen in den unternehmerischen Abläufen ihren gebührenden Stellenwert erhalten und ihr Wissen einbringen können.

Der Beruf und die Funktion des Meisters haben in Deutschland eine lange Tradition und eine große Bedeutung, im Handwerk wie in der Industrie. Sein Aufgaben- und Verantwortungsprofil unterliegt dem Einfluß umfangreicher externer und interner Veränderungen wie zum Beispiel der Personalstruktur, Arbeitsorganisation, Technik und den Qualitätsanforderungen, die sich aus Markt- und Gesellschaftsveränderungen ergeben.

Der Meister hat es zusätzlich mit einem neuen Typus von Mitarbeiter zu tun. Dieser besitzt mehr und mehr die Fähigkeit zu technischlogischem Denken, besitzt weniger manuelle Fertigkeiten und kommt mit der neuen Technik gut zurecht. Er ist selbstbewußt, kritisch und hat andere Wertvorstellungen als früher.

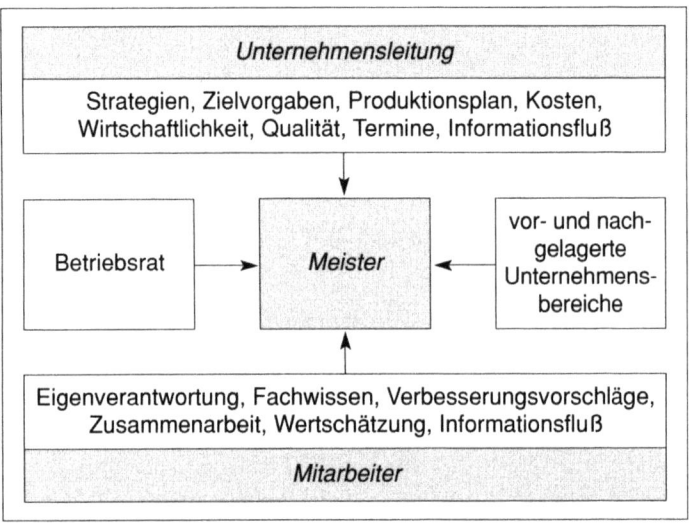

Abbildung 14: Der Meister als Mittler zwischen Unternehmensleitung und Mitarbeiter

Der Meister selbst hat noch eine Ausbildung erfahren, die in vieler Hinsicht gänzlich anders gelagert war. Zur Anpassungsfortbildung ist er vom Betrieb vielfach nicht freigestellt oder nicht einmal dazu angeregt worden; es fehlte auch oft an der Zeit, an der Kraft, am Mut dazu. Demgegenüber muß er jedoch den heutigen Anforderungen im Betrieb gerecht werden. Deshalb hat der Meister in seiner oft beschworenen Schlüsselstellung im betrieblichen Geschehen nicht mehr jene Sicherheit, die er in seiner Führungsrolle (vgl. Abbildung 14) in der heutigen Zeit dringend braucht. Der im folgenden aufgezeigte Istzustand wird durch Aussagen von 60 Meistern aus ca. 40 unterschiedlichen Unternehmen des Maschinenbaus zu folgenden Themen voll bestärkt.

Zur Führung

- Der Stellenwert der Produktion (mechanische Fertigung und Montage) wird heute im unternehmerischen Führungsgefüge unterbewertet.

- Die Produktion wird gegenüber anderen Unternehmensbereichen nicht ihrer Bedeutung entsprechend geführt.

- In vielen Unternehmen fehlen Teamgeist und kooperativer Führungsstil.

- In vielen Unternehmen ist das Vertrauen in die Meister und Facharbeiter unterentwickelt.

- Führungskräfte in indirekten Unternehmensbereichen haben oft keine Produktionserfahrung und somit nicht das nötige Verständnis für die produktionstechnischen Belange.

- Die Leitungsspannen sind in den Meistereien oft zu groß, dadurch kann die Führungsverantwortung durch den Meister nicht ausreichend wahrgenommen werden.

- Die Aus- und Weiterbildung für den Meister ist in den Unternehmen unterentwickelt; die Teilnahme an Messen – nützlich, um den technologischen Überblick zu behalten – bleibt dem Meister oft verwehrt.

Zur Organisation und Information

- Die indirekten vorgelagerten Unternehmensbereiche bereiten den Produktionsablauf nicht ausreichend genug vor. Dadurch ergeben sich Kostenüberhöhungen in der Produktion, die sie selbst nicht zu verantworten hat.
- Die Arbeitsvorbereitung muß in Zukunft fertigungsnäher stattfinden (örtliche Plazierung, Werkstattgespräche).
- Der Informationsfluß in beiden Richtungen ist in den Unternehmen unterentwickelt. Der Meister und Facharbeiter darf nicht vom Informationsfluß ausgeschlossen werden.
- Die Einführung neuer Technologien wird oft nicht ausreichend vorbereitet. Das organisatorische Umfeld wird im Vorfeld nicht rechtzeitig den Erfordernissen angepaßt.
- Der Meister wird in vielen Unternehmen nicht umfassend genug bei der Planung neuer Technologien eingebunden.

Diese Kritik muß ernstgenommen werden. Nur reicht allein Kritik nicht aus. Viel schwieriger ist die Lösungssuche und die sich daran anschließende Umsetzung.

Eine wichtige Führungskraft: der Meister

All die genannten Faktoren gehören heute zum modernen Aufgabenumfang des Meisters, einer wichtigen Führungskraft im Unternehmen. Der Stellenwert des Meisters, Facharbeiters in den direkten oder des Sachbearbeiters in den indirekten Unternehmensbereichen, das heißt der sogenannten Basis, war in der Vergangenheit sehr hoch. Dies ist in der Gegenwart leider nur bedingt noch so, muß sich für die Zukunft allerdings wieder ändern. Hieran muß auf vielen Ebenen gearbeitet werden, damit unter anderem der Meister seiner verantwortungsvollen Führungsaufgaben nachkommen kann.

Er braucht dazu volle Unterstützung in einer sich notwendigerweise verändernden Unternehmenskultur. Sein grundsätzliches Aufga-

Eine wichtige Führungskraft

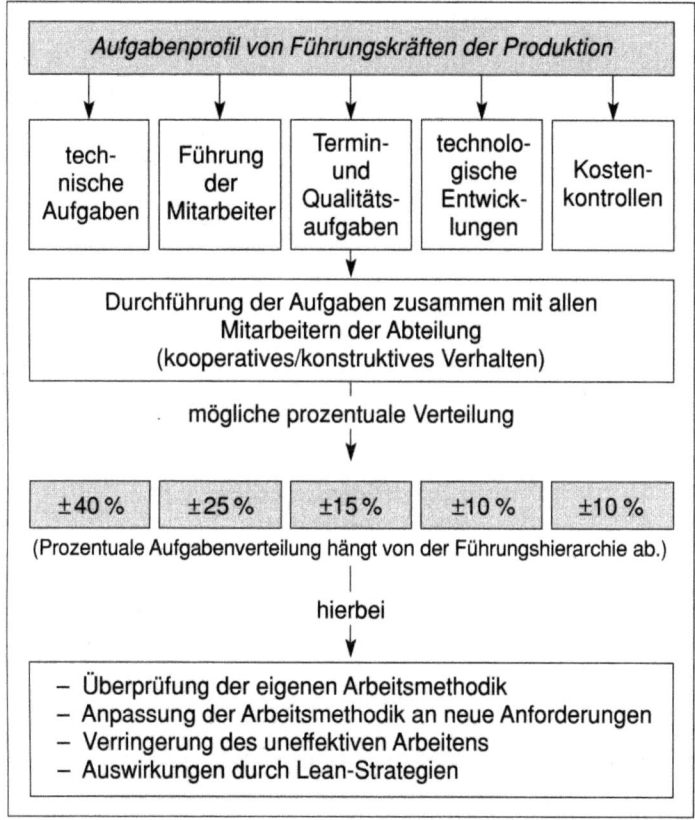

Abbildung 15: Zukünftige Aufgabenverteilung in der Werkstatt (Vorarbeiter, Meister und Abeilungsleiter)

benprofil läßt sich vereinfacht in fünf Tätigkeitsbereiche gliedern (vgl. Abbildung 15):

- technische Aufgaben,
- technologische Entwicklungen/Planung,
- Termin- und Qualitätsaufgaben,
- Führung der Mitarbeiter,
- Kostenkontrollen.

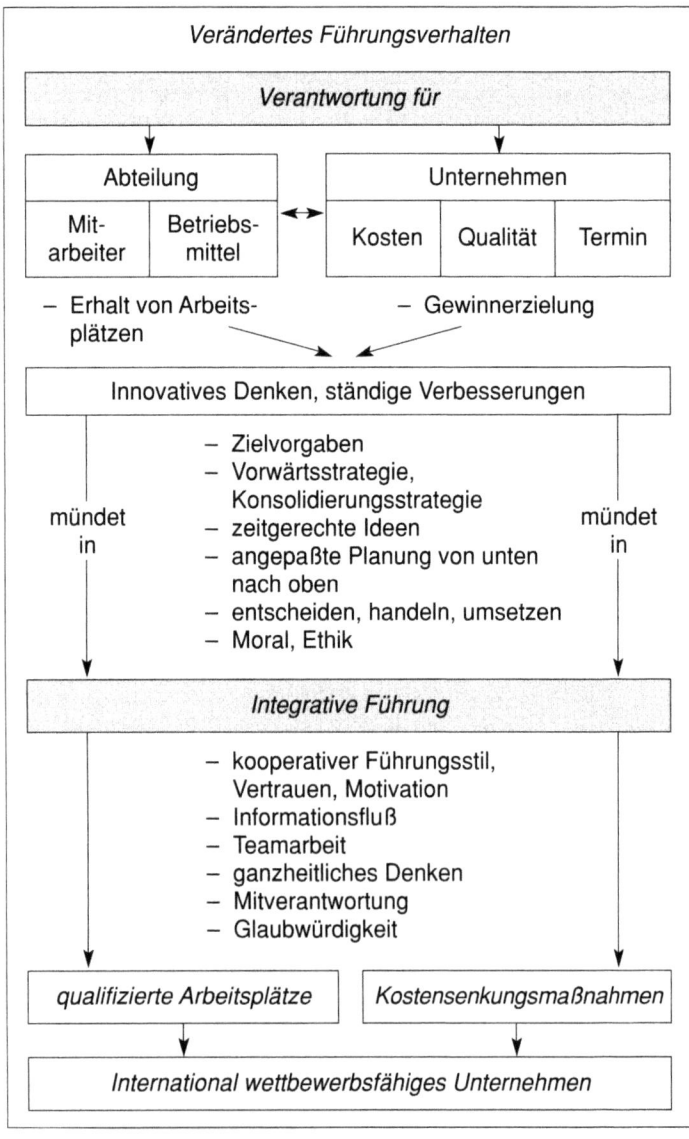

Abbildung 16: Richtige Führung – der Schlüssel zum Erfolg

Eine wichtige Führungskraft

In diesem Zusammenhang ist der Meister hierbei: Fachmann in Sachen Technik, Qualitätserzeugung und Termin- und Kosteneinhaltung, Koordinator, Informationsvermittler, Berater und Partner. Für diese Umsetzung liegt der Schlüssel des Erfolges in der richtigen integrativen Führung von oben nach unten im gesamten Unternehmen (vgl. Abbildung 16).

Betrachten wir in diesem Zusammenhang die zu planende Aus- und Weiterbildung für den Meister, dann ist die erfolgreiche Schulung dieser Personengruppe etwa durch folgende Maßnahmen zu erreichen:

- strategische Planung der Aus- und Weiterbildung,
- Erläuterung der Schulungsnotwendigkeit,
- Motivation des Mitarbeiters,
- stufenweise Umsetzung des Erlernten am Arbeitsplatz.

Dies ist im Rahmen von Gruppenarbeitskonzepten, oder anders ausgedrückt: in Personalentwicklungsmaßnahmen, zu fordern.

Es fehlen heute jedoch passende, den Anforderungen gerecht werdende Schulungsprogramme für Meister, Gruppenleiter oder andere vergleichbare Führungspositionen. Hier ist ein konzentriertes Zusammenwirken von Aus- und Weiterbildungsinstitutionen, von Schule und Industrie dringend erforderlich. Geredet wird hierüber seit Jahren, Taten folgen jedoch nur spärlich.

Wie heute in allen Veröffentlichungen propagiert, darf der Mitarbeiter als wesentlicher Faktor im unternehmerischen Gefüge nicht vergessen werden. Ohne den Menschen entwickelt sich nichts. Er hat einen entscheidenden Anteil am wirtschaftlichen Einsatz neuer Technologien und somit am Erfolg des Unternehmens – gestern, heute und morgen. Daß dies erst durch den Konkurrenzdruck der Japaner so vehement erkannt worden ist, muß uns sehr zum Nachdenken anregen. Eigentlich ist diese Erkenntnis nichts Neues, leider fehlte es bei uns bisher an glaubwürdigen, konsequenten Handlungsweisen. Durch sorgfältige Führung, Personalplanung und Aus- und Weiterbildung lassen sich die notwendigen Voraussetzungen für Produktivität, Flexibilität und Motivation der Mitarbeiter schaffen.

Was tun, damit der Wandel gelingt?

Betrachten wir abschließend wieder den gesamten Betrieb, dann unterliegt er beim Aufbau neuer Unternehmensstrukturen einem permanenten, alltäglichen Zielkonflikt auf dem Weg zu marktgängigen und kostengünstigen Produkten.

Die volle Einbindung der basisnahen Führungskräfte in das gesamte Unternehmensgeschehen verlangt viel Kommunikation und mühevolle Kleinarbeit, nicht nur schöne „Sonntagsreden".

Richtige Unternehmensführung auf allen Ebenen mit all ihren Erfordernissen ist hierbei vor allem in schwierigen Zeiten der Schlüssel zum Erfolg. Konsequentes, faires und glaubwürdiges Handeln überzeugt Mitarbeiter am ehesten. Die gebührende Wertschätzung jeder geleisteten Arbeit im Unternehmen schafft ein Stück mehr Arbeitszufriedenheit.

Gerade in der heute so zwingend notwendigen Bewußtseinsveränderung in allen Bereichen ist nicht nur das Unternehmen allein gefordert, sondern auch die Politik, die Ausbildungsinstitutionen und die Gewerkschaften. Ein Umdenken und zukunftsweisendes Handeln in allen Disziplinen unserer Wirtschaft ist dringend vonnöten. Fehlentwicklungen müssen schnellstens korrigiert und vernünftigere Gesetze, Ausbildungspläne und Tarifabschlüsse verabschiedet werden.

Wenn Lean Production sich ausschließlich auf den einen Punkt, Halbierung aller Mitarbeiter in der Produktion, konzentriert, ist sie eindeutig der falsche Weg. Wer heute sein Produktions-Know-how und seine Kernkompetenzen und damit, der logischen Konsequenz folgend, sein gutes Mitarbeiterpotential abbaut, ist morgen „tot". Eine Neuorientierung muß vernetzt in mittel- bis langfristige, oft einfache Lösungen münden. Praktische, einfache Maßnahmen, die mit gesundem Menschenverstand entwickelt werden, sind oft die besten. Die immer höhere Komplexität der Sachverhalte, die bei einer einzigen Veränderung ein gesamtes Räderwerk in Bewegung setzt, verlangt heute mehr denn je durchschaubare Lösungen (vgl. Abbildung 17).

Was tun, damit der Wandel gelingt? 169

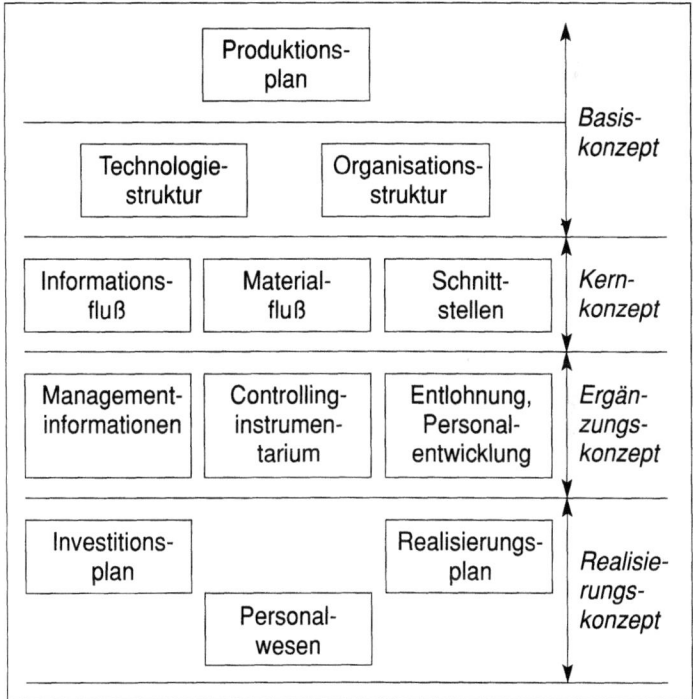

Abbildung 17: Konzeptionelle Vorgehensweise bei einer Umstrukturierung

Aus meiner Sicht sind folgende Veränderungen in den Unternehmen und darüber hinaus unumgänglich:

- veränderte Führungsstrategien und damit einhergehendes verändertes Bewußtsein,
- veränderte Organisationsstrukturen,
- Aufbau von Querschnittsfunktionen (zum Beispiel Logistik, Qualitätswesen),
- Kostencontrolling über das gesamte Unternehmen,
- effiziente Marketingstrategien,
- politische Rahmenrichtlinien,
- effiziente Forschungs- und Entwicklungsprogramme.

Hier sind neben intensiven Gesprächen zwischen Politik, Unternehmen und Gewerkschaften ebenso konzertierte Aktionen von Hochschulinstituten und Unternehmen zu starten, zum Beispiel in Richtung neuer Konzepte für Terminverfolgung und Controlling in den der Produktion vor- und nachgelagerten Unternehmensbereichen, angepaßte Wirtschaftlichkeits- und Kostenrechnungsverfahren, integrierte Steuerungskonzepte (von der zentralen Auftragsabwicklung bis hin zur Aufstellung und Inbetriebnahme beim Kunden).

Wenn nach einer konsequenten, umfassenden Analyse eine ebenso klare, strategische und konsequente Umsetzung der Sollkonzepte erfolgt, lassen sich viele Kostensenkungspotentiale erschließen. Kostenreduzierungen bis zu 30 Prozent sind dann in vielen Unternehmensbereichen sicher keine Utopie.

Der in der Zukunft zwingend notwendige enge Dialog zwischen Konstruktion und Produktion in Richtung kostengünstiger Produkte ist für die Wettbewerbsfähigkeit der Unternehmen von entscheidender Bedeutung. Hier liegen erhebliche Kostensenkungspotentiale. Die bis heute noch vorherrschende äußerliche Trennung, ausgedrückt durch weißen Kittel und blauen Anzug in Konstruktion und Produktion, muß unbedingt der Vergangenheit angehören.

Weitere strategische Wettbewerbspotentiale ergeben sich durch den konzentrierten Aufbau eines kooperativen Zusammenwirkens von Hersteller, Kunde und Lieferant sowie, wenn notwendig, mit öffentlichen Institutionen. Hier sind neue Konzepte zur Zusammenarbeit zu entwickeln. Egoistische Eigeninteressen müssen integrativen Langfriststrategien weichen. Hier ist der gemeinsame Wille der Partner die zwingende Voraussetzung.

Die richtige Zielvorgabe zählt

Der Produktionsstandort Deutschland darf aus meiner Sicht gerade in dieser schwierigen wirtschaftlichen Situation grundsätzlich nicht in Frage gestellt werden, obwohl dies schon geschehen ist. Nachteile gegenüber anderen Staaten müssen beschleunigt in gemeinsamen

Aktionen von Unternehmen, Gewerkschaften, Politik und Institutionen beseitigt werden. Hier ist ein Aufeinanderzubewegen unumgänglich. Besitzstände in jeglicher Form sind nicht mehr zeitgemäß. Bei schnellen, richtigen Entscheidungen lassen sich ohne große Schmerzen Milliarden einsparen.

Ebenso beurteile ich auch den Produktionsbereich im unternehmerischen Gefüge. Die an die spezifischen Anforderungen angepaßte Produktion muß in jedem herstellenden Unternehmen erhalten bleiben. Dies ist nur logisch für den Standort Deutschland, und damit für unsere Wettbewerbsfähigkeit. Was allerdings dringend erforderlich ist, ist die ungeschminkte Transparenz und Kostenbewertung aller Unternehmensbereiche. Die hierbei gewonnenen Erkenntnisse müssen stufenweise mit klaren Zielvorgaben umgesetzt werden. Neue Ideen und das Besinnen auf die eigenen Stärken in unserem Kulturkreis ist die Devise. Zu unserem gemeinsamen Wohl muß eine Umkehrung vom vorherrschenden Egoismus zu mehr Integration erfolgen.

Unser stärkster Wettbewerber Japan hat es vermocht, Staat, Unternehmen, Gewerkschaften und Technik zusammenzuschmieden. Dies war allerdings ein Prozeß über Jahrzehnte. Wir haben die zwingende Aufgabe, es schneller zu schaffen. Der Vergleich mit den Besten bringt uns Erkenntnisse, die es sinnvoll umzusetzen gilt. Wir reden immer noch vorrangig von technologischer Herausforderung. Die eigentliche Herausforderung in der Zukunft ist die politische, gesellschaftliche und kulturelle. Das bedeutet: Bewußtseinsänderung in den Köpfen der Menschen. Dies ist jedoch nur in einem fairen Umgang miteinander möglich.

Über Reduzierung oder Auflösung der Produktion darf erst nach einer ganzheitlichen Analyse der Aufbau- und Ablaufstrukturen im gesamten Unternehmen entschieden werden. Die Produktion ist neben der Konstruktion ein Standbein des Unternehmens. Wenn sie nicht mehr vorhanden ist, ist das Unternehmen „amputiert".

Ein amputiertes Unternehmen hinkt, und ist somit in der harten Auseinandersetzung des internationalen Wettbewerbs geschwächt und mittelfristig in seiner Existenz gefährdet.

In der Produktion werden die erfolgsbeeinflussenden Unternehmensfaktoren Qualität, Termin und Kosten durch ein hohes Knowhow-Potential von Facharbeitern und Meistern entscheidend beeinflußt. Schnelle, oberflächliche Entscheidungen und das Aufspringen auf „Schlagwortzüge" müssen vermieden werden. Unsere produzierenden Unternehmen und damit unsere Volkswirtschaft stehen an einem Scheideweg. Entweder gewinnen wir verlorengegangenes Terrain zurück, oder wir verlieren weiter.

Veränderte Führung, oder anders ausgedrückt: richtige Zielvorgabe ist der Schlüssel zum Erfolg. Verändertes Führungsverhalten wird Barrieren beseitigen, die bis heute die Umsetzung notwendiger und richtiger Maßnahmen zu ca. 70 Prozent verhindert haben.

3. Kapitel

Neue Konzepte für die Zukunft

Das Personalwesen kann zur Lösung der dringenden heutigen und zukünftigen Probleme beitragen – vorausgesetzt, es hat entsprechende Kompetenzen. Eine Verwaltungsabteilung „Personal" wird nie vorausschauend gestalten können, wohl aber ein Human Resources Management, das in alle betriebliche Funktionen integriert und eng mit der strategischen Unternehmungsplanung verbunden ist. Erst der ganzheitliche Aspekt dieser Personalarbeit ermöglicht wirklich umfassende Verbesserungen, die sowohl den Ansprüchen des wertvollen Kapitals „Mensch" gerecht werden als auch den Erfordernissen des harten unternehmerischen Wettbewerbs. Eine etwas andere Form, diese beiden scheinbaren Widersprüche harmonisch zu verbinden, bietet das Co-Management, die Mitwirkung der Betriebsräte an der Unternehmungsführung: „Synergieschaffende Kooperation statt kontraproduktiven Kampfes" lautet die Devise.

Personalpolitik im Wandel

von Rolf Hohmann und Stefan Sommer

Das Konzept des Human Resources Management

Man kann praktisch jeden Geschäftsbericht, jedes Inserat zur Suche von Fach- und Führungskräften, jede Unternehmensdarstellung zur Hand nehmen, immer wieder wird hervorgehoben, daß der Mensch das wertvollste Kapital des Unternehmens ist.

Die Begründung für diese Aussage erscheint mehr als einfach: Der Mensch als Fach- und Führungskraft ist Träger sämtlicher Unternehmensaktivitäten; wenn er nicht bereit ist, seine Aufgaben kompetent und sachkundig zu lösen, ist die Existenz des Unternehmens bedroht. In den oben genannten Dokumentationen zum Unternehmensleitbild wird deshalb eine menschen- beziehungsweise mitarbeiterorientierte Grundhaltung in den visuellen Vordergrund gerückt.

Doch in der betrieblichen Realität sieht es oftmals anders aus. Es wird nach wie vor überwiegend in Technologie investiert und oftmals ist der Personalbereich in der Geschäftsleitung nicht adäquat vertreten, das heißt, daß Personalpolitik der Unternehmenspolitik untergeordnet ist und damit eine Anpasserrolle ausfüllen muß. Hinzu kommt, daß das Image der „Personal-Leute" nicht immer das positivste ist. Viele Führungskräfte meinen, diese wären vielleicht gut im Umgang mit Menschen, seien aber ansonsten nicht so recht als Gesprächspartner mit für das Unternehmen relevantem Wissen anzusehen.

„Klassischerweise haben das Top-Management und nachgeordnete Linienmanager Personalfragen an die Personalabteilung delegiert. Dieser wurden immer neue Aufgaben zugewiesen, und zwar in dem Maße, in dem neue Probleme auftauchten (wie Training, Karriereplanung, Personal- und Organisationsentwicklung). Personalabteilungen sind so relativ unkoordiniert, additiv gewachsen und haben eine integrative, proaktive und vor allem strategische Optimierung vermissen lassen".[1]

Dieses wurde auch durch die Studie der Unternehmensberatung Heidrick & Struggles deutlich, die die Personalchefs von bundesrepublikanischen Großunternehmen befragt haben. Überraschend ehrlich beantworteten 162 Personalchefs Fragen zur Kompetenz und Verantwortung für die Unternehmens- und Personalpolitik in den 90er Jahren und offenbarten dabei eine ganze Menge ihrer Schwächen: Die Manager, die oft für Tausende von Mitarbeitern verantwortlich zeichnen, sind in der Regel zu konservativ, oft übermäßig einfühlsam und wollen um jeden Preis integrieren. Eine wichtige Voraussetzung für den Erfolg aber fehlt ihnen: der Mut zum Risiko.[2]

Nach Drucker[3] liegt das Kernproblem für die derzeitig wenig unternehmerisch ausgerichtete Personalpolitik eher woanders: „The greatest change ahead for the personnel function may be in its mission. The personnel department as we know it dates back to World War I, that is to a time when nine of ten employees were ‚labor' doing undifferentiated unskilled work. Then ‚labor' was a ‚cost'; and the first job of personnel was to keep costs down. But in today's business – even in the smoke stack industry – at most three out of ten employees fit the ‚labor' category. The rest do highly differentiated and, in most cases, specialized work. They are not ‚labor'; they are ‚resources' – and resources have to be managed for optimum yield rather than for minimum cost."

Wenn Unternehmen in Zukunft immer schneller vor neue Aufgaben und (Umwelt-)Bedingungen gestellt werden, dann können sie dabei nur überleben, wenn sie Chancen schnell ergreifen, flexibel auf unerwartete Einflüsse reagieren und durch höchsten Einsatz für Kunden und andere relevante Bezugsgruppen einen optimalen Nutzen erzielen.

Nicht zuletzt durch Peters/Watermann[4] und Pascale/Athos[5] wurden die Human Resources als ein wesentliches strategisches Kennzeichen erfolgreicher Unternehmen herausgestellt; neben der Markt-

Das Konzept des Human Resources Management 177

Kunden-Orientierung sind sie integraler Bestandteil strategischer Perspektiven, mit denen ökonomischen, technologischen, sozio-kulturellen und rechtlich-politischen Turbulenzen begegnet werden soll.

Angesichts der zum Teil extrem hohen Materialkosten, die viele Unternehmen für ihre High-Tech-Produkte tragen müssen – teilweise sind es über 80 Prozent der Gesamtkosten – muß sich das „mindset", nach dem Human Resources nur Unkosten darstellen, die es zu eliminieren gelte, verändern, sind es doch die Fach- und Führungskräfte, die mit Kreativität über den mehr oder minder geschickten Einsatz eben dieser Materialkosten befinden.

Wird der Zeitfaktor, der beim Auf- und Ausbau von wettbewerbsrelevanten unternehmerischen Positionen eine wesentliche Rolle spielt, noch mit ins Kalkül gezogen, dann wird die Bedeutung der Human Resources noch deutlicher. Bis zu Beginn der 70er Jahre dauerte beispielsweise die gesamte Entwicklungszeit für ein Automobil vom ersten Entwurf bis zum Serienfahrzeug mindestens sechs bis acht Jahre. Damit war ein relativ guter Imitationsschutz gegenüber den Wettbewerbern verbunden. Erst durch neue Planungs- und Produktionsmethoden (CAD, flexible Automatisierung etc.) ist die Entwicklungszeit inzwischen auf rund drei Jahre gesunken. Die gegenwärtigen Anstrengungen in allen führenden Automobilkonzernen erlauben es, mit einer weiteren Reduzierung der Entwicklungszeiten zu rechnen.

Die aufgezeigte Verkürzung von Entwicklungszeiten bei vielen Produkten hat dazu geführt, daß die Wettbewerber – was das technische Know-how anbelangt – rasch in neue Märkte vordringen können. Ein in seiner Bedeutung meist unterschätzter Aspekt ist aber der zeitlich bedingte Imitationsschutz beim kognitiven und verhaltensorientierten Know-how. Bereits der Aufbau eines maßgeschneiderten und effektiven Planungssystems für ein Unternehmen mit 10 000 bis 20 000 Mitarbeitern braucht bis zur breit abgestützten Verankerung mindestens drei bis fünf Jahre; noch länger kann es dauern, bis eine neue Führungsphilosophie richtig Fuß gefaßt hat. Der systematische Aufbau von schwer imitierbarem Know-how sichert in der Regel die Marktposition ganz erheblich (vgl. Abbildung 18). Speziell die Ent-

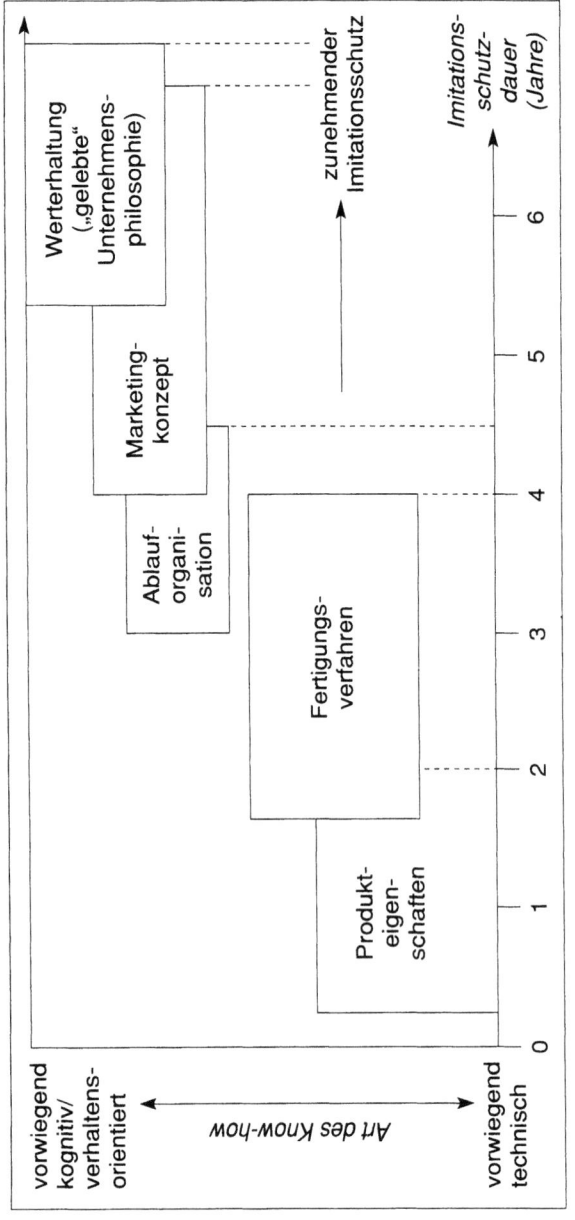

Abbildung 18: Imitationsschutz durch Know-how sichert die Marktposition

Quelle: Wohlgemuth, A. C.: Human Resources. Management aus unternehmenspolitischer Sicht, in: Management Forum, Band 6, Wien/Heidelberg 1986, S. 89

wicklung von unternehmenskulturell relevanten Eigenschaften wie die gelebten Werthaltungen im gesamten Unternehmen, die mit der Unternehmensstrategie optimal übereinstimmen, ist in der Praxis eine äußerst wichtige und anspruchsvolle Aufgabe. Sie kann nur durch kontinuierliche und systematische Anstrengungen erfüllt werden, die sich dann in einer hohen gesamtunternehmerischen Flexibilität (das heißt kurze Reaktions- und Aktionsfähigkeit am Markt) niederschlägt.

Ein kompetentes und wirkungsvolles Management der Human Resources kann die potentielle Leistung der Fach- und Führungskräfte zur Entfaltung bringen und damit dem ganzen Unternehmen deutliche Wettbewerbsvorteile ermöglichen.

Zu einem ähnlichen Schluß gelangt auch Bullinger[6], der in seiner Studie über industrielle Forschung und Entwicklung in der Bundesrepublik Deutschland ausführt, daß bei der Betrachtung von „Time to market" der Themenkomplex „Human Resources" nicht außer acht gelassen werden darf, denn in kaum einem anderen Unternehmensbereich stünde die Leistungsfähigkeit in einem so direkten Verhältnis zu Kreativität und Kompetenz der Mitarbeiter wie auf dem Gebiet der Forschung und Entwicklung. Es seien nicht so sehr die technischen Informationssysteme, es seien vielmehr die genauen Marktkenntnisse und die hohe Mobilität der Mitarbeiter sowie die integrierte Aus- und Weiterbildung, die die wesentlichen Erfolgsgrößen für die Entwicklung innovativer Produkte darstellten. Insbesondere im Elektronik- und Computerbau sei stets nur das Neueste gut genug und schneller Wechsel und Wandel diktiere dieser Branche äußerst geringe Produktlebens- sowie extrem kurze Innovationszyklen. Bei sich stetig verkürzenden Produktlebenszyklen würde die benötigte Zeit, um auf Marktanforderungen mit adäquaten Produkten zu reagieren („time to market"), immer mehr zur entscheidenden Größe im Wettbewerb. Entscheidend für die Wettbewerbsfähigkeit eines Produktes sei folglich – neben einem hohen Innovationsgrad – vor allem eine kurze Entwicklungszeit und damit ein möglichst frühzeitiger Markteintritt.

Diese Anforderungen skizzieren nicht nur einen Handlungsbedarf zur Lösung bestehender Probleme bei Entwicklungsprojekten, zu denen personelle und organisatorische Schwierigkeiten gleichermaßen gehören, sondern auch für die Fertigung, die ja die neu entwickelten Produkte in ausreichender Anzahl qualitäts- und kostengerecht herstellen muß, damit sie zum Kunden gelangen können („ramp to volume").

Produktinnovationen nach altväterlicher Sitte – erst wird ein Modell entworfen, dann im Detail entwickelt und konstruiert, ein Prototyp gebaut und getestet; dann muß die Produktion sehen, wie sie die Serienfertigung schafft und in Gang bringt; schließlich sorgen Marketing und Vertrieb für Käufer – kann sich ein Unternehmen, das im Wettbewerb mithalten will, nicht mehr erlauben.

Wenn die Entwicklungszeiten für neue Produkte noch kürzer werden als sie ohnehin schon sind, dann sind andere Methoden, Instrumente und Prozesse gefragt, dann sind andere als die weit verbreiteten funktional-fachlichen und hierarchischen Organisationsstrukturen vonnöten, die interdisziplinäre Kommunikation und ganzheitliches Denken nicht blockieren, dafür aber Ressortegoismen und fachliche Eifersüchteleien um so mehr überwinden helfen.

Die Einführung des Projektmanagement bringt, obwohl ein Schritt in die richtige Richtung, oft nur wenig Besserung, weil die Projektorganisation häufig nur auf die bestehende Linienorganisation „aufgepropft" wird; die Projektleiter müssen sich mit der Rolle bittstellender Koordinatoren begnügen, statt für ihr Projekt bevollmächtigte, mit den entsprechenden Kompetenzen ausgestattete Unternehmer (im Unternehmen) zu sein.

Progressive Unternehmen entwickeln dagegen ihre Organisationen, betreiben systematische Aus- und Weiterbildung, praktizieren „Simultaneous Engineering" und bringen so früh wie möglich Entwicklung, Produktion und Marketing, Verkauf und Service an einen Tisch, um die Produktideen gemeinsam diskutieren und die Realisationsschritte gemeinsam abstimmen zu lassen, um so möglichst viel parallel ablaufen lassen zu können. Teilweise wird auch an den Unternehmensgrenzen nicht halt gemacht, und man bezieht frühzeitig qualifizierte Lieferanten und Schlüsselkunden als Entwicklungspartner mit ein.

Das Konzept des Human Resources Management

Diese innovative Vorgehensweise ist allerdings nur möglich, wenn teamorientierte Organisationskonzepte zur Funktionsintegration durch ein strategiegeleitetes Human Resources Management initiiert und getragen wird.

Mit Wohlgemuth[7] werden hier unter Human Resources Management begrifflich alle funktionellen, institutionellen und instrumentellen Aspekte der Unternehmensführung gefaßt, die mit Fragen des Humanpotentials verbunden sind. Dabei wird mit Humanpotential die Gesamtheit menschlicher Arbeitskraft bezeichnet (Fach- und Führungskräfte mit ihrem Wissen, Können und Verhalten), aus der das Unternehmen besteht. Implizit wird davon ausgegangen, daß die volle Entfaltung dieses Potentials nicht automatisch erfolgt, sondern von vielen Faktoren abhängt, die unterschiedlich stark beeinflußbar sind.

Der funktionale Aspekt des Human Resources Management umfaßt die Gesamtheit der Prozesse, die kurz- bis langfristig das geeignete Humanpotential in den Unternehmen sichern sollen. Analog dazu umfaßt der institutionelle Aspekt des Human Resources Management die Gesamtheit der Instanzen und der instrumentelle Aspekt die Gesamtheit der Instrumente, die kurz- bis langfristig das geeignete Humanpotential in den Unternehmen sichern sollen.

Mit dieser Definition soll der Kerngedanke deutlich gemacht werden, daß das Management der Human Resources nur durch Integration aller das Humanpotential betreffenden Fragen sowohl in ihrer sozialen wie auch technischen Seite, das heißt nur durch einen ganzheitlichen Ansatz, richtig erfaßt werden kann.

Diese Definition umfaßt mehr als das, was man heute herkömmlicherweise unter der Funktion „Personal" oder „Personal- und Sozialwesen" o. ä. versteht. Die in vielen Unternehmen vorfindliche Funktion „Information und Organisation" oder „Organisation und EDV" gehört – was die organisationsstrukturelle Komponente angeht – unbedingt zu diesem ganzheitlichen Ansatz des Human Resources Management. Die informationstechnische Komponente muß zu einer eigenständigen Funktion ausgebaut werden, was angesichts des „Produktionsfaktors Information" längst überfällig und in einigen Unternehmen ja auch schon geschehen ist.

Des weiteren gehören die Bereiche der Arbeitswissenschaften, die sich um den „Faktor Mensch" bemühen und heute oftmals den Ingenieur- oder Produktionsfunktionen zugeordnet sind, in den Verantwortungsbereich des Human Resources Management. Gerade die optimale Nutzung neuer Fertigungstechnologien, seien dies nun Roboter oder komplexe Fertigungsanlagen, die sowohl den Fertigungsfluß als auch die Arbeitsqualität verbessern, kann nur durch ein integriertes Human Resources Management quantitativ und qualitativ sichergestellt werden.

Gerade die Schneidung von neuen Tätigkeitsfeldern durch neue Mensch-Maschine-Beziehungen bestimmen nachhaltig über den Erfolg/Nichterfolg getätigter Investitionen. Deshalb ist auch hier eine ganzheitliche Betrachtungsweise – eine sozio-technische Systemgestaltung – geboten. Eine solche Gestaltung führt mit Hilfe der Arbeitswissenschaft zu einer besonderen Organisationsstruktur, die sich von überkommenen Strukturen in wesentlichen Punkten unterscheidet. Insbesondere sieht die sozio-technische Systemgestaltung bei der Projektierung, Planung und Implementation von neuen Fertigungsanlagen eine aktive Mitwirkung der an den Maschinen zukünftig tätigen Mitarbeitern vor.[8] Das heißt aber auch, daß das Human Resources Management in den Vorlauf zur technischen Planung kommen und die Initiativrolle bei Organisations- und Unternehmensentwicklungen übernehmen muß.[9]

Damit wird der Begriff „Human Resources Management" zur konzeptionellen Grundlage für die systematische und umfassende Integration in die Unternehmenspolitik. Dieser ganzheitliche Ansatz des Human Resources Management und seine unternehmenspolitischen und -strategischen Implikationen machen aber auch deutlich, daß die Umsetzung in die Praxis nicht einfach einer (Personal-) Funktion überlassen werden kann; es handelt sich vielmehr um eine Führungsaufgabe, die in allen Funktionen wie zum Beispiel Produktion, Marketing, Vertrieb integriert sein muß und überdies einer engen Verknüpfung mit der strategischen Unternehmensplanung bedarf (vgl. Abbildung 34, Seite 312). Die mit einem neuen Selbstverständnis auszustattende Human-Ressource-Organisation kann dabei Schrittmacherdienste für das ganze Unternehmen übernehmen und als Katalysator wirken. Die mit dem Begriff „Personalabteilung" assoziierte und früher verstandene „Personaladministration" (im Sinne von passiv verwalten) kann dadurch formal und inhaltlich überwunden und zum Wohl des gesamten Unternehmens gewendet werden.

Am Beispiel der ABB Kraftwerke AG soll nun verdeutlicht werden, wie eine historisch gewachsene Personalabteilung als Element der kaufmännischen Funktion schrittweise in einen dem Vorstand zugeordneten eigenständigen Bereich entwickelt wird, der den oben skizzierten Anforderungen Rechnung tragen soll.

Das Beispiel ABB ist allein schon deshalb von großem Reiz, weil es in Theorie und Praxis oftmals als Referenzmodell für ein dezentral organisiertes, gleichwohl weltweit operierendes Unternehmen herangezogen wird, das sich mit einem maßgeschneiderten Customer-Focus-Programm dem Veränderungsmanagement verschrieben hat.

Die ABB Kraftwerke AG als integraler Bestandteil eines Weltunternehmens

Asea Brown Boveri ist ein international tätiges Unternehmen der Elektro-, Verkehrs- und Umwelttechnik, das 1988 aus der Verschmelzung der Aktivitäten der schweizerischen Brown, Boveri & Cie und der schwedischen Asea-Gruppe entstand. Dieses multinationale und multikulturelle Unternehmen stellt mit einem Jahresumsatz von rund 30 Milliarden Dollar eines der größten Elektrounternehmen der Welt dar. Es ist in über 150 Ländern mit ca. 1000 eigenverantwortlichen dezentralen Gesellschaften tätig. Diese lokalen ABB-Gesellschaften werden von der ABB Asea Brown Boveri AG in Zürich gesteuert und koordiniert, so daß trotz aller Dezentralisierung die Effizienz und Effektivität der lokal tätigen Gesellschaften im Sinne der Gesamtstrategie und -interessen konzentriert und schlagkräftig genutzt werden können.

ABB ist nicht nur ein „multidomestic", ein in vielen Ländern agierender Konzern, sondern hat versucht, seine Dezentralisierungsphilosophie im Sinne eines allen Mitarbeitern gängigen Anspruchs „think global – act local" auch konsequent umzusetzen. Dies bedeutet insbesondere, daß ABB am Markt zwar als Großkonzern auftritt, so daß für die Kunden eine einheitliche Unternehmensstrategie und deren Umsetzung erkennbar bleibt, gleichzeitig jedoch mit seinen operativen Gesellschaften so dezentral wie nur möglich den Markt mit seinen spezifischen Kundenbedürfnissen bearbeitet. Aufgrund der expandierenden firmeninternen Anforderungen sowie insbesondere der „externen" Nahtstellen und deren Einbeziehung in die unternehmenspolitischen Entscheidungsprozesse müssen Unternehmen, die als „global player" am Markt auftreten, in jedem Land verwurzelt sein, um differenziert am jeweiligen Markt agieren zu können – auch wenn in der Regel die dort zu vermarktenden Produkte nur zu einem Teil lokal produziert werden und nur einen Teil der weltweit vernetzten industriellen Wertschöpfung darstellen.

Diesen Gegebenheiten versucht ABB mit seiner – einem Netzwerk vergleichbaren – grenz- und marktüberschreitenden Matrix-Organisation zu begegnen, um so gleichzeitig die Stärken eines global agierenden und eines stark lokal verankerten Unternehmens miteinander zu verknüpfen. Innerhalb dieser Struktur liegt die globale Verantwortung für die Festlegung der Strategie bei den über 60 Business Areas, deren Leitung in verschiedenen Ländern angesiedelt ist und die jeweils weltweit für den Einsatz ihrer Ressourcen verantwortlich sind. Hier wird die Entscheidung getroffen, welche Produkte wo für welchen Markt gefertigt werden, um die spezifischen Standortvorteile der untereinander konkurrierenden Ländergesellschaften konsequent zur Erhöhung der eigenen Wettbewerbsfähigkeit auszubauen. Die Zuständigkeit für das operative Geschäft liegt bei den lokalen Gesellschaften, bei der durch die Länderverantwortlichen die lokale Kohärenz aller in einem Lande tätigen Konzernteile sichergestellt wird.

Abbildung 19 veranschaulicht die Matrix. Ihre Vorteile und ihr Erfolg beruhen auf dem sinnvollen Umgang mit ihrer Dynamik, Konflikte auf der Ebene lösen zu lassen, wo sie entstehen, bevor sie eskalieren oder sich gar verfestigen, was für viele Führungskräfte eine große Herausforderung darstellt.

Die ABB Kraftwerke AG 185

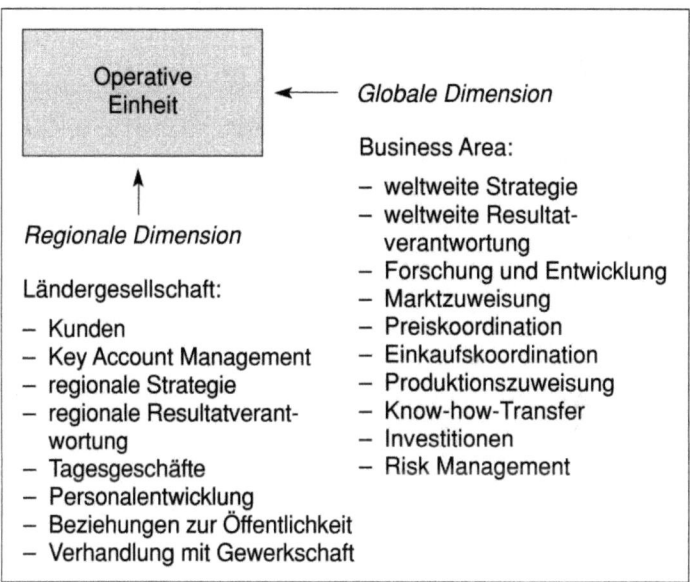

Abbildung 19: Die ABB-Matrix-Organisation

Der multinationale Konzern ABB will mit seinen über 200 000 Mitarbeitern hervorragende Produkte mit zukunftsweisender Technik und verläßlichem Service für die Erzeugung, Übertragung, Verteilung und Anwendung von elektrischer Energie für industrielle Anwendungen, den Schienenverkehr sowie auf den Gebieten elektrisches Serienmaterial, Klimatisierung, Anlagenbau, Ausrüstung für die Öl- und Gasindustrie, Roboter, Turbo-Lader und Leitungsbau bieten. Bei einer länderspezifischen Umsatzbetrachtung lassen sich mehr als 50 Prozent des Umsatzes auf Westeuropa, rund 20 Prozent auf Nord- und Südamerika sowie ca. 25 Prozent auf Asien, Australien und Afrika aufteilen.

Analog zu dieser Betrachtung wurde die Organisation in Form dreier ABB-Regionen ausgestaltet: der Region Europa (mit Sitz in Brüssel), der Region Amerika (Sitz in Stamford/Connecticut) und der Region Asien-Pazifik (Sitz in Hongkong). Von dort aus wird das grenzüberschreitende Geschäft innerhalb dieser Regionen koordiniert.

Hiermit soll auch einer zusätzlich zu beachtenden Dimension Rechnung getragen werden, die die oben skizzierte Anpassung maßgeblich beeinflußt, nämlich die Überkapazität der europäischen Elektroindustrie, die ursprünglich zum Aufbau Europas nach 1945 erforderlich war. Bereits heute deutlich erkennbar liegt jedoch der künftige Bedarf zunehmend außerhalb der OECD-Länder. Dort wird ab etwa 1995 erstmals mehr in Kraftwerke investiert werden als im „Westen", so daß hier zukünftig bedeutende Märkte entstehen, in denen rechtzeitig durch gezielte Marktbearbeitung und dem Aufbau lokaler Produktionskapazitäten Wettbewerbsvorteile geschaffen werden können, wenn auch zu Lasten europäischer Standorte.

Innerhalb der oben kurz skizzierten weltweiten ABB-Organisation ist die deutsche ASEA Brown Boveri die größte Unternehmensgruppe, die mit über 30 000 Mitarbeitern in mehr als 60 Produktionsstätten und Servicebetrieben im In- und Ausland ein Geschäftsvolumen von rund zehn Milliarden DM erzielt. Dabei sind für das operative Geschäft ausschließlich rechtlich selbständige Tochtergesellschaften verantwortlich, die von der Asea Brown Boveri AG in Mannheim als Management-Holding geführt und koordiniert werden.

Die ABB Kraftwerke AG mit Sitz in Mannheim vereinigt die parallel zueinander gewachsenen Erfahrungsschätze der traditionellen Muttergesellschaften BBC Brown Boveri und Asea. Sie beschäftigt über 3000 Mitarbeiter, die pro Jahr einen Umsatz im Gesamtwert zwischen einer und zwei Milliarden DM erwirtschaften. Aufträge für den Bau schlüsselfertiger Kraftwerke haben dabei den gleichen Anteil wie die Lieferung von Turbinen und Generatoren, von Dieselaggregaten, wärmetechnischen Apparaten oder Automatisierungsanlagen für Wasserkraftwerke sowie Serviceleistungen zur Rehabilitation, Leistungssteigerung und Lebensdauerverlängerung von Kraftwerken, die für eine hohe Verfügbarkeit, Wirtschaftlichkeit und Funktionssicherheit notwendig sind.

Die ABB Kraftwerke AG ist Lieferant von Schlüsselkomponenten im Rahmen von Konsortialverträgen oder liefert schlüsselfertig als

Generalunternehmer Kraftwerke mit jeder Blockleistung, wie Dampfkraftwerke und große Dampfturbinen, Gasturbinen und kombinierte Gas- und Dampfkraftwerke, Wasser- und Dieselkraftwerke sowie Hydrogeneratoren. Sie produziert in zwei Produktionsstätten Gas- und große Dampfturbinen, luft- und gasgekühlte Generatoren sowie Hydrogeneratoren.

Insbesondere für die ABB Kraftwerke AG gelten die oben getroffenen Aussagen einer Verschiebung der künftig abzusehenden Märkte, da der Bedarf an elektrischer Energie in den Industrienationen nur langsam zunimmt und demgemäß langfristig ein auf hohem Niveau stagnierendes Auftragsvolumen in den klassischen „Heimatmärkten" zu erwarten sein wird. Zuwachschancen werden sich mittelfristig sicherlich in Osteuropa ergeben, wobei diese aufgrund der bereits angesprochenen Produktfinanzierungsproblematik zunächst über Effizienzsteigerungen und den Ausbau bereits bestehender Kraftwerke realisiert werden müssen. Langfristig kann jedoch hier – insbesondere in den Staaten der GUS – nach Schaffung entsprechender finanzieller Rahmenbedingungen ein Kapazitätsausbau im Sinne der Neuanlagenvergabe erwartet werden, so daß sich hier wichtige Impulse für die langfristige Geschäftsentwicklung abzeichnen. Bereits heute erkennbar sind jedoch gute Marktchancen auf den Geschäftsgebieten für Kombi- und Kohlekraftwerke in den wachsenden Volkswirtschaften im asiatisch-pazifischen Raum, dem Mittleren Osten und in China, welche verstärktes Engagement erfahren und zukünftig noch in verstärktem Ausmaße erfordern werden.

Hierbei befindet sich die ABB Kraftwerke AG in einer besonderen Konkurrenzsituation, die geprägt ist durch:

- Qualitätswettbewerb in globalem Rahmen,
- Überkapazitäten auf den europäischen Stromerzeugermärkten,
- Preisverfall, insbesondere im Neuanlagengeschäft,
- Finanzierungssituationen der hochpreisigen Anlagen mit der Notwendigkeit lokaler Wertschöpfungsanteile und Know-how-Transfer,

- Einflußfaktoren, zum Beispiel weltweit differenzierte und limitierende Gesetzgebungen, politische Einflußnahmen und Unwägbarkeiten etc.

Wer auf diesen sich wandelnden Märkten zukünftig bestehen will, muß jede Möglichkeit der Effizienzverbesserung nutzen, wobei einer der entscheidenden zukünftigen Erfolgsfaktoren das Gelingen der Synchronisation zwischen den Veränderungen der Um-Welt des Unternehmens (externer Wandel) und der Nutzung und Steigerung der internen Dynamik und Evolution des Unternehmens und seiner Mitarbeiter (interner Wandel) sein wird (vgl. Abbildung 20).

Um dies zukunftswirksam sichern zu können, konzentriert sich die ABB Kraftwerke AG auch weiterhin intensiv auf die Steigerung der Produktivität, die Senkung der Kosten, die Optimierung aller Prozesse und der Organisation (Ablauf- und Aufbauorganisation), die Qualifikation und Entwicklung der Mitarbeiter sowie die Verbesserung von Führung und Zusammenarbeit auf allen Ebenen unternehmerischen Handelns, um so für die „neuen" Märkte gerüstet zu sein.

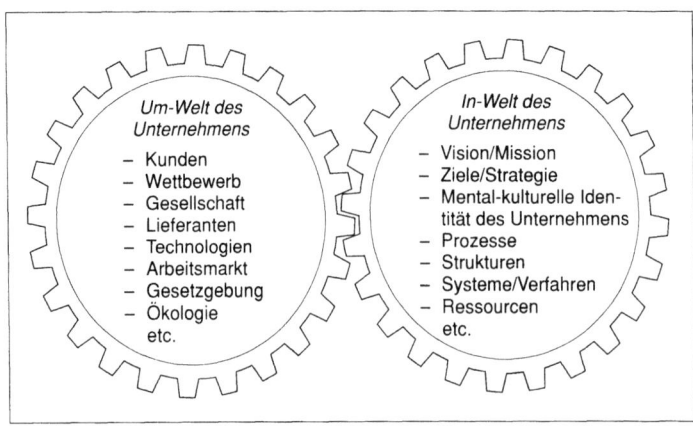

Abbildung 20: Synchronisation des externen Wandels mit interner Dynamik und Evolution

Quelle: Grässle, A. A.: Quantensprung. Durch Veränderungsmanagement zur Unternehmensidentität, München 1993, S. 12

So wie sich das Unternehmen auf die dargestellte Konkurrenzsituation einstellen muß, zum Beispiel durch die Entwicklung attraktiver Finanzierungsmodelle, zum Beispiel durch die kontinuierliche Verbesserung aller internen, insbesondere der wertschöpfenden Prozesse, zum Beispiel durch die Erfassung gewandelter Kundenerwartungen via frühzeitiger Integration, so muß sich auch die Personalpolitik des Unternehmens wandeln und sich den Herausforderungen stellen, ist sie doch das Medium, mit dem die Human Resources des Unternehmens zur Entfaltung gebracht werden können.

Doch: Wie sah sie bisher aus? Was waren die Schwerpunkte? Wie war sie organisiert?

Die Personalpolitik der ABB im Wandel

In den folgenden Abschnitten werden sowohl die organisatorischen Veränderungen der Personalfunktion innerhalb der ABB Kraftwerke AG als auch die inhaltlichen Aufgabenverschiebungen der Personalarbeit und -politik skizziert und in den Zusammenhang der Veränderungen gestellt, denen sich das gesamte Unternehmen aufgrund anderer Markt- und Kundenstrukturen ausgesetzt sieht. Nicht nur stärkere Mitarbeiterorientierung, sondern auch die Entwicklung der Human Resources stellen die Herausforderungen dar, denen es nunmehr nicht mehr ausschließlich unter Kostengesichtspunkten zu begegnen gilt. Personalentwicklung, Personalcontrolling und Personalarbeit „vor Ort" sind jetzt gleichwertige Kernaufgaben, die die Unternehmensentwicklung konzeptionell und praktisch unterstützen müssen, um so die Internationalisierung zu erreichen.

Die folgenden Ausführungen mögen sich dem Leser als reibungsloser Veränderungsprozeß aufdrängen, der wie ein technischer Vorgang abläuft. Wer sich jedoch mit dem von vielen Unternehmen zu praktizierenden „Change Management" auseinanderzusetzen hat, weiß, daß sich diese Prozesse nicht widerspruchsfrei und schnell vollziehen, sind doch hier menschliche Verhaltensweisen, persönliche Attitüden, historisch gewachsene Besitzstände, ein über Jahre hinweg praktiziertes Rollenverständnis und teilweise freizeitorientierte Schonhaltungen, aber auch Gefühle wie Verlustängste zu überwinden. Gleichwohl müssen diese Veränderungen human gestaltet werden und das Lernen aller Beteiligten fördern, hat doch die Personalfunktion Vorbildcharakter bei den Change-Management-Prozessen im gesamten Unternehmen, bei der Implementation der „lernenden Organisation".

Historische Ausgangslage und Kernaufgaben

Soll die Personalarbeit der ABB Kraftwerke AG und ihr Wandel vor Augen geführt werden, so ist es sinnvoll, dies vor dem Hintergrund eines kurzen allgemeinen Abrisses der Entwicklungslinie der Personalarbeit von der Personalverwaltung zum Personalmanagement heutiger Prägung anzugehen.

Personalarbeit kann dabei vor dem Hintergrund des Gedankenguts des „Scientific Management" und des zentralistisch, hierarchie- und disziplinorientierten Bürokratiemodells der Organisation bis in die 50er Jahre dieses Jahrhunderts im wesentlichen als reine Form der Personalverwaltung charakterisiert werden.[10] Hauptsächlich waren die Aufgaben dieser Personalverwaltung die Optimierung von Lohnabrechnung und -auszahlung, die Kontrolle von Anwesenheits- und Fehlzeiten, das ordnungsgemäße Erfassen von Urlaubslisten, der systematische Ausbau einer optimierten Personalaktenführung und -vervollständigung sowie – in den unmittelbaren Nachkriegsjahren – die Integration zusätzlicher unternehmerischer „sozialer" Leistungen wie der Auf- beziehungsweise Ausbau werksärztlicher Versorgungs- und Fürsorgeleistungen, die Implementation von leistungsfähigen Kantineneinrichtungen und mitarbeiterbezogener Wohnungsbau und -förderungsprogramme zur Schaffung von Wohneigentumsrechten. Diese innerbetrieblichen Optimierungsprozesse der Personalverwaltung und die skizzierten „sozialen" Ansätze zu einer menschengerechteren Behandlung der Mitarbeiter fanden in engem Zusammenspiel mit den wirtschaftlichen Rahmenbedingungen und Zielsetzungen der Anfangszeit des sogenannten Wirtschaftswunders im Nachkriegsdeutschland statt, das heißt in einer Ära, die sowohl geprägt war durch ein explosives Wachstum der

Wirtschaft auf allen unternehmerischen Gebieten als auch durch erste Spezialisierungs- und Qualifizierungsbewegungen auf den boomenden Märkten, insbesondere dem durch enormen Nachholbedarf gekennzeichneten nationalen Markt. Begleitet wurde diese ökonomische Aufschwungphase auf der sozialpolitischen Seite durch erste festere Knüpfungen der sozialen und materiellen Absicherung der Arbeitnehmerschaft und dem Wiederaufbau der organisierten Arbeitnehmervertretungen.

Letztlich kann demzufolge die Personalarbeit dieser Zeit als Resultat interessenorientierten, sozialen Handelns zur Ausgestaltung eines Rationalisierungsprozesses, insbesondere der verwaltungsmäßigen personalpolitischen Aufgaben verdeutlicht werden, wie es bereits Webers Formulierungen zum Bürokratiemodell darlegen: „Die rein bürokratische, also: die bürokratisch-monokratische aktenmäßige Verwaltung ist nach allen Erwartungen die an Präzision, Stetigkeit, Disziplin, Straffheit und Verläßlichkeit, also: Berechenbarkeit für den Herrn wie für die Interessenten, Intensität und Extensität der Leistung, formal universeller Anwendbarkeit auf alle Aufgaben, rein technisch zum Höchstmaß der Leistung vollkommenbare, in all diesen Bedeutungen: formal rationalste Form der Herrschaftsausübung ... Denn wenn die bürokratische Verwaltung überall die – ceteris paribus! – formal-technisch rationalste ist, so ist sie für die Bedürfnisse der Massenverwaltung (personalen oder sachlichen) heute schlechthin unentrinnbar."[11]

In den Jahren nach 1950 wurden die Personalverantwortlichen mit der arbeitsmarktspezifischen Situation konfrontiert, da sich insbesondere auf dem skizzierten boomenden Inlandsmarkt zunehmend Engpässe in der Bereitstellung qualifizierten Personals abzeichneten. Innerhalb des betrieblichen Leistungserstellungsprozesses wurde daher die menschliche Arbeit zum knappen „Faktor" und mußte somit qualifizierter „bewirtschaftet" werden. Demzufolge mußte zwangsläufig im Rahmen der zuvor schwerpunktmäßig verwaltungstechnischen Aufgaben der betrieblichen Personalstellen eine Neuorientierung erfolgen, die ansatzweise auch qualitative Aspekte der Mitarbeiterbetrachtung integrierte. Aufgrund der nunmehr planerischen Berücksichtigung des „Engpaßfaktors Mensch" im Rahmen der Produktionsplanung und -steuerung bildeten sich erste Systematiken bei der Personalbeschaffung und -auswahl ebenso wie erste Ansätze einer Personalbedarfsermittlung und -planung heraus. Diese kamen jedoch zu dieser Zeit – kritisch betrachtet – im unternehmerischen Gesamtkontext selten über das Stadium quantitativer Ansätze heraus, obwohl gleichzeitig die Notwendigkeit der Fort- und Weiterbildung in den meisten Unternehmen in diesem zeitlichen Betrachtungsfenster erkennbar wurde. Sie wurde jedoch aus heutiger Sicht nicht in der notwendigen systematischen Folgerichtigkeit und qualitativen Ausrichtung angegangen, weil die quantitativen Aspekte im Vordergrund standen. Wer erinnert sich nicht an die Diskussionen um die Gastarbeiter in dieser Zeit?

Aufgrund der Konzentration auf die Herausforderungen der immer schwieriger werdenden Personalgewinnung und -erhaltung sowie dem Wecken und der langfristigen Stimulierung von Mitarbeiterleistungsanreizen als unternehmerischen – personalpolitischen – Wettbewerbsvorteil gegenüber den konkurrierenden Wettbewerbern um die knappen qualitativen Human Resources ist dies jedoch auch nachvollziehbar. Dies insbesondere, da sich die Personalverantwortlichen im betrieblichen Rollenverständnis immer noch als lediglich agierende, den Produktions- und Vertriebsverantwortlichen nachgeordnete Funktionen im Unternehmen wiederfanden (und teilweise sich auch selbst so definierten), die als Hauptaufgabe die Sicherstellung eines ausreichenden quantitativen und – ansatzweise – auch qualitativen Personalstammes zu erfüllen hatten, der zur Erreichung des vorgegebenen Absatz- und Produktionsprogrammes beitragen mußte, auch wenn die Rahmenbedingungen dafür – wie bereits dargestellt – immer schwieriger und die Notwendigkeit zur Leistungsstimulation der Mitarbeiter zur dauerhaften Sicherstellung des Personalstammes wie auch des Leistungsvermögens des „human capital" immer deutlicher wurden. Dies führte mit zu einem Bewußtseinswandel zum Rollenverständnis der arbeitenden Menschen im Unternehmen, insbesondere aber auch zur Erstarkung der Arbeitnehmervertretungen.

Als dritte große spezifische Phase in dem Wandlungsprozeß der Personalarbeit läßt sich der Zeitraum ab ca. 1970 charakterisieren, in der die dominanteste Veränderung sicherlich dem zunehmenden Integrationsprozeß der Personalarbeit und Personalpolitik in die Unternehmenspolitik zuzuschreiben ist. Auf der Erkenntnisgrundlage, daß eine als positiv akzeptierte Steuerung und Führung des Faktors „human capital" wesentlich zur unternehmerischen Zielerreichung im Rahmen sich wandelnder und verstärkender Aufgabenspezialisierungen und -anforderungen und sich verändernder Wertestrukturen beiträgt, gewannen Führungs- und Motivationskonzeptionen im betrieblichen Alltag zunehmende Bedeutung. Die Tatsache, „daß das Personal ein immer wichtiger werdender Faktor der Produktivität wurde, daß die Personalkosten stiegen und daß soziale und politische Strömungen ein starkes Bewußtsein für Emanzipation und persönliche Entfaltung bei den Mitarbeitern geschaffen haben"[12], trug zur Bedeutung der Personalarbeit bei. Daher kann man heute eher von Personalmanagement oder Human Resources Management sprechen und dies begrifflich als eine höhere Stufe in der Entwicklungslinie der Personalarbeit sehen.

Diesen Weg skizziert auch Spie (vgl. Tabelle 2), wenn er von Entwicklungsphasen des Personalwesens in der Bundesrepublik Deutschland spricht, wobei er diesen Wandlungsprozeß begrifflich jedoch unter der heute als etwas antiquiert anzusehenden Bezeichnung „Personal*wesen*" beschreibt, die den Qualifikations- und Tätigkeitswandel eher ungenügend herausstellt.

In Anlehnung an Berthel[13] kann man mit dem Selbstverständnis des Human Resources Management speziell die Mitarbeiterführung als Führung des Personals (im Sinne der Verhaltenssteuerung und -entwicklung als Aufgabe der unternehmerischen Führungskräfte aller Ebenen im Unternehmen) und die Systemgestaltung und -handhabung als Führung für das Personal verstehen. Gerade der letzte Aspekt einer agierenden, kreativen Gestaltung und optimierenden Handhabung unternehmerischer Systeme und Subsysteme für die im Unternehmen tätigen Menschen stellt heute die Aufgabe und Herausforderung für den Bereich „Personal" dar. Hierunter sind insbesondere Aufgaben wie Personalbedarfsplanung und -deckung, Arbeitsstrukturierung, Leistungsabgeltung, Personal- und Organisationsentwicklung, Personalfreisetzung und Personalverwaltung als

Tabelle 2: Entwicklungsphasen des Personalwesens in der Bundesrepublik Deutschland (idealtypisch)

Quelle: Spie, U.: Personalwesen als Organisationsaufgabe, Heidelberg 1988, S. 15

Zeitplan	Administrationsphase bis ca. 1960	Legitimationsphase ca. 1960–1970	Strukturierungsphase ca. 1970–1975	Implementierungsphase ab ca. 1976
gesellschafts- und wirtschaftspolitische Merkmale	wirtschaftlicher und kultureller Wiederaufbau	partielle Marktsättigungstendenzen, zunehmende Arbeitsgesetzgebung	Veränderungen der Berufsbilder durch technische Entwicklungen, neue Erkenntnisse der Arbeits- und Sozialwissenschaften, Verbesserungen der wirtschaftlichen und rechtlichen Stellung der Arbeitnehmer	Veränderungen in den Anforderungen an die Lebensqualität, zunehmende berufliche Spezialisierung, strukturelle Wirtschaftsprobleme
organisatorische Einordnung und Gliederung des Personalwesens	überwiegend 3. Führungsebene, Personalabteilung ist anderen Fachabteilungen unterstellt (z. B. kfm. Ressort)	überwiegend 2. Führungsebene, Einrichtung selbständiger Personalabteilungen	überwiegend 2. Führungsebene, starke Funktionsgliederung und Aufgabenspezialisierung	überwiegend 1. Führungsebene, vertreten durch eigenes Geschäftsführungsmitglied mit stark strukturiertem Funktionsbereich
Rollensegment des Personalleiters	Ordnungshüter, Sozialfürsorger	Schlichter	Problem- und Konfliktlöser	Gestalter und Politiker
Art der Personalarbeit	verwalten	vermitteln	beraten	agieren/disponieren
Schwerpunktfunktionen des Personalwesens	Lohn- und Gehaltsabrechnung, Einstellbüro, Personalverwaltung, Sozialwesen	zusätzlich: Personalbeschaffung und -betreuung, Entgeltpolitik, Personalbeurteilung, Ausbildung	zusätzlich: Personalplanung, Personalentwicklung, Arbeitsgestaltung, Personalführung, Weiterbildung	zusätzlich: Personalinformationssystem, quantitative und qualitative Personalplanung, Personalforschung, Organisationsentwicklung
Organisationsform d. Personalwesens	traditionelles Hierarchiemodell	Funktionalmodell	Referenzsysteme/ Mischformen	Integrationsformen durch Kooperation

Die Personalpolitik der ABB

Servicefunktion für die operativ agierenden Geschäftseinheiten zu subsumieren.[14]

Doch wie läßt sich der strukturelle Entwicklungsprozeß der Personalarbeit innerhalb der ABB Kraftwerke AG als integralem Bestandteil des weltweit tätigen ABB Konzerns vor diesem personalentwicklungsgeschichtlichen Hintergrund charakterisieren? Wie wurden die verschiedenen Aufgabenzuwächse angegangen und bewältigt?

Der Entwicklungsprozeß der Personalarbeit innerhalb der ABB Kraftwerke AG kann strukturell sicherlich in einem ersten Schritt Spies Phasenmodell angenähert werden, wobei die entwicklungsgeschichtlichen Zuordnungszeiträume in einem großen Industriebetrieb, insbesondere einem so traditionsreichen und -bewußten Großanlagenhersteller wie der damaligen BBC, nicht so sauber und genau treffen. Hier treten auch – für den Großanlagenbau typische – wirtschaftliche Rahmenbedingungen auf, die es den Unternehmen dieser industriellen Sparte lange Zeit ermöglichten, eine traditionsbewußtere, dem Hierarchiemodell angenäherte Personalorganisationsform beizubehalten.

Demzufolge war auch bei der ABB Kraftwerke AG der Personalbereich lange Zeit als Personalabteilung innerhalb des kaufmännischen Ressorts angesiedelt und den Belangen des Rechnungswesens, Controlling etc. hintangestellt (vgl. Abbildung 21). Gleichzeitig waren beispielsweise die Teilfunktionen Lohn- und Gehaltsabrechnung in die Personalabteilung integriert, und man betrieb zur Sicherstellung des Personalbedarfes ein Einstellbüro, welches direkten Zugang von der Außenwelt des Unternehmens – also direkt „von der Straße" – zu den mit Einstellprozessen betrauten Personalverantwortlichen ermöglichte, um den quantitativen Personalbedarf in Zeiten des Arbeitskräftemangels zum reibungslosen Produktionsablauf sicherstellen zu können. Ganz trefflich läßt sich damit die Personalarbeit der ABB Kraftwerke AG bis ca. in die Mitte der 80er Jahre mit den zu Beginn dieses Abschnittes erwähnten Personalschwerpunktaufgaben und -zielsetzungen kennzeichnen.

Seit dieser Zeit ist eine stetige Zunahme der Aufgabenintensität in den traditionellen Aufgabenfeldern der Personalarbeit zu konstatie-

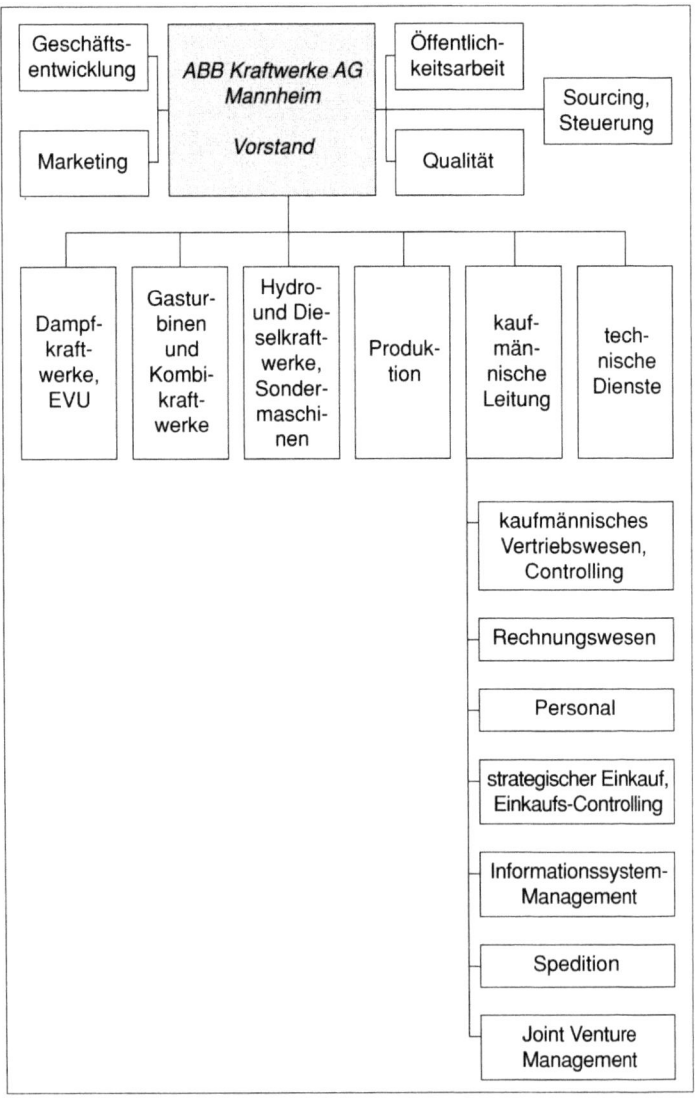

Abbildung 21: Die Organisation der ABB Kraftwerke AG Anfang der 90er Jahre

ren, insbesondere auf Gebieten des Personal-Recruitment (zunächst unter quantitativen, dann aber unter verstärkten qualitativen Aspekten), der gezielten personaladministrativen Optimierung unter Kosten- und zeitlichen Gesichtspunkten, der Anpassung von Lohn- und Gehaltssystemen an sich wandelnde Arbeitsbedingungen, aber auch des gezielten Ausbaus der Personalbedarfsermittlung. Starke Aufgabenschwerpunkte setzten die Implementation und fortlaufende Verbesserung der elektronisch gestützten Datenverarbeitung (insbesondere in den administrativen Bereichen), verbunden mit den dafür notwendigen Abstimmungsprozessen mit der – in dem Tätigkeitsfeld der ABB Kraftwerke AG traditionell stark engagierten – Arbeitnehmervertretung.

Zu diesen Aufgabenzuwächsen sind in den vergangenen zehn Jahren verstärkt Anforderungen an die Personalverantwortlichen herangetragen worden, die eine Ausweitung des Aufgabenumfanges der Personalarbeit und -politik bedeuteten. Diese beruhen zunehmend auf strategischen, strukturellen und technologischen Anpassungen einer sich ausbreitenden, weiter internationalisierenden Geschäftstätigkeit, auf die sich die ABB Kraftwerke AG ebenso wie ihre direkten traditionellen Wettbewerber einzustellen hatte. Die Auswirkungen daraus spiegelten sich unmittelbar in den zusätzlichen Aufgaben und Anforderungen an die Personalarbeit und -politik wider.

Ersichtlich ist jedoch aus diesen vergangenheitsbezogenen Ausführungen, daß es sich – auch in der unmittelbaren Vergangenheit der Personalarbeit der ABB Kraftwerke AG – überwiegend um reaktive Anpassungen an sich wandelnde Umweltfaktoren handelte. Als Beispiele für solche reaktiven Aufgabenzuwächse wären unter anderem die gezielte Intensivierung der Personalbetreuung zu nennen, welche zuvor nur in Ansätzen strukturiert wahrgenommen wurde, der Einsatz von Assessment Center und strukturierten Personalfördermaßnahmen zur zielorientierten Nachfolgeplanung und -sicherung, aber auch – und dies sollte an dieser Stelle nicht verschwiegen werden – die Gestaltung von Personalfreisetzungsmaßnahmen sowohl bei Restrukturierungsprozessen als auch bei allen Dezentralisierungsbemühungen und -auswirkungen nach der Fusion der beiden „Konzernmütter" BBC und ASEA. Im Rahmen dieser Dezentralisierungsbemühungen und der Konzentration auf die ureigenen Kernaktivitäten wurde auch die Lohn- und Gehaltsabrechnung aus dem unmittelbaren organisatorischen Personalverantwortungsbeich der ABB Kraftwerke AG „outgesourcet". Gleichzeitig wurde der Intensivierung der Betreuungsaufgaben sowohl für die operativ tätigen Geschäftsbereiche als auch für die sie unterstützenden Dienstleistungsbereiche durch die ansatzweise Einführung eines Personalreferentensystems Rechnung zu tragen versucht.

Trotz all dieser verschiedenen Aufgabenzuwächse und den Bemühungen der Personalverantwortlichen, mit gezielten organisatorischen, quantitativen und qualitativen Anpassungsmaßnahmen diesen Aufgaben gerecht werden zu können, war die Personalabteilung innerhalb der ABB Kraftwerke AG bis in die 90er Jahre hinein noch dem kaufmännischen Ressort zugeordnet, was mit verhinderte, eine integrative Schlüsselrolle des Personalmanagement im gesamten Unternehmen aufzubauen. Es bedeutete, daß eine erhebliche Diskrepanz zwischen dem umfangreichen und komplexen Verantwortungsbereich des Personalmanagement und seiner effektiven Partizipation an der Gestaltung unternehmenspolitischer Zielsetzungen bestand.

Begründet lag dies einerseits an dem Ruf einer bürokratisch ausgerichteten Institution mit „Polizistenattitüde" in einem sich dynamisierenden Unternehmen – sozusagen als geduldetes und für bestimmte Aufgaben notwendiges Stiefkind –, als auch an einem „Qualifikationsgap" verantwortlicher Personalmitarbeiter, welcher einer breiteren Integration in unternehmerische Zielgestaltungsprozesse entgegenstand. Gleichsam war jedoch auch ein erheblicher „Verständnisgap" bei unternehmerischen Führungskräften über die Aufgaben und Funktionen betrieblichen Personalmanagement und seiner Bedeutung in sich wandelnden Umwelten festzustellen, der es dem Personalmanagement schwermachte, einen den Aufgaben und Anforderungen adäquaten Platz in der Unternehmensgestaltung und Zielausrichtung einzunehmen. Andererseits darf hier nicht vergessen werden, daß sich erst langsam der zu bewältigende Wandel auf den Märkten – von der Binnen- zur Außenorientierung, von der Angebots- zur Nachfrageorientierung, von der nationalen Kon-

Die Personalpolitik der ABB

kurrenz zur internationalen Konkurrenz auf dem Weltmarkt – vollzog, der für die Unternehmen in dieser Branche erhebliche Veränderungen initiierte.

Diesen Veränderungen suchte die ABB Kraftwerke AG zu begegnen, in dem sie ihr unternehmensweites Konzept des „Customer Focus" entwickelte und schrittweise zu implementieren versuchte. Mit diesem Programm, das für alle Gesellschaften des ABB Konzerns in aller Welt gilt, soll das Denken des gesamten Unternehmens auf die Bedürfnisse der Kunden ausgerichtet werden. Die Elemente dieses Programms und ihr innerer Zusammenhang sind in Abbildung 22 dargestellt; insbesondere soll mit diesem Programm die Qualität, die Flexibilität und die Produktivität des Unternehmens und damit die Wettbewerbsposition im internationalen Kontext gestärkt werden. Da „Kundenorientierung" aber dauerhaft nur realisiert werden kann bei gleichzeitiger „Mitarbeiterorientierung", war eine noch stärkere Zukunftsausrichtung der Personalarbeit und -politik zwingend erforderlich.

Erste Schritte auf einem langen Weg

Wie sehen im Personalbereich der ABB Kraftwerke AG die ersten Schritte hin zur dauerhaften Kundenorientierung unter gleichzeitiger Berücksichtigung der gewandelten Mitarbeiterinteressen und -zielsetzungen aus? Welche organisatorischen und strukturellen Veränderungen zur langfristigen Zielerreichung sind bereits durchgeführt worden? Wie werden die Aufgabenveränderungen dabei zukunftsweisend integriert? Wie reagieren die Personalverantwortlichen der ABB Kraftwerke AG heute auf die Markt- und Wettbewerbsveränderungen, auf neue technologische Entwicklungen und Wertewandlungen sowohl bei den Mitarbeitern im allgemeinen als auch bei den Führungskräften, den Meinungsmultiplikatoren innerhalb unternehmerischer Strategieumsetzungen im speziellen? Wie agiert der Personalbereich im Prozeß der Formung und Ausgestaltung zukünftiger industrieller Produktion unter den sich wandelnden Rahmenbedingungen im Hinblick auf die Schaffung der vieldiskutierten „Fabrik der Zukunft"?

Im folgenden sollen nun in einem kurzen Abriß die bisherigen Umsetzungsschritte in der Personalarbeit und -politik der ABB Kraftwerke AG in den vergangenen drei Jahren zur Unterstützung dieser notwendigen Veränderungen skizziert werden.

Wie bereits beschrieben, war die Personalabteilung der ABB Kraftwerke AG lange Zeit ein integraler Bestandteil des kaufmännischen Ressorts mit entsprechend geringem Gestaltungsspielraum. Der

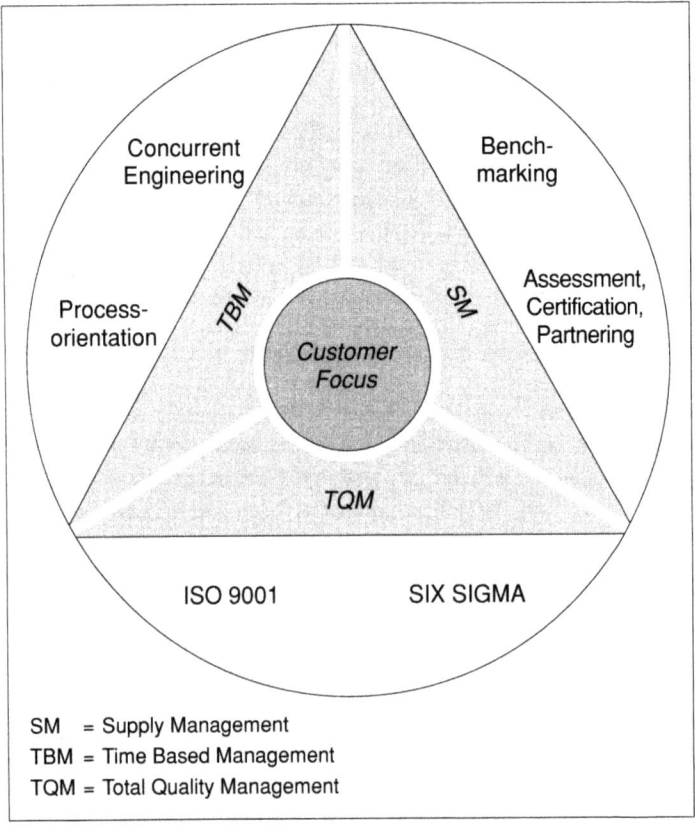

Abbildung 22: Elemente des Customer Focus Programms und ihr innerer Zusammenhang

Aufgaben- und Wertewandel, in den das Unternehmen und seine Mitarbeiter und Führungskräfte zwangsläufig eingebunden sind, führte jedoch auch hier zu einem Bewußtseinswandel und zu einer Verringerung des „Verständnisgaps" bezüglich der Notwendigkeit strategie- und zielorientierter Personalarbeit und -politik auf der obersten Unternehmensleitungsebene.

Die theoretisch bereits lange akzeptierte Tatsache, daß unternehmerisches Denken und Handeln eine „conditio sine qua non" für Personalverantwortliche – und damit ist sowohl die Führung des Personals durch die jeweilgen unternehmerischen Führungskräfte als auch die Führung für das Personal durch die Mitarbeiter des Funktionsbereiches „Personal" gemeint – sein muß, um die Human Resources fach- und sozialkompetent einsetzen, zur Erreichung der Unternehmensziele dadurch nachhaltig beitragen und eine gezielte personalpolitische Abstimmung mit den Zielen und strategischen Ausrichtungen der einzelnen unternehmerischen Geschäftsfelder durchführen zu können,[15] ist jedoch ein dynamischer Veränderungsprozeß auf dem Weg hin zur lernenden Organisation, der sowohl eine zeitliche Komponente als auch eine nicht zu vernachlässigende soziale Beharrungskomponente beinhaltet. Um diesen Prozeß systematisch anzugehen und der Personalarbeit und -politik im Unternehmen den erforderlichen Stellenwert zu verschaffen, wurde die bisherige „kaufmännische Personalabteilung" strukturell als eigenständiger Bereich „Personal" mit verändertem Aufgabenprofil direkt der Vorstandsebene zugeordnet (vgl. Abbildung 23) und befindet sich damit auf einer Führungsebene mit den für das operative Geschäft verantwortlichen Geschäftsbereichen der ABB Kraftwerke AG, um so eine aktive und gestalterische Personalpolitik einerseits sowie eine leistungsfähige und abgestimmte Funktionsausübung andererseits zu ermöglichen.

Dieser erste Schritt alleine konnte jedoch nicht die vielfältigen Aufgabenveränderungen lösen, die sich aufgrund des dargestellten Wandels in den unternehmerischen und damit personalpolitisch relevanten Rahmenbedingungen in der Vergangenheit zunehmend aufgestaut hatten und nun systematisch durch die Personalverantwortlichen einer sinnvollen Lösung zugeführt werden mußten (und auch zukünftig noch zugeführt werden müssen).

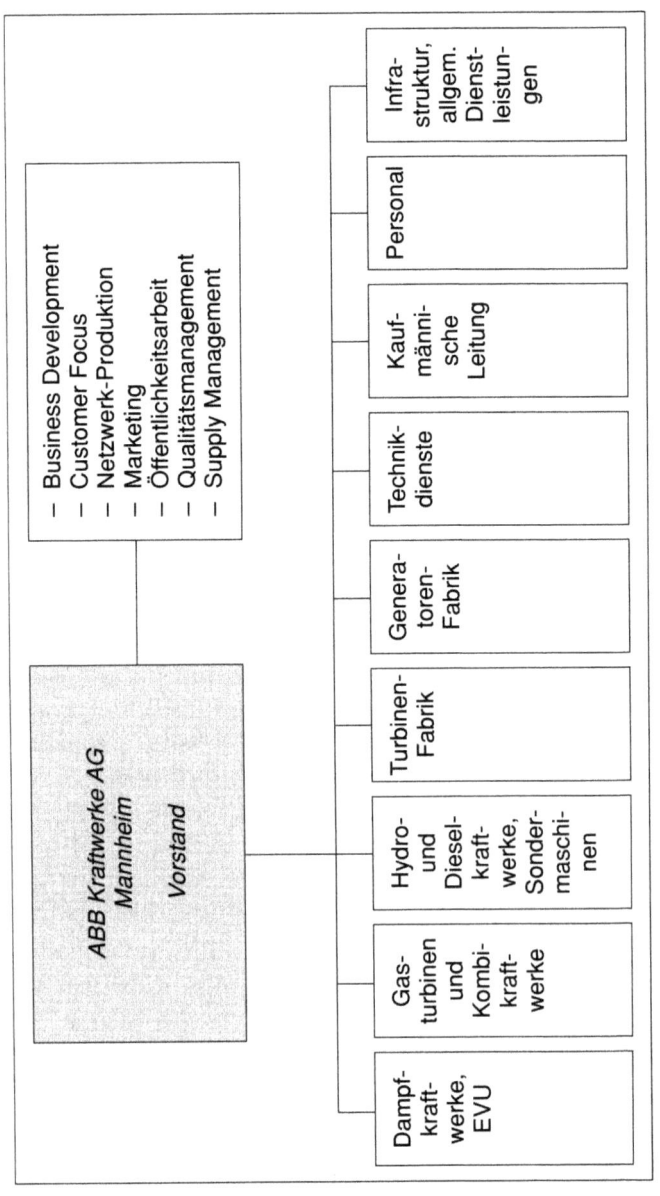

Abbildung 23: Die Organisation der ABB Kraftwerke AG seit 1992

Zeitgleich mit der Zuordnung des Bereiches „Personal" auf die oberste unternehmerische Leitungsebene wurden den verstärkten Mitarbeiter- und Unternehmensinteressen nach einer zielgerichteten und strategieorientierten Funktion „Personalentwicklung" mit klar abgrenzbarer Aufgabenspezifikation durch die Schaffung einer eigenständigen Abteilung „Personal- und Organisationsentwicklung" parallel zu den gewachsenen Aufgaben der Abteilung „Personalservice" – die sich zunächst im großen und ganzen aus den Aufgaben und Mitarbeitern der „früheren" Personalabteilung zusammensetzte – Rechnung getragen. Auf die jeweiligen spezifischen Aufgaben und ihre Abgrenzungen einerseits und auf die systematische Nutzung von Synergieeffekten im Laufe des Veränderungsprozesses auf der anderen Seite soll im folgenden Abschnitt ausführlicher eingegangen werden. An dieser Stelle mag zunächst eine aufbauorganisatorisch ausgerichtete Veränderungsbeschreibung des Bereiches „Personal" für den ersten Eindruck genügen.

Neben diesen beiden Kerngebieten „Personalservice" und seiner ebenfalls später zu skizzierenden Entwicklung hin zu einer Personalarbeit „vor Ort" sowie der neu geschaffenen Abteilung „Personal- und Organisationsentwicklung" wurde die früher wechselnden Bereichen zugeordnete technische Berufsausbildung dem Bereich „Personal" zugeordnet. Denkt man an die zukünftigen Erfordernisse und Aufgaben innerhalb der zu implementierenden „Fabrik der Zukunft", so war dies ein schon lange überfälliger Schritt:

Berufliche Erstausbildung zur Vermittlung berufsspezifischer Kenntnisse für die qualifizierten Fachkräfte der industriellen Produktion von morgen muß mehr sein als eine additive Zusammenstellung von Fertigkeiten und Kenntnissen fachspezifischer Art. Sie erfordert in zunehmend größerem Umfang auch die Vermittlung sogenannter „Schlüsselqualifikationen" für die Zukunft im Sinne der Übertragung von Problemlösungstechniken zur eigenständigen Planung, Durchführung und selbst-regulativen Kontrolle in einer automatisierten Fertigung, des Ausbaus der Lernfähigkeit und -bereitschaft („lebenslanges Lernen"!), der Kenntnis kommunikativer und informatorischer Grundzusammenhänge in lernaktiven Gruppenstrukturen, der Förderung von Selbständigkeit und Entscheidungsfähigkeit sowie die Fähigkeit, das erworbene Wissen auch für künftige sich wandelnde Aufgabenspezifikationen zielgerichtet anwenden zu können („Transformationsfähigkeit").

Um diese gewandelten Anforderungen an eine berufliche Erstausbildung für den Facharbeiter der Zukunft sicherstellen zu können und aktiv, gestalterisch auf sich verändernde Anforderungen aus den verschiedenen unternehmensinternen und -externen Nahtstellen unter Berücksichtigung der Besonderheiten des dualen Systems Einfluß nehmen zu können, ist eine Integration dieser beruflichen Erstausbildung in den Bereich „Personal" sachlogisch und im Interesse des Gesamtunternehmens sinnvoll und angebracht, waren doch auch Synergie-Effekte zwischen der Personal- und Organisationsentwicklung und der Berufsausbildung – das ist ja auch Personalentwicklung – anzustreben.

Als weitere Veränderung im Rahmen dieses Wandlungsprozesses war die Ausgliederung der „Reisestelle" aus der Funktion „Personalservice" zu sehen. Sie ist nun eine eigenständige Abteilung (im Sinne eines Profit Center) innerhalb des Bereiches „Personal", deren Aufgaben in der Beratung, Unterstützung und organisatorischen Abwicklung aller Dienstreiseaktivitäten von Mitarbeitern der ABB Kraftwerke AG liegen.

Diese Ausgliederung fand aber nicht nur statt, damit die Reisestelle sich besser auf ihre Dienstleistungsaufgabe konzentrieren, sondern

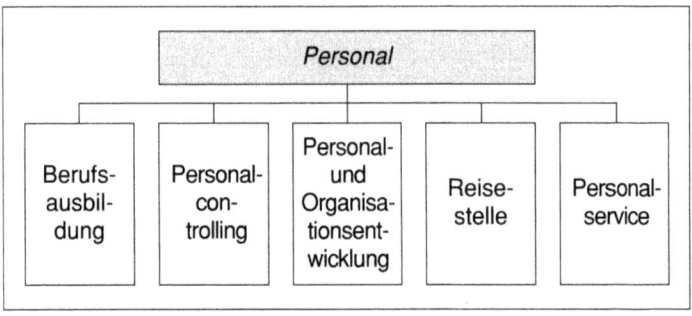

Abbildung 24: Die Organisation des Bereiches „Personal" (1994)

auch, damit die Funktion „Personalservice" sich auf ihre neuen Schwerpunktaufgabe „Personalarbeit *vor Ort*" ausrichten konnte.

Da diese neue Schwerpunktsetzung unabdingbar mit einer kleineren Betreuungsdichte verbunden ist, wurden nach und nach zusätzliche Personalreferate für die einzelnen Geschäftsbereiche gebildet. Diese Setzung spiegelt allerdings nicht nur die Intensivierung der Personalarbeit „vor Ort" wider, sondern auch die Initiativrolle des Bereiches „Personal" an der Gestaltung intelligenter Konzepte zur Anpassung der Human Resources an die strukturellen Veränderungen des Unternehmens (vgl. das Kapitel *Personalarbeit zwischen unternehmerischen Zielen und sozialer Verantwortung*, Seite 217ff.).

Die vorläufig letzte formale Wandlung ist in der Implementation einer neuen Abteilung „Personalcontrolling" erkennbar und rundet die Aufbauphase des Personalbereichs ab (vgl. Abbildung 24).

Dieser Strukturwandel des Bereiches „Personal" der ABB Kraftwerke AG dient der im folgenden ausführlicher beschriebenen Konzentration und Ausrichtung der Personalaktivitäten auf die erkennbaren Kernaufgaben der Personalarbeit und -politik zur Sicherstellung dauerhafter Kundenorientierung unter gleichzeitiger Berücksichtigung der Mitarbeiterinteressen.

Personalentwicklung, Personalcontrolling und Personalarbeit „vor Ort": die neuen Kernaufgaben

Zentrale Bedeutung bei der Erreichung der geschäftspolitischen Zielsetzungen der ABB Kraftwerke AG hat – im Rahmen des „Customer Focus"-Programms intern wie extern auf die Markterfordernisse ausgerichtet – einerseits eine prozeßorientierte Qualitätspolitik wie andererseits (als zweite tragende Säule) eine mitarbeiterorientierte Personalpolitik, die sicherstellen soll, daß

- alle unternehmerischen Ziele und Strategien von den Beschäftigten überzeugt mitgetragen werden,
- die Erwartungen und Potentiale der Mitarbeiterinnen und Mitarbeiter mit einem kooperativ-partizipativen Führungsstil adäquat

berücksichtigt und Entwicklungs- und Gestaltungsfreiräume geboten werden sowie

- eine Unternehmenskultur gefördert wird, die eigenverantwortliches Handeln ermöglicht und eine offene Kommunikation auf allen Ebenen intensiviert.

Bei der Gestaltung und Integration dieser werteorientierten Personalpolitik (vgl. den Kasten unten) als Dienstleister, Partner und Coach mitzuwirken, ist Aufgabe des Personalbereiches der ABB Kraftwerke AG.

Die bereits skizzierten Veränderungen, denen sich das Unternehmen als künstliche Welt in einem sich stetig wandelnden und sich zunehmend dynamisierenden Umfeld ausgesetzt sieht, führen – ebenso wie die sich verändernden Wertestrukturen der in diesem sozio-technischen System agierenden Menschen – zu einer differenziert zu betrachtenden Zukunftsausgestaltung der Personalarbeit und -politik im

---

Die wichtigsten Werte der Personalpolitik bei der ABB Kraftwerke AG

- Beteiligung: Durch offene Kommunikation und frühzeitiges Einbinden in Entscheidungsprozesse aus Betroffenen engagierte Beteiligte machen.

- Vertrauen: Achtung und Respekt im Umgang miteinander über alle Hierarchiestufen hinweg als Grundlage vertrauensvoller Zusammenarbeit verstehen.

- Sinn: Die eigene Arbeit als sinnvollen Beitrag für das Unternehmen und die Gesellschaft erleben.

- Perspektiven: Die persönlichen Interessen und die Entwicklung des Unternehmens in Einklang bringen und als Perspektiven wahrnehmen.

- Weiterentwicklung: Die sich wandelnden Bedingungen der Märkte und die steigenden Kundenerwartungen – intern wie extern – als Herausforderungen zur persönlichen Weiterentwicklung annehmen.

Unternehmen, die in aktiver Weise ziel-, strategie- und werteorientiert den unternehmerischen Wandlungsprozeß mitgestaltet. Demzufolge sehen sich auch die Personalverantwortlichen einem dynamischen Wandel ihrer Aufgaben- und Tätigkeitsfelder gegenüber, die zu einer Neuausrichtung beziehungsweise Umorientierung im Rahmen der personalpolitischen Kernaufgaben führen muß, da zunehmend herkömmliche Ordnungsstrukturen im Rahmen der veränderten Markt- und Kundenbedürfnisse nicht nur nicht mehr zeitgemäß, sondern zunehmend auch im Rahmen flexibler und schlanker Fertigungskonzepte kontraproduktiv wirken. Es ergeben sich für das Unternehmen und damit auch für die Personalverantwortlichen neue Anforderungen, die in Anlehnung an Peters[16] einen permanenten Wandel des Unternehmens, seiner Mitarbeiter und Führungskräfte und seiner Organisationsstruktur bedeuten. Dieser Wandel muß unter dem Primat der Schnelligkeit, der permanenten Optimierung und Anpassung aller betrieblichen Prozesse, totaler Kundenzentrierung, Verbesserung der Innovationsfähigkeit und Verkürzung der Innovationszyklen, Steigerung der Flexibilität und freiwilliger Bestleistungen durch engagierte und motivierte Mitarbeiter stehen.

Die Anforderungen an das Personalmanagement werden also zukünftig weiter progressiv zunehmen, und zwar in „dreidimensionaler" Hinsicht:

1. Durch eine Zunahme der Aufgabenintensität des Personalmanagement in traditionellen Aufgabenfeldern;

2. durch eine Vergrößerung des Aufgabenumfangs bei Erschließung neuer, bislang nur in Ansätzen oder gar nicht wahrgenommener Aufgabenfelder wie zum Beispiel des Personalcontrolling und der Mitwirkung an Umstrukturierungsmaßnahmen der betrieblichen Aufbau- und/oder Ablauforganisation im Rahmen neuer Produktionskonzepte;

3. durch eine ziel- und strategieorientierte Erweiterung des Problembewußtseins bei den Personalverantwortlichen.[17]

Dies bedeutet insbesondere einen Wandel der Personalarbeit weg von der bürokratisch orientierten Personalverwaltung hin zu einer unternehmerischen, konzeptionell erarbeiteten und abgestimmten ziel-, strategie- und werteorientierten Personalpolitik, also einem umfassenden Human Resources Management als integralem Bestandteil der Unternehmenspolitik. Den Grundstein für diesen Wandel zu den neuen Kernaufgaben haben die Personalverantwortlichen der ABB Kraftwerke AG aufbauorganisatorisch bereits gelegt und organisch integriert. Nunmehr sollen die inhaltlichen und gestalterischen Komponenten der neuen personalpolitischen Kernaufgaben beschrieben werden.

Eine der wesentlichen Säulen der mitarbeiterorientierten Personalpolitik der ABB Kraftwerke AG stellt die Personal- und Organisationsentwicklung dar, die eine eigenständige Abteilung innerhalb des Funktionsbereiches „Personal" bildet. Eine Aufgaben- und Tätigkeitsbetrachtung ist ebenfalls unter dem obersten Primat der Befriedigung der Kundenerwartungen durchzuführen. Diese wird immer mehr von der Innovationsfähigkeit und -schnelligkeit bei der Produktgestaltung und -entwicklung einerseits und der Fähigkeit der erfolgreichen Steuerung des sozio-technischen Systems Unternehmen, seiner Subsysteme und deren erfolgreichem Zusammenspiel in Hinblick auf die optimale Erfüllung der Kundenbedürfnisse abhängen. Ein entscheidender Wettbewerbsfaktor ist die quantitative und qualitative Anpassungsfähigkeit des Unternehmens an die dynamischen Marktveränderungen, die jedoch nur teilweise durch Restrukturierungskonzepte erreicht werden können. Vielmehr wird der erforderliche Quantensprung – wenn überhaupt – nur durch eine entsprechende simultane Berücksichtigung des „Produktionsfaktors" Human Resources erreichbar sein.

Diese Aussage an sich stellt nun nichts Besonderes mehr dar, man liest und hört sie überall – aber ist sie auch im betrieblichen Alltag den Führungskräften bewußt, wird sie täglich gelebt? Ist es nicht vielmehr so, daß der Mensch im Unternehmen weiterhin – allen Führungsleitsätzen zum Trotz – überwiegend als Kostenfaktor, und nicht als das wichtigste „Kapital" des Unternehmens, gesehen und oft auch im täglichen Miteinander behandelt wird, der mit den traditionellen betriebswirtschaftlichen Optimierungsverfahren im Gesamtwertschöpfungsprozeß minimiert werden muß?

Die Personalpolitik der ABB

Sicherlich spielen in einem hochspezialisierten arbeitsteiligen Produktionsprozeß die Kosten und ihre strukturelle Beschaffenheit als betriebliche Einsatzfaktoren eine entscheidende Rolle – Kundenzufriedenheit alleine erreicht man jedoch nicht über den Preis; von Mitarbeiterzufriedenheit und der immer wichtiger werdenden Flexibilität und Einsatzbereitschaft ganz zu schweigen! Heute muß der Produktionsfaktor „Human Resources" sowohl unter sozio-emotionalen Gesichtspunkten[18] – das heißt der Betrachtung des arbeitenden Menschen als Persönlichkeit innerhalb eines sozio-technischen Gefüges, in dem Handeln eine spezifische Form sozialen Agierens unter Aspekten der Motivation und des Rollenverständnisses innerhalb der organisatorischen Aufgabenverteilung ist – und gleichzeitig unter den Aspekten formeller und informeller Organisationsstrukturen gesehen werden. Letztlich handeln nicht Organisationen/Unternehmen, sondern Menschen innerhalb und mittels dieser Systeme. Deshalb werden Fragen der situativen und innovativen Organisationstheorie in Verbindung mit einer Persönlichkeitsbetrachtung des arbeitenden Menschen im Unternehmen das Aufgabenspektrum der Mitarbeiterführung und -entwicklung erweitern (Personalentwicklung auch als Persönlichkeitsentwicklung!).

Aufgabe der Personal- und Organisationsentwicklung, ist hierbei insbesondere die Funktion eines Dienstleisters, Partners und Coach bei der Implementation der Personalentwicklung als selbstverständlichem Bestandteil der alltäglichen Führungsaufgaben einer jeden Führungskraft der ABB Kraftwerke AG. Der Personalbereich bietet also „Hilfe zur Selbsthilfe" an, um die Führung der Mitarbeiter hin zu selbstbewußten und handlungsorientierten Menschen zu ermöglichen. Die Handlungsorientierung der Mitarbeiter, bestehend aus fachlicher, methodischer und sozialer Kompetenz, ist zur Erreichung der Unternehmensziele und Umsetzung der Unternehmensstrategien im internationalen Wettbewerb unabdingbar, gleichzeitig ist der mitarbeiterbezogenen Einzelmotivation dabei gebührender Freiraum gelassen. Der Bereich „Personal" bietet demzufolge den Führungskräften an,

- Bildungsbedarfsanalysen vorzunehmen und Entwicklungsprozesse zu starten,

- für bestimmte Zielgruppen maßgeschneiderte Trainingsprogramme und -module zu entwickeln, einzuführen und – gemeinsam mit den Führungskräften – deren Erfolg sicherzustellen sowie
- individuelle Einzelmaßnahmen zu planen, zu starten und zu begleiten (vgl. Abbildung 25).

Ein enges Zusammenspiel der Führungskräfte der jeweiligen Unternehmensbereiche sowie der Funktionen „Personal- und Organisationsentwicklung" und dem jeweiligen, den betreffenden Bereich betreuenden Personalreferenten ist dabei unabdingbar, um zielgerecht handeln und den Erfolg der Maßnahmen sicherstellen zu können.

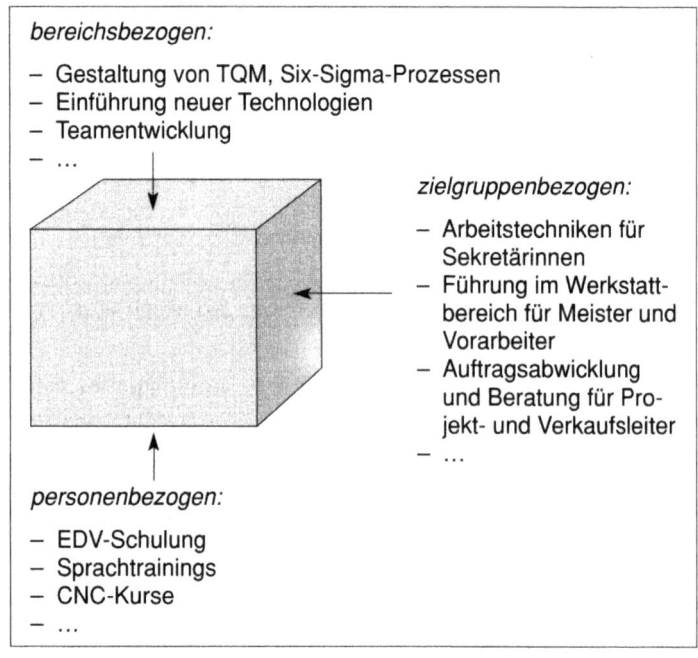

Abbildung 25: Aktionsfelder der Personal- und Organisationsentwicklung der ABB Kraftwerke AG

Quelle: ABB Kraftwerke AG (Hrsg.): Personalentwicklung – Investition in die Zukunft, Mannheim 1993, S. 11

Künftig werden die Anforderungsschwerpunkte für die Personal- und Organisationsentwicklung noch stärker durch folgende Tendenzen geprägt sein:[19]

- Personalführung wird sich zu einer Kunst der „Führung von Qualifizierten" entwickeln, da es immer mehr „Wissensarbeiter" geben wird, die nicht mehr im herkömmlichen Sinne kontrollierbar und führbar sein werden, sondern einen Abbau steiler Hierarchien und starrer fomalisierter Strukturen fordern. Daher wird sich das Unternehmen noch stärker zu einem stark informations- und kundenorientierten Unternehmen entwickeln müssen. Einen wesentlichen Aspekt wird der human-zentrierte Persönlichkeitsaspekt im betrieblichen Miteinander darstellen müssen, um dem sozio-emotionalen individuellen Wertwandel gerecht werden zu können.

- Aus dem vorgenannten sowie den allgemeinen gesellschaftlichen, demographischen und wirtschaftlichen Rahmenbedingungen entsteht als unmittelbare Folge die künftige „Weiterentwicklung" der eigentlichen Personalverantwortlichen zu „Personalentwicklern" für ihre direkten Mitarbeiter, so daß diese Aufgabenausweitung als eigenverantwortlicher Bestandteil in die unternehmensinterne Personalentwicklungskonzeption subsumiert wird.

- Künftig müssen alle Ressourcen durch gezielte Maßnahmen der Personal- und Organisationsentwicklung besser genutzt werden, da dies durch die demographische und wirtschaftliche Entwicklung unabdingbar zum „Überleben" des Unternehmens wird. Die Verkäuferschulung oder das Management-Development-Programm sind hier nur zwei Beispiele, die den „aufgestauten" Bedarf abdecken sollen.

- Statt der Spezialisierung auf einen eng begrenzten Aufgabenbereich besteht die Notwendigkeit zu einer Generalisierung mit Spezialistenkenntnissen auf allen unternehmerischen Ebenen. Deshalb müssen hier entsprechende Höherqualifizierungen und entsprechende Neuausrichtungen bestehender Erst- und Weiterqualifizierungsmaßnahmen erfolgen.

- Die Flexibilität und Offenheit für neue Anforderungen stellt immer mehr einen entscheidenden unternehmerischen Wettbewerbsvorteil dar, so daß die Weckung der Bereitschaft zu lebenslangem Lernen eine unabdingbare Führungsaufgabe wird und entsprechende Personalentwicklungsmaßnahmen ziel- und strategieorientiert geplant und gesteuert werden müssen.

Die zweite Säule mitarbeiterorientierter Personalpolitik bei der ABB Kraftwerke AG wird durch das neu implementierte Personal-Controlling deutlich, das sich noch in der Aufbau- und Definitionsphase gegenüber den anderen „traditionellen" betrieblichen und personalwirtschaftlichen Teilfunktionen befindet. Insbesondere ist hier zunächst eine informatorische Aufbauarbeit zu leisten, um den begrifflichen Hintergrund und die daraus abzuleitenden gegenwärtigen und künftigen Schwerpunkte zu veranschaulichen. Mit Widerständen verbunden ist dieser Aufbauprozeß innerhalb eines Unternehmens wie der ABB Kraftwerke AG schon allein deshalb, weil es sich dabei – wie bereits dargelegt – einerseits um ein traditionsreiches Unternehmen in lange Zeit stabilen Wachstumsmärkten traditioneller Prägung handelt und andererseits die im deutschsprachigen Raum oft anzutreffende Gedankenassoziation des „Controlling" mit „Kontrolle" zu bewältigen gilt. Insbesondere in der „vertrauensvollen Zusammenarbeit mit dem Betriebsrat" können dadurch Irritationen entstehen, die nicht nur für die Akzeptanz des Personal-Controlling, sondern auch für die gesamte Arbeit des Personalbereiches dysfunktional wirken können.[20]

Gleichwohl hat das zugrundeliegende englische Verb „to control" auch eine Facette, die man sowohl umgangssprachlich als auch im Verständnis von „Nicht-Fachleuten" oft mit „Kontrolle" gleichsetzt. Zu übersetzen ist das Verb jedoch mit „lenken, leiten, steuern oder beherrschen", was in einen mehrphasigen Meß-, Steuerungs- und Regelungsprozeß einmündet. Gerade hierbei drängt sich nun häufig Frage auf, was denn ein solcher Prozeß mit den im Unternehmen beschäftigten Menschen zu tun oder gar in der Verantwortung des Personalbereiches zu suchen hätte. Es entstehen bei ungenügender Information schnell persönliche Ängste und verständliche Widerstände, weil man sich vielleicht gerade „kontrolliert" oder „überwacht" fühlt. Und wer kennt in bezug auf menschliches Verhalten und dessen möglicher „Überwachung" nicht die allbekannte Schreckensvision im Sinne von „big brother is watching you"? Diesen durchaus realen Ängsten und den daraus ableitbaren Widerständen gilt es, durch eine sachgerechte informatorische Aufklärungsarbeit gerade in der ersten Implementationsphase den Schrecken zu nehmen und „Betroffene zu Beteiligten zu machen", um schnell zu einer sachgerechten Ausrichtung gelangen zu können.

Was beinhaltet jedoch nun das Personal-Controlling, und warum ist es bereits heute als eine der Kernaufgaben der Personalarbeit und Personalpolitik anzusehen?

In Anlehnung an Wunderer und Schlagenhaufer kann man Ansatzpunkte für den Einsatz eines speziellen Personal-Controllings in der Notwendigkeit einer fundierten ökonomischen und unternehmerischen Ausrichtung der personalwirtschaftlichen Instrumente und Funktionen, der zunehmend wichtiger werdenden strategischen Ausrichtung unter Einbeziehung sowohl quantitativer als auch qualitativer Größen und Erfolgspotentiale sowie deren Einfluß und Bedeutung sowohl auf die operative Personalarbeit wie auch die strategische Ausrichtung der Personalpolitik deutlich herausstellen. Demzufolge kann Personalcontrolling als planungsgestütztes, integratives Evaluationsdenken und -rechnen zur Abschätzung von Entscheidungen zum Personalmanagement, insbesondere zu deren ökonomischen und sozialen Folgen definiert werden. Dadurch stellt es also eine interne Service- und Beratungsfunktion und ein Steuerungsinstrumentarium mit Frühwarnfunktion dar.[21]

Aufgabe des Personal-Controlling ist folglich die Bereitstellung von Informationen, die Human Resources betreffen, wodurch die quantitative und qualitative Personalplanung und -entwicklung gesteuert und fortlaufend verbessert werden soll.[22] Die Thematik „Bildungs-Controlling" ist dabei eine hinlänglich bekannte Facette.

Aufgrund der geschilderten Aufgaben und Anknüpfungspunkte wird deutlich, daß es zwischen dem Personal-Controlling und anderen wesentlichen personalwirtschaftlichen Funktionen wie Personal- und Organisationsentwicklung, Personalplanung, Personalmar-

Integrationsfunktion
→ zwischen Elementen der Personalplanbildung
  – Personalbedarfs- ⎫
  – Personalbeschaffungs- ⎪
  – Personaleinsatz- ⎬ planung
  – Personalfreisetzungs- ⎪
  – Personalentwicklungs- ⎭
	Ebenen der betrieblichen Personalarbeit

Integrationsfunktion
→ im Sinne eines Schnittstellen-Management
  – Deckung des Koordinatenbedarfs mit Subsystemen des gesamten Controlling-Systems
  – Abstimmen der Personalplanungs- und Kontrollsysteme mit solchen in anderen Funktionsbereichen
  – Abstimmen der betrieblichen Serviceeinheiten (z. B. Rechnungswesen, EDV)
	Ebenen der betrieblichen Funktions- und Servicebereiche

Integrationsfunktion
→ im Sinne eines strategischen Controlling
  – Abstimmen der strategischen Personalplanung mit der strategischen Unternehmensplanung
  – Abstimmen der Personalstrategie mit der Unternehmens-/Geschäftsfeldstrategie
  – Frühwarninformationen für Vorsteuerungs-, Koordinationsnutzen
	Ebenen der normativen/ strategischen Geschäftspolitik

Abbildung 26: Integrationsfunktionen des Personal-Controlling

    Quelle: Wunderer, R./Schlangenhaufer, P.: Personal-Controlling. Funktionen, Instrumente, Praxisbeispiele, Stuttgart 1994, S. 18

keting, Aus- und Weiterbildung, Personaleinsatz und -freisetzung, Personalverwaltung und Personalführung engste Zusammenhänge gibt und geben muß, um das Personal-Controlling als Analyse- und Steuerungsinstrument einerseits und in Hinsicht auf eine Integrationsfunktion (vgl. Abbildung 26) andererseits unternehmerisch nutzen zu können.

Die Implementation des Personal-Controlling im Sinne dieser gerade beschriebenen engen Symbiose und der Integration von Individualzielen und operativen sowie strategischen Unternehmenszielen, ist ein notwendiger und unabdingbarer Weg zum effizienten Einsatz und der effektiven Entwicklung der Human Resources.

Die dritte tragende Säule als Kernaufgabe modernen Human Resources Management bildet die Personalarbeit „vor Ort", innerhalb des Personalbereiches der ABB Kraftwerke AG durch die Funktion „Personalservice" ausgestaltet. Diese Funktion bildete sich aus der damaligen Personalabteilung, welche sich bereits relativ früh in Ansätzen mittels eines Personalreferentensystems strukturierte. Ansatzweise deshalb, weil aus heutiger Sicht einerseits die den damaligen Personalreferenten zugeteilten Betreuungsbereiche zu umfangreich waren, so daß die Aufgabenzuwächse in dieser Ausgestaltung nicht dauerhaft zu bewältigen waren, andererseits deshalb, weil die inhaltliche Ausprägung damaliger Personalarbeit doch auf zu enge Kernkompetenzen begrenzt war.

Ursachen dafür findet man in dem bereits angesprochenen – teilweise auch heute noch vorhandenen – „Verständnisgap" unternehmerischer Führungskräfte bezüglich Aufgabe, Funktion und Stellenwert eines modernen Human Resources Management ebenso wie in einem sicherlich für die gewandelten Anforderungen teilweise existenten „Qualifikationsgap" einzelner Mitarbeiter der Personalfunktion. Letztgenannter führt zwangsläufig zu einer eher untergeordneten, ausführenden und überwiegend verwaltend tätigen Rollenzuschreibung innerhalb des Gesamtsystems Unternehmen.

Um nun der Gefahr einer Ausweitung der „Schere" zwischen steigenden Anforderungen an das Personalmanagement auf der einen und dessen sicherlich vorhandenen Grenzen der Leistungsfähigkeit auf der anderen Seite wirkungsvoll begegnen zu können, war eine Reorganisation der Personalarbeit und -politik unter Berücksichtigung der spezifischen Rahmenbedingungen der ABB Kraftwerke AG unabdingbar. Dies führte neben der beschriebenen aufbauorganisatorischen Neugliederung des Bereiches „Personal" und seiner gleichberechtigten Integration in die strategische Gesamtkonzeption des Unternehmens auch zu einer Neuausrichtung der als eher „klassisch" angesehenen Funktion „Personalservice" im Sinne einer Ausgestaltung einer effektiven und effizienten, aber auch sinn- und wertevermittelnden Personalarbeit „vor Ort". Auf Dauer kann nämlich nicht zählen, wie schnell und effektiv Mitarbeiter mit einer Frage im Personalbereich „abgefertigt" werden, sondern wieviel Zeit ihnen der verantwortliche Personalmitarbeiter schenken kann, um ihnen das Gefühl der Wichtigkeit und Ernsthaftigkeit seiner Absichten zu vermitteln.[23]

Um diesen Anforderungen besser gerecht werden zu können, wurde die überwiegend unternehmensbereichsbezogene Divisionalität der Personalserviceorganisation dahingehend optimiert, daß einerseits die Betreuungsdichte der jeweiligen Personalreferate durch Schaffung zusätzlicher Personalreferate verringert wurde. Diese Maßnahme hatte zum Ziel, jeweils überschaubare Verantwortungsbereiche mit jeweils allen personalpolitischen Teilfunktionen zu schaffen und dadurch Diskontinuitäten in den Beziehungen zu den zu betreuenden Bereichen und ihren Mitarbeitern zu verringern, den spezifischen Anforderungen der Unternehmensbereiche besser gerecht werden zu können und frühzeitig latente Konfliktsituationen erkennen und gestalterisch mitsteuern zu helfen. Gleichzeitig wurde einem möglichen „Qualifikationsgap" für diese gewandelten Aufgaben durch ein spezielles bereichs- und zielgruppenbezogenes Weiterbildungsprogramm für die Mitarbeiter des Bereichs „Personal" zu begegnen versucht.

Dadurch sowie durch eine verstärkte Rückdelegation von Personalaufgaben im Sinne der Führung des Personals auf die Führungskräfte selbst konnte die Funktion „Personalservice" gezielt damit beginnen, in ihre neue Rolle als Prozeßgestalter, Informationsmanager, Personalberater und Coach für die Unternehmensleitung und

-bereiche „hineinzuwachsen" und damit ein neues Rollenverständnis zu gestalten: Führung des Personals ist Aufgabe der Linienvorgesetzten und nicht des Personalbereiches, der hierbei lediglich unterstützend und beratend mitwirken kann.

Nicht verschwiegen werden soll jedoch an dieser Stelle, daß auch hier ein entsprechender Wandlungs- und Umdenkungsprozeß mit den damit verbundenen Widerständen und Irritationen stattfindet, denen es zu begegnen gilt, um sowohl die Markt- und Kundennähe des Personalmanagement als auch die Fach- und Entscheidungskompetenz seiner Mitarbeiter nachhaltig zu verbessern und dadurch eine dauerhafte gleichberechtigte Integration der Personalpolitik innerhalb der Unternehmenspolitik sicherstellen. Insbesondere sind hier die zunehmend entscheidendere Beratungs- und Coachingkompetenz der Personalverantwortlichen, die Moderationsfähigkeit crossfunktionaler Teams für die Lösung unternehmerischer Aufgaben- und Weichenstellungen und die zielgruppenorientierte Gestaltung und Lösung personalpolitischer Sonderaufgaben wie zum Beispiel die Information bezüglich tarif- und arbeitsrechtlicher Fragestellungen allgemeiner[24] und spezieller Art oder zum Beispiel die Erarbeitung von Führungsleitsätzen in Zusammenarbeit mit den Führungskräften der jeweiligen Bereichsebene[25], zu nennen. Doch es gibt für Unternehmen im Wandlungsprozeß auch noch andere Aufgaben, denen sich ein verantwortungsvolles Personalmanagement nicht entziehen darf.

Personalarbeit zwischen unternehmerischen Zielen und sozialer Verantwortung

Dieser Teil skizziert in Kurzform die gewählte Vorgehensweise und Methodik, mit der die ABB Kraftwerke AG ein Konzept entwickelte und implementierte, das im August 1994 zur Gründung eines eigenständigen Unternehmens, einer hundertprozentigen Tochter der ABB Kraftwerke AG, führte, das in neuen Geschäftsfeldern neue Tätigkeiten bietet für die Mitarbeiter, denen aufgrund von Rationalisierungsmaßnahmen in der Produktion sowie in den der Produktion vor- und nachgelagerten Bereichen der ABB Kraftwerke AG keine Beschäftigungsmöglichkeiten im angestammten Bereich geboten werden können. Zugleich soll dieser Teil deutlich machen, wie Personalarbeit auch aussehen kann.

Der Schwerpunkt dieses Konzeptes liegt auf der Entwicklung neuer Geschäftsfelder, deren Erfüllung klaren betriebswirtschaftlichen Zielsetzungen folgt und folgen muß. Gleichzeitig soll mit einer derartig am Markt orientierten Geschäftsfelderweiterung die sozialpolitische Verantwortung des Unternehmens angenommen und erfüllt werden: Den ehemals im Stammwerk beschäftigten Produktionsmitarbeitern, überwiegend hochqualifizierte Facharbeiter, wird ein neues Tätigkeitsfeld im Servicebereich – unter Wahrung des Besitzstandes – geboten. Nicht zuletzt wird von dem Geschäft im Dienstleistungsbereich „Kraftwerkeservice", der in dieser Form nicht existierte, eine positive Rückwirkung auf das Neuanlagengeschäft der ABB Kraftwerke AG erwartet, weil viele Kunden immer stärker Gesamtlösungen aus einer Hand nachfragen, wenn diese qualitativ hochwertig, technisch kompetent, flexibel und zu marktgängigen Preisen angeboten werden.

Diese Zielsetzungen wurden durch die Schaffung einer eigenständig operierenden Gesellschaft erfüllbar, weil sie die Vorteile eines Großunternehmens mit den Vorteilen eines Kleinunternehmens vereint. Nach anfänglichen Vorbehalten des Betriebsrates gegenüber diesem Konzept – „ein intelligentes Modell vom Personalchef zum Abbau von Mitarbeitern" – konnte in konstruktiver Art und Weise eine Betriebsvereinbarung abgeschlossen werden.

Heute hat die neue Gesellschaft ihre Aufgaben bereits aufgenommen, ist teilweise sehr positiv vom Kunden angenommen worden und hat das Jahr 1994 mit einem Auftragseingang von über 13 Millionen DM abgeschlossen – für die kommenden Jahre wird mit einer Steigerung gerechnet. Doch was waren die Hintergründe für die Gründung dieser Gesellschaft? Wie wurde das Konzept entwickelt? Wie sieht das Qualifizierungspaket für die betroffenen Mitarbeiter aus?

Die Ausgangslage

Um zu wettbewerbsfähigen Preisen produzieren zu können, investiert die ABB Kraftwerke AG in ihren Werken 1994, 1995 und 1996 insgesamt über 80 Millionen DM in neue Produktionsanlagen. Angestrebt wird dabei unter anderem, die Mitarbeiter noch umfassender in die betrieblichen Abläufe mit einzubeziehen und die Arbeitsorganisation dementsprechend neu auszurichten. Fertigungsinseln sollen komplette Arbeitsabläufe eigenständig abwickeln – von der Planung bis zur Auslieferung des Produktes.

Die modernsten derzeit am Markt verfügbaren Maschinen schaffen die technischen Voraussetzungen dafür, daß Bearbeitungszeiten und -kosten um 50 Prozent sinken werden. Um diese Ziele, besonders hinsichtlich der Kostenreduzierung zu verwirklichen, sind erhebliche Anstrengungen auch im Bereich der Human Resources nötig. Doch wie kann für die betroffenen Mitarbeiter, für die aufgrund der Investitionen keine Beschäftigungsmöglichkeiten mehr bestehen, ein sozialpolitischen und betriebswirtschaftlichen Kriterien standhaltendes Konzept erstellt werden? Neben den Anstrengungen im Bereich der Weiter- beziehungsweise Höherqualifizierung für die Mitarbeiter, die an den neuen Anlagen und Maschinen arbeiten werden, geriet die Frage nach alternativen Beschäftigungsmöglichkeiten für die „Rationalisierungsopfer" immer mehr ins Zentrum der Überlegungen.

Entlassungen, wie sie von anderen Unternehmen im Kontext von Lean Production in der Bundesrepublik vorgenommen wurden, kamen nicht in Frage. Gab es nicht Ansätze und Ideen, die sozialpolitische Verantwortung mit betriebswirtschaftlichen Erfordernissen zu vereinen? Da diese Frage nicht kurzfristig beantwortet werden konnte, nahm der Personaldirektor der ABB Kraftwerke AG zusammen mit einem Team die Aufgabe an, hier Lösungsansätze herauszuarbeiten, die für die betroffenen Mitarbeiter außerhalb der vorhandenen Geschäftstätigkeiten der ABB Kraftwerke AG dauerhafte Beschäftigungsmöglichkeiten bieten, die bestehenden Kompetenzfelder der ABB Kraftwerke AG sinnvoll ergänzen und den zu identifizierenden Marktpotentialen Rechnung tragen. An dieser Stelle sei diesem Team noch einmal ausdrücklich für die hervorragende Arbeit gedankt.

Unsere Vorgehensweise

Da erfolgreiche Teamarbeit nur funktioniert, wenn eine klare Aufgabenstellung vorliegt, auf deren Basis dann ein „crossfunctional" Team zusammengestellt und geformt werden kann, wurde zu Anfang auf die präzise Aufgabenformulierung sehr viel Wert gelegt. Nach der Definition der Aufgabenstellung wurde dann das Team zusammengestellt. Hierbei ging es primär nicht um die „richtige Chemie" der einzelnen Teammitglieder untereinander, wie dies überall immer wieder heftigst diskutiert wird, sondern um den „richtigen Mix" von Erfahrung und Kreativität, von Routine und Innovation, von Markt- beziehungsweise Kunden- und Mitarbeiterorientierung, von betriebswirtschaftlichem und personalpolitischem Know-how, von eben unternehmerischem Denken und Handeln.

Nach diesen ersten Schritten folgte die Kreativitäts- und Brainstormingphase des Teams. Über 50 Ideen wurden geboren, wie rund um das Produktportfolio der ABB Kraftwerke AG neue Geschäftsfelder aussehen konnten. Umfangreiche Benchmarking-Studien und gezielte Analysen von Geschäftsberichten anderer Unternehmen halfen dann mit, die „beste Idee" zu finden und ein Marktpotential zu definieren, das den Kriterien der Aufgabenstellung soweit standhielt, daß es durch externe Consultants evaluiert werden konnte.

Die Findung von Ideen zur Geschäftsfelderweiterung rund um das „Core-Business" der ABB Kraftwerke AG war auf den ersten Blick relativ leicht. Jedoch die vermutet hohe Zahl von Mitarbeitern, die durch die „neuen Technologien" im angestammten Bereich nicht mehr beschäftigt werden konnten – das Team ging von bis zu 500 Mitarbeitern bis zum Jahre 1997 aus – machten die Aufgabenstellung bei näherer Betrachtung extrem anspruchsvoll. Konnte die vom Team erstellte Marktprognose den Marktanalysen durch die externen Consultants standhalten?

Mit Blick auf die europäischen Märkte wurden die von dem Team prognostizierten Daten von den Consultants sogar als konservativ eingestuft, das heißt man sah hier ein höheres Auftragsvolumen als vom Team prognostiziert.

Diese Aussage gab dem Team nun den notwendigen Motivationsschub, um die Entwicklung von

- Implementationsplänen,
- Qualifizierungspaketen,
- Kommunikations- und Markteinführungsstrategien und
- Kosten- und Nutzenbetrachtungen

in Angriff zu nehmen und in einen ganzheitlichen Geschäftsplan zu überführen, der die einzelnen Dienstleistungsangebote spezifiziert.

Sowohl die neue Organisationsstruktur als auch die einzelnen Elemente des Geschäftsplanes wurden dann vom Team aufbereitet, um es als Gesamtkonzept beim Vorstand der ABB Kraftwerke AG, beim Betriebsrat und den Führungskräften zu präsentieren. Sicherlich, es gab einige kritische Fragestellungen und auch die eine oder andere heftige Diskussion um die Notwendigkeit dieses Konzeptes oder die Richtigkeit der Prognosen. Gleichwohl gab es zu diesem Ansatz keine ernsthaften Alternativen, sollte doch die sozialpolitische Verantwortung gegenüber den betrieblichen, vom Markt her indizierten Restrukturierungsprozessen, nicht aufgegeben werden. Von daher konnten relativ rasch und zügig die offiziellen Verhandlungen mit dem Betriebsrat für das Abschließen einer Betriebsvereinbarung gestartet werden.

Das neu gegründete Unternehmen: Kern des Konzeptes

Die Rationalisierung der Fertigungsbereiche in Verbindung mit einer strategisch orientierten Geschäftsfelderweiterung macht einen umfangreichen Personaltransfer innerhalb des Unternehmens notwendig: Mitarbeiter, die bisher in der Fertigung der ABB Kraftwerke AG beschäftigt waren, wechseln in die neue Serviceeinheit. Dort entstehen bis April 1997 ca. 500 Arbeitsplätze. Bei dieser Neustrukturierung sieht sich die ABB Kraftwerke AG in hohem Maße ihrer sozialen Verantwortung den Mitarbeitern gegenüber verpflichtet. Offenheit und Fairneß sowie die Gleichbehandlung der einzelnen Mitarbeiter sind zentrale Grundsätze, die bei der Handhabung des Personaltransfers beachtet werden. Individuelle Gegebenheiten werden in hohem Maße berücksichtigt: Nicht nur Alter und Qualifikation, sondern auch die Potentiale und Interessen jedes einzelnen Beschäftigten entscheiden über dessen künftige Tätigkeit. Der Betriebsrat ist in den Tranferprozeß eingebunden.

Die Verbindung von Rationalisierung und zukunftsorientierter Geschäftsfelderweiterung ist aber auch betriebswirtschaftlich sinnvoll. Dies wird deutlich bei der Betrachtung der Kosten, die ein Abbau der fraglichen Arbeitsplätze in der Fertigung mit anschließendem Sozialplan verursachen würde: Aufgrund von Betriebsvereinbarungen wären bei einer solchen Lösung Rückstellungen in Millionenhöhe erforderlich, die einer Verstetigung des betriebswirtschaftlichen Erfolges des Unternehmens fehlen würden.

Einschränkungen bei den Rationalisierungsbemühungen in der Fertigung stellen in diesem Zusammenhang auch keine Perspektive dar: Die langfristige Sicherung der Konkurrenzfähigkeit der ABB Kraftwerke AG läßt angesichts des starken Preisverfalls für Kraftwerke und Kraftwerkskomponenten auf den Weltmärkten keinen Spielraum für eine großzügigere Kalkulation der Arbeitsplätze in der Turbinen- und Generatorenfabrik zu. Die dort frei werdenden Mitarbeiter müssen deshalb an anderer Stelle eine neue Tätigkeit finden, die sich für das Unternehmen möglichst auch rechnet, geht es doch um die Schaffung von Dauerarbeitsplätzen. Das Marktpotential von Kraftwerke-Dienstleistungen vor dem Hintergrund sozialer Zielsetzungen und veränderter Marktanforderungen wurde mit der Gründung der ABB Kraftwerke Service GmbH als hundertprozentige Tochter der ABB Kraftwerke AG im August 1994 erschlossen. Gleichzeitig wurde ein Ergebnisabführungsvertrag unterzeichnet, das heißt, die volle Verantwortung durch die ABB Kraftwerke AG übernommen. In der neuen GmbH sollen sämtliche Serviceaktivitäten zusammengefaßt und marktgerecht ausgebaut werden. Das Unternehmenskonzept sieht drei Geschäftsfelder für unterschiedliche Dienstleistungsbereiche sowie eine Reparaturfabrik vor.

Die Servicegesellschaft kann bei Bedarf Dienstleistungen der ABB Kraftwerke AG in Anspruch nehmen. Ihre Unterbringung in freiwerdenden Büros und Hallen auf dem Gelände der ABB Kraftwerke AG macht die Anmietung zusätzlicher Büroflächen überflüssig.

Mit Gründung einer flexiblen, mittelständisch strukturierten Servicegesellschaft, die mit kompletten Dienstleistungsangeboten und einer wettbewerbsfähigen Kostenstruktur am Markt präsent sein wird, schafft die ABB Kraftwerke AG die Voraussetzungen, um Marktanteile aus eigener Kraft zurückzugewinnen, langfristig zu sichern und auszubauen. Die spezifischen Vorteile der gewählten Struktur liegen unter anderem in den geringeren „Overhead-Kosten", der flacheren Organisationsstruktur und den damit verbundenen kürzeren Entscheidungswegen. Darüber hinaus werden eine höhere Kostentransparenz sowie verbesserte Möglichkeiten zur wettbewerbsfähigen Preisgestaltung erwartet.

Auf der anderen Seite stellt die Entscheidung für die Gründung einer eigenständigen Tochtergesellschaft höhere Ansprüche bei der Handhabung des Personaltransfers. Sie erfordert außerdem eine selbständige Markterschließung durch die Service GmbH und den Aufbau eines eigenen Verkaufsbereiches. Dies hat unter anderem zur Folge, daß eingespielte Prozesse bei der ABB Kraftwerke AG neu durchdacht und organisiert werden müssen. Vor allem für die Anfangsphase gilt sicher, die Akzeptanz der neuen Servicegesellschaft zu gewährleisten, sowohl nach innen gegenüber der ABB Kraftwerke AG wie auch nach außen gegenüber den Kunden.

Entscheidende Voraussetzungen für den Erfolg der ABB Kraftwerke Service GmbH sind eine günstige Kostenstruktur – die Preisgestaltung muß sich am Niveau der auf dem Markt operierenden Niedrigpreis-Anbieter orientieren – sowie die durch den Rückgriff auf ABB-Know-how gewährleistete hohe technische Kompetenz.

Das Unternehmenskonzept sieht einen Gemeinkostenanteil von unter 20 Prozent vor. Kostensenkende Faktoren sind neben Abschreibungen und Reinvestitionen unter anderem günstige Mieten sowie der Verzicht auf die meisten sogenannten Kostenstellenleistungen. Dienstleistungen von anderen ABB-Gesellschaften und Dritten werden bedarfsorientiert gekauft, so daß in diesen Fällen pauschale Umlagekosten entfallen.

In qualitativer Hinsicht stellen schnelle Lieferbereitschaft, hohe Liefertreue und große Flexibilität sowie die Gewährleistung der ABB Garantie die wichtigsten Erfolgsfaktoren dar.

Zum Jahresende 1994 waren über 100 Mitarbeiter bei der neuen Gesellschaft beschäftigt. Bis 1997 soll diese Zahl auf ca. 500 Mitarbeiter steigen. Im selben Zeitraum rechnet das Unternehmen mit einer Erhöhung des Jahresumsatzes von 13,5 auf über 100 Millionen DM.

Die ABB Kraftwerke Service GmbH gliedert sich in drei Geschäftsfelder und eine gemeinsame Reparaturfabrik:

Im Geschäftsfeld „Turbinen/Generatoren" waren bereits zum Jahresende 1994 rund 90 Mitarbeiter beschäftigt. Ihr Dienstleistungsangebot umfaßt Diagnose, Wartung, Revisionen, Reparaturen und Montagearbeiten an Turbinen, Generatoren, Kondensatoren, Ölsystemen, Generatorkühlungssystemen sowie an Hilfs- und Nebenanlagen. Bis 1997 werden nach vorläufigen Planungen ca. 200 Mitarbeiter in diesem Bereich beschäftigt sein. Beim Jahresumsatz ist eine Erhöhung von anfänglich 10 (1994) auf 37 Millionen DM (1997) angezielt.

Das Geschäftsfeld „Verfahrenstechnik und Kessel" umfaßt Dienstleistungen bezogen auf Kondensat- und Speisewassersysteme, Vorwärmer, Kühlwasserkreisläufe, Luftversorgung, Bekohlung, Kohlemühlen, Frischlüfter, Lüftungskanäle, Ascheentsorgung, Ventile, Klappen und Feuerlöschsysteme sowie auf den Bereich Heizung, Klima, Lüftung. Hier arbeiten 1995 an zehn Beschäftigte, bis 1997 erhöht sich die Mitarbeiterzahl voraussichtlich auf 100. Die vorläufige Planung geht von einer Erhöhung des Jahresumsatzes auf 18 Millionen DM aus.

Dienstleistungen auf dem Gebiet der Kraftwerks-Umwelttechnik sind der Aufgabenbereich des dritten Geschäftsfeldes. Die Leistungspalette soll Diagnose, Wartung, Instandhaltung, Revisionen und Montagearbeiten, bezogen auf Denox- und Ammoniakanlagen, Elektrofilter, Ascheentsorgung, Abgasvorwärmung, Entschwefelung, Kalksteinversorgung, Wasseraufbereitung und Gipserzeugung umfassen. Die Beschäftigtenzahl wird hier nur sehr langsam steigen, weil die Prioritäten auf den beiden anderen Geschäftsfeldern liegen und weil die Markterschließung für das Produkt Umwelttechnik nur sehr langsam möglich ist.

Die Reparaturfabrik der Servicegesellschaft, in die auch eine hochflexible Fertigung für Sonder-Einzelteile integriert werden soll, wird bis 1997 nach vorläufigen Planungen über 100 Mitarbeiter beschäftigen. Die Reparaturfabrik hat 1994 1,5 Millionen DM erwirtschaftet. Für 1997 gehen vorläufige Berechnungen von einer Erhöhung des Jahresumsatzes auf über 30 Millionen DM aus.

Qualifizierung als integraler Bestandteil des Konzeptes

Die Kundenorientierung spielt im Dienstleistungsbereich eine sehr viel größere Rolle als im herkömmlichen Produktionsbereich. Selbst die Anforderungen an die Mitarbeiter der ausführenden Ebene im Dienstleistungsbereich sind tendenziell höher als die Anforderungen an die ausführende Ebene im Produktionsbereich, denn im Dienstleistungsbereich entscheidet der Kunde über die Qualität. Das erfordert selbst bei den Mitarbeitern, die zum Teil jahrelang in der Produktion hochqualifizierte Tätigkeiten ausgeübt haben, einen Umdenkungsprozeß, wenn sie in einen Dienstleistungsbereich – wie ihn die neu gegründete ABB Kraftwerke Service GmbH nun einmal darstellt – wechseln, um dort eine neue Tätigkeit auszuüben. Insbesondere die soziale Kompetenz, also die überfachliche Qualifikation, muß tendenziell höher sein als sie bisher bei den Mitarbeitern im produzierenden Bereich nötig war. Die alten Denkschemata – hier die Arbeitnehmer, dort die Arbeitgeber – sind im Dienstleistungsbereich nicht angebracht, lassen sie doch den Kunden mehr oder weniger außen vor. Die schon oft gehörte Redewendung „Da bin ich nicht zuständig!", selbst im internen Dialog nicht gefällig, ist im Kontakt zu Kunden auf der Baustelle einfach geschäftsschädigend. Im Dienstleistungsbereich sind dagegen Tugenden gefragt, die mit dem Begriff „Dienen" harmonieren, die den Kunden und seine Wünsche in den Mittelpunkt des Agierens stellen – nicht interne Abläufe und Prozesse. Mit anderen Worten: Den Mitarbeitern im Dienstleistungsbereich muß vermittelt werden, daß einzig und allein die

Beziehungen zu den Kunden über den Erfolg ihrer Arbeit entscheiden, was zugleich bedeutet, daß nicht mehr Hierarchien, sondern Beziehungsgeflechte aufgebaut und gepflegt werden müssen. Diese für ehemalige Produktionsspezialisten relativ neuen Anforderungen, die neben den hohen fachlichen Anforderungen im Dienstleistungsbereich gestellt werden, weisen der Qualifizierung, wie sie weiter unten ausdifferenziert dargestellt ist, eine Schlüsselrolle im Gesamtkonzept zu.

Gerade für die teilweise lernungewohnte Zielgruppe der aus der Produktion kommenden Mitarbeiter wurde deshalb ein Trainingsprogramm ausgearbeitet, das zwischen den überfachlichen und den fachlichen Anforderungen analytisch streng unterscheidet – wenn auch beide Anforderungen real zusammengehören.

Überfachliche Anforderungen: Kundenorientiertes Denken und Handeln, Flexibilität und hohe technische Kompetenz sind Voraussetzung für den Erfolg der ABB Kraftwerke Service GmbH. Die An-

Tabelle 3: Überfachliche Anforderungen an Mitarbeiter in der neuen Gesellschaft

Mitarbeiter/ Tätigkeitsfeld	Kundenorientierung	Verkaufen als Problemlösung	Identifikation mit dem Unternehmen	ganzheitliches Denken
Technischer Dienst	x	x	x	x
Geschäftsbereich	x	x	x	x
Montage	x		x	x
ausgewählte Leistungsträger	x	x	x	x
Management	Individuelle Maßnahmen, abhängig von Qualifikation und Anforderungsprofil.			

forderungsprofile für Mitarbeiter der neuen Servicegesellschaft weisen daher weit über die rein fachliche Qualifikation hinaus: Neben der Kundenorientierung sind Motivation und Identifikation sowie konsequente Prozeßorientierung zentrale überfachliche Anforderungen, die an sämtliche Mitarbeiter gestellt werden. Darüber hinaus sind Verkäuferqualitäten, insbesondere bei Mitarbeitern der Geschäftsbereiche, bei ausgewählten Leistungsträgern, aber auch bei Mitarbeitern der technischen Dienste, von zentraler Bedeutung. Für das Management sind individuelle Fördermaßnahmen, abhängig von Qualifikation und Anforderungsprofil, vorgesehen (vgl. Tabelle 3).

Fachliche Anforderungen: Eine differenzierte Bestimmung der fachlichen Qualifikationsanforderungen an die Mitarbeiter der ABB Kraftwerke Service GmbH soll den hohen technischen Standard der Dienstleistungen gewährleisten. Für die zu entwickelnden Qualifikationspakete wurden unterschiedliche Anforderungen angenommen, die sehr prozeßorientiert ausgerichtet sind (vgl. Tabelle 4).

Insgesamt sollen mit spezifischen Trainingsmodulen die Qualifikationen vermittelt werden, die dem hohen Niveau der Kundenanforderungen entsprechen.

Was hat es uns gebracht?

Die Planungen für die ABB Kraftwerke Service GmbH begannen acht Monate vor dem Start des Personaltransfers mit der Gründung eines interdisziplinären Teams im November 1993. Dieses Team entwickelte zunächst ein Grobkonzept für die neue Serviceeinheit. Nach Zustimmung des Vorstandes im Februar 1994 wurde der Betriebsrat offiziell in die Ausarbeitung des Detailkonzeptes einbezogen, in dem unter anderem Schlüsselpositionen, Anforderungsprofile und der rechtliche Status der neuen Einheit erarbeitet und in einer Betriebsvereinbarung geregelt wurden.

Bereits im April 1994 konnten einige Schlüsselpositionen der neuen Gesellschaft besetzt werden. Weitere Schritte waren die Entwicklung eines Konzeptes für interne und externe Kommunikation sowie für die Marketingaktivitäten der Servicegesellschaft. Nach

Tabelle 4: Fachliche Qualifikationsanforderungen an Mitarbeiter in der neuen Gesellschaft – differenziert nach einzelnen Prozeßphasen der Tätigkeit

Prozeßphase	Ausbildung	Berufserfahrung
1. Verkauf	– Ingenieur Maschinenbau – Technikerausbildung – Montagemeister	– ca. fünf Jahre – verschiedene Stationen
2. Befundaufnahme	s. o.	– ca. fünf Jahre – Inbetriebnahmeerfahrung
3. Diagnose	s. o.	– ca. drei bis fünf Jahre – Diagnosemethoden
4. Planung Engineering	Ingenieur Maschinenbau	– ca. zwei Jahre – Inbetriebnahmeerfahrung
5. Reparatur innen und außen	Zerspaner	– ca. zwei Jahre – schweißen – wickeln – beschaufeln
5. Montage innen und außen	– Industriemechaniker oder Schlosser – Zerspaner	– ca. drei Jahre – Montageerfahrung – schweißen
7. Inbetriebnahme	– Ingenieur Maschinenbau – Techniker	– fünf Jahre – Inbetriebnahmeerfahrung
Projektsteuerung und -kontrolle	– Ingenieur Maschinenbau – Techniker – Montagemeister	– drei Jahre – Projektsteuerung

Unternehmerische Ziele und soziale Verantwortung 229

Detailplanungen in den folgenden zwei Monaten, bei denen interne Spielregeln und Qualifikationsmaßnahmen für Mitarbeiter sowie Kosten- und Kalkulationsstrukturen festgelegt wurden, begannen im Juni im Anschluß an eine Kundeninformation erste Vertriebsaktivitäten. Der Personaltransfer in die neue Gesellschaft beziehungsweise das Training der Mitarbeiter wurde im Juli gestartet.

Das oben genannte detaillierte Qualifizierungskonzept wird – in enger Verzahnung mit dem Personaltransfer – schrittweise umgesetzt und vermittelt jedem Mitarbeiter das für die neuen Aufgaben notwendige Rüstzeug.

Aus heutiger Sicht kann folgendes Resümee gezogen werden:

- Das interdisziplinäre Team zur Erarbeitung von alternativen Beschäftigungsmöglichkeiten hat hervorragende Arbeit geleistet.

- Die gewählte Vorgehensweise hat sich als sehr positiv herausgestellt und konnte auch bestimmte Vorbehalte von seiten einiger Führungskräfte und einiger Betriebsräte ausräumen.

- Das erarbeitete Konzept, das nun schrittweise implementiert wird, integriert sowohl sozialpolitische Anforderungen als auch betriebswirtschaftliche Erfordernisse – in Sinne des gesamten Unternehmens und seiner Mitarbeiter.

- Die hier von der Personalfunktion übernommene Initiativrolle macht überdies deutlich, welche Anforderungen an ein zukunftsorientiertes und gestalterisch wirkendes Personalmanagement gestellt werden (müssen), die weit über intelligente Arbeitszeit- oder Outsourcing-Modelle hinausgehen.

- Das integrierte Personalentwicklungskonzept kennzeichnet in wirkungsvoller Art, wie Personalentwicklung mit unternehmerischen Zielsetzungen verbunden werden und einen für die einzelnen Mitarbeiter wichtigen Beitrag zur Beschäftigungssicherung leisten kann und muß.

- Die sinnvolle Ausweitung von Geschäftsfeldern, wie dies Hamel und Prahalad[26] neuerdings wieder fordern, hier „rund um das Kraftwerks-Know-how" der ABB Kraftwerke AG, muß als konstruktiver Lösungsansatz bei der Anpassung der Human Resources an Strukturveränderungen angesehen werden und kann als Referenzmodell für unternehmerisches Denken und Handeln gelten, das den Gegensatz zwischen betriebswirtschaftlichen Erfordernissen und verantwortungsbewußter Mitarbeiterorientierung auf höherer Ebene vereinbaren kann.

Wenn die ABB Kraftwerke AG für dieses hier skizzierte Konzept[27] mit dem renommierten „Human Resources Management Award 1994" ausgezeichnet wurde, dann doch sicherlich auch, um anderen Unternehmen zu zeigen, daß die Entwicklung intelligenter Modelle zur Anpassung der Human Resources an Strukturveränderungen sehr wohl möglich sind.

Gefühl und Härte zeigen

Personalpolitik im Wandel bedeutet immer zweierlei: Zum einen bezieht sich der Wandel der Personalpolitik abstrakt und quasi neutral auf den Wandel des Unternehmens als Reflex auf geänderte Kundenwünsche und Erwartungen, auf geänderte Märkte in der nationalen oder internationalen Arbeitsteilung, aber auch auf sich wandelnde Gesellschaftsstrukturen wie Werte, Arbeitsmarkt, Qualifikationen. Hier muß sich die unternehmerische Personalpolitik den Herausforderungen stellen, besser noch: Sie sollte den Wandel antizipieren und pro-aktiv gestalten. Dies wird in Theorie und Praxis oft gefordert, vielfach beschrieben und manchmal auch praktiziert. Wandel der Personalpolitik bedeutet aber zum anderen auch Wandel der Personalpolitik an sich, ihrer Akteure, bedeutet ihre Neuausrichtung mit historisch gewachsenen Strukturen und Wertmustern, Aufgaben und Rollen. Hier bedeutet Wandel gleichsam auch Erfahrung und Reflexion mit Fortschritt und Niederlage „in den eigenen Reihen". Dies ist schon weniger oft beschrieben, weil subjektiv und konkret, und noch weniger oft nachvollziehbar und vorzeigbar praktiziert worden.

Sicherlich, neue Organigramme lassen sich schnell „verordnen" und neue Besen – so sagt man – kehren gut. Doch welche Signalwirkungen gehen davon aus? Wie wirkt sich ein derartiger Change-Management-Prozeß auf das ganze Unternehmen und auf die Unternehmenskultur aus? Kann ein Change-Management-Prozeß nicht auch so gestaltet werden, daß er nicht zu traumatischen Erlebnissen bei Mitarbeitern und Führungskräften führt?

Dies setzt aber voraus, daß die Mitarbeiter und Führungskräfte von Anfang an in den Prozeß einbezogen und ihnen Fehler zugebilligt werden, denen mit Vertrauen – fällt dieses auch noch so schwer – begegnet wird. Diese Art der Veränderung ist sicherlich nicht leicht und dauert bestimmt länger als die heute übliche Vorwärtsorientierung, der allerdings oftmals die Sinn- und Wertehaftigkeit fehlt. Augenmaß in der schrittweisen Veränderung der Aufgabenstellungen, Rollen- und Wertemuster, das nachvollziehbare und komplexitätsreduzierende Verändern der Strukturen, Prozesse und Organisationen, hin zu mehr Teamarbeit und Dienstleistung, führt erst dann zu einer neuen Personalpolitik, die diesen Namen auch verdient, wenn sie von allen Mitarbeitern und Führungskräften erstanden, akzeptiert und gelebt wird.

Soll die Akzeptanz des Linienmanagement für eine neue Personalpolitik erzielt werden, weil letztlich sie ja die Personalpolitik „vor Ort" umsetzen, so geht an der partizipativen Gestaltung des Wandels kein Weg vorbei. Soll die Personalfunktion im Unternehmen aus ihrer historisch gewachsenen Rolle als „Erfüllungsgehilfe" und „Ersatzvorgesetzter" anderer Bereiche und Führungskräfte herauswachsen, kann die neue Personalpolitik nicht als sogenannter „Bombenwurf" implementiert werden, sondern muß schrittweise, gleichwohl ganzheitlich, auf der Basis eines maßgeschneiderten Konzeptes entfaltet und implementiert werden. Soll die Bedeutung der neuen Personalpolitik im Unternehmen maßgeblich und nachhaltig gestärkt werden, womit die Bedeutung der Human Resources insgesamt einhergeht, so muß bei der Gestaltung der Veränderungsgeschwindigkeit in der Positionierung einer neuen Personalpolitik mit Gefühl und Härte operiert werden: Schon zu oft sind sozio-technische Systeme durch zu viele – und noch schlimmer – schnell wechselnde Programme und Projekte je Zeiteinheit überfordert worden.

232   Personalpolitik im Wandel

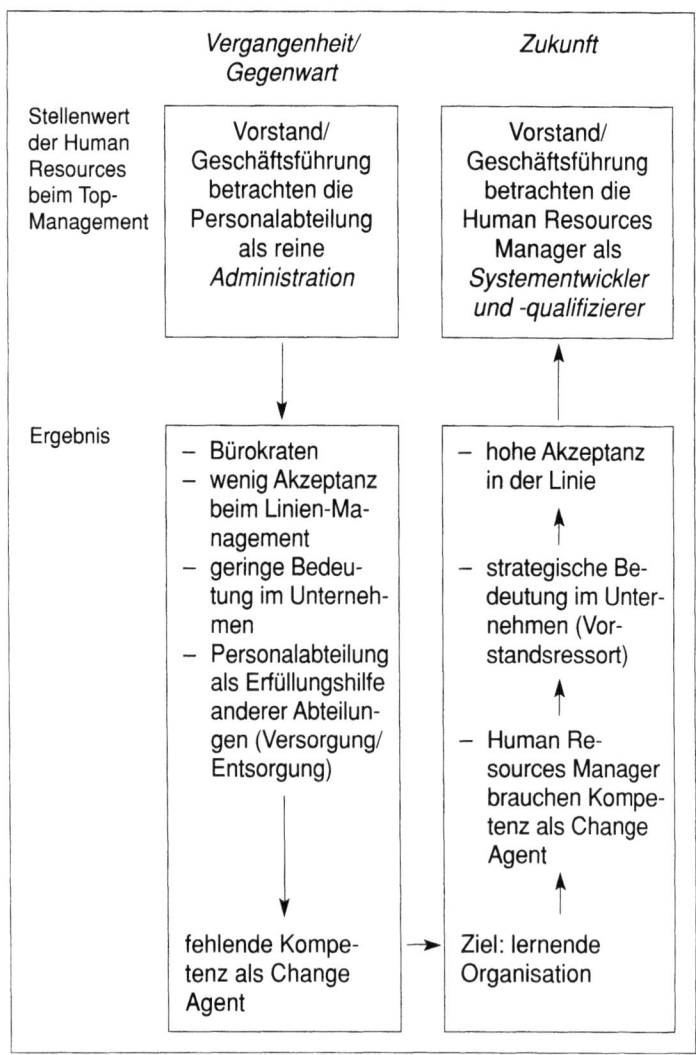

Abbildung 27: Veränderungen in der Bedeutung des Human Resources Management
Quelle: Grässle, A. A.: Quantensprung. Durch Veränderungsmanagement zur Unternehmensidentität, München 1993, S. 188

Gefühl und Härte zeigen

Die meisten Änderungsmaßnahmen scheitern dann an der Irritation der Mitarbeiter und Führungskräfte durch Überforderung. Ist dies der eine Pol, der die Änderungsgeschwindigkeit begrenzt, so zeichnet sich der andere Pol dadurch aus, daß bei zu langsamem Vorgehen den Veränderungsunwilligen immer wieder Zeit eingeräumt wird, sich neu zu formieren und Hemmnisse aufzubauen.

Den Mitarbeitern und Führungskräften die Angst vor dem Wandel zu nehmen und in ihnen den Willen zur andauernden Veränderung zu wecken, darin besteht die uneingeschränkt wichtigste Aufgabe im Wandlungsprozeß selbst. Sie kann am wirkungsvollsten durch die Integration der Veränderungsunwilligen in den Wandlungsprozeß gelöst werden, haben doch auch sie einen wertvollen Beitrag zur Neu-Positionierung der Personalpolitik zu leisten, können doch auch sie aufgrund ihrer Erfahrung ihre Rolle als „Systementwickler und Qualifizierer" wahrnehmen und die Bedeutung des Human Resources Management stärken (vgl. Abbildung 27). Die richtigen Momente für das Verändern der Zeit im Wandlungsprozeß, mal etwas schneller, mal etwas langsamer, mal mit mehr Distanz und mal mit mehr Nähe, diese Situationen herauszufinden, das geht nur mit diagnostischen Fähigkeiten, die die unternehmens- und mitarbeiterspezifischen Randbedingungen mit erfassen. Hier lassen sich auch keine Patentrezepte formulieren, hier ist niemand vor Rückschlägen gefeit.

Auch wenn dies einige Führungskräfte nicht wissen (wollen): Gerade bei der Umgestaltung eines Unternehmens zu mehr Kunden- und Marktorientierung, zu mehr Internationalisierung kommt einer den Unternehmenszielen wie Mitarbeiterinteressen gleichermaßen geschuldeten Personalpolitik allergrößte Bedeutung zu. Sicherlich, eine dermaßen ausbalancierte Personalpolitik ist nicht alles. Aber ohne sie ist alles nichts!

Anmerkungen

1 Staehle, W. H.: Management, 4. Auflage, München 1989, S. 719
2 Henkel, R. C.: Traumtänzer, in: *Manager Magazin* 12/1990, S. 332
3 Drucker, P. F.: Goodbye to the old personnel department, in: Foulkes, F. K.(Ed.): Human Resources Management – Readings, Englewood Clifs 1989, S. 1–3; Drucker, P. F.: So funktioniert die Fabrik von morgen, in: *Harvard manager* 1/1991, S. 9–17
4 Peters, T. J./Waterman, R. H.: Auf der Suche nach Spitzenleistungen, Landsberg 1984
5 Pascale, R. T./Athos, A. G.: Geheimnis und Kunst des japanischen Managements, München 1982
6 Bullinger, H.-J.: F&E heute. Industrielle Forschung und Entwicklung in der Bundesrepublik Deutschland, München 1990
7 Wohlgemuth, A. C.: Human Resources Management aus unternehmens-politischer Sicht, in: Management Forum, Band 6, Wien/Heidelberg 1986
8 Hauptmann, G./Hohmann, R.: Sozio-technische Arbeitssysteme. Integration der Mitarbeiter in das reinraumspezifische Tätigkeitsfeld, in: *Reinraumtechnik* 2/1990, S. 36–41
9 Staudt, E.: Die Führungsrolle der Personalplanung im technischen Wandel, in: Sonntag, K. (Hrsg.): Neue Produktionstechniken und qualifizierte Arbeit, Köln 1985, S. 37–60
10 Spies, U.: Personalwesen als Organisationsaufgabe. Ein Leitfaden zur organisatorischen Gestaltung betrieblicher Personalarbeit, Heidelberg 1988
11 Weber, M.: Wirtschaft und Gesellschaft, 5. Auflage, Tübingen 1990, S.128
12 Sarges, W.: Veränderungen von Organisationsstrukturen und ihr Einfluß auf das Personalmanagement, in: Kienbaum, J. (Hrsg.): Visionäres Personalmanagement, Stuttgart 1992, S. 347
13 Berthel, J.: Personal-Management, 2. Auflage, Stuttgart 1989
14 Sarges, W.: Veränderungen von Organisationsstrukturen und ihr Einfluß auf das Personalmanagemen, in: Kienbaum, J. (Hrsg.): Visionäres Personalmanagement, Stuttgart 1992, S. 347

15 Walz, D.: Personalpolitik ist Unternehmenspolitik, in. Feix, W. E. (Hrsg.): Personal 2000. Visionen und Strategien erfolgreicher Personalarbeit, Frankfurt/Wiesbaden 1991
16 Peters, T. J.: Jenseits der Hierarchien. Liberation Management, Düsseldorf/Wien/New York/Moskau 1993
17 Ackermann, K.-F.: Auf der Suche nach kundenorientierten Organisationsformen des Personalmanagements, in: Kienbaum, J. (Hrsg.): Visionäres Personalmanagement, Stuttgart 1992, S. 347
18 Sommer, S.: Personalentwicklung: Begriff, Ziele und organisatorische Einordnung eines mitarbeiterorientierten Führungsinstrumentes zur Unternehmenssicherung, Studienarbeit an der Berufsakademie Mannheim, 1992
19 Wunderer, R./Schlagenhaufer, P.: Personal-Controlling. Funktionen – Instrumente – Praxisbeispiele, Stuttgart 1994
20 Wunderer, R.: Personal-Controlling, in: Seidel, E./Wagner, D. (Hrsg.): Organisation. Evalutionäre Interdependenzen von Kultur und Struktur der Unternehmung, Wiesbaden 1989, S. 243–257; Wunderer, R.: Personal-Controlling, in: Wagner, D. (Hrsg.): Handbuch der Personalleitung: Funktionen und Konzeptionen der Personalarbeit im Unternehmen, München 1992, S. 958–972; Wunderer, R./Schlagenhaufer, P.: Personal-Controlling. Funktionen – Instrumente – Praxisbeispiele, Stuttgart 1994
21 Papmehl, A.: Personal-Controlling, Heidelberg 1990
22 Spies, U.: Personalwesen als Organisationsaufgabe. Ein Leitfaden zur organisatorischen Gestaltung betrieblicher Personalarbeit, Heidelberg 1988
23 Sommer, S.: Personalcoaching: Unterstützung der Führungs- und Betreuungsaufgaben von Potentialträgern zur individuellen Persönlichkeitsentwicklung sowie der Bewältigung sozialer und psycho-sozialer Spannungsfelder durch das methodische Konzept der nicht-professionellen beratenden Gesprächs-Erarbeitung eines praxisorientierten Handlungskonzeptes zur qualitativen Führungsunterstützung auf der Grundlage des klientenzentrierten Gesprächsführungsansatzes, Diplomarbeit an der Berufsakademie Mannheim, 1993

24 Sommer, S.: Mitbestimmung nach dem Betriebsverfassungsgesetz. Information für Führungskräfte der ABB Kraftwerke AG, Mannheim 1994
25 ABB Kraftwerke AG (Hrsg.): Leitlinien für Führungskräfte, Mannheim 1994
26 Hamel, G./Prahalad, C. K.: Wettlauf um die Zukunft, Wien 1995
27 vgl. auch Hohmann, R.: Auf Service setzen statt entlassen, in: *Personalwirtschaft* 4/1995, S. 17-21

Co-Management im kritischen Spannungsfeld

von Kurt Krause

Warum „Co-Management"?

Mein Beitrag beleuchtet die Entwicklungsschritte der Arbeitsorganisation und die Einflußnahme der Betriebsräte auch im Wirkungsfeld des Gesamtbetriebsrates. Dies schließt den Wandel der betrieblichen Rahmenbedingungen mit ein.

Als Einschränkung der Aussagefähigkeit ist einzuräumen, daß es sich ausschließlich um Bewertungen in Großbetrieben und der Automobilindustrie handelt. Meine jetzt über zwanzigjährige Betriebsratstätigkeit erschloß mir durch die Mitarbeit in den betrieblichen Gremien, zum Beispiel Gesamtbetriebsrat, Wirtschaftsausschuß, Aufsichtsrat, verbunden mit Werksbesuchen in Schweden, Japan und England, einen hohen Grad an Erfahrungswissen. Die gewerkschaftliche Grundüberzeugung trägt mit dazu bei, daß sich bei kritischer Selbstbetrachtung ein hohes Maß an Urteilsfähigkeit ausbildet. Da gelebte Überzeugung das tägliche Handeln letztlich prägt und selbstverständlich erscheinen läßt, ist eine Rückbetrachtung unerläßlich.

Um Mißverständnissen vorzubeugen, Co-Management bedeutet nicht die Übernahme der betrieblichen Führungsverantwortung durch die Betriebsräte. Der nach wie vor vorhandene Gegensatz zwischen Kapital und Arbeit schließt bei Co-Management die Achtung der jeweiligen Verantwortung ein. Unerläßlich ist die Bereitschaft, Entwicklungstendenzen zu beeinflussen und Verantwortung zu übernehmen.

Die ausgewählten Beispiele machen Entwicklungsschritte transparent und ermöglichen somit einen Erfahrungstransfer. Es sind dies:

- die Betriebsvereinbarung des Gesamtbetriebsrates ISA (Informationssystem zur Arbeitsplatzplanung) als auslösendes Element,
- der erste eigene Entwurf des Betriebsrates „Werk Berlin" zur Arbeitsorganisation in der DNC-Dreherei, Keimzelle des Gruppenarbeitsprojektes,
- die Projektgruppe des Gesamtbetriebsrates, ihre Einbindung in die Planung der Fertigung im Pkw-Montagewerk Rastatt und
- das Entstehen der Betriebsvereinbarung „Pilotprojekte Gruppenarbeit" und des aktuellen Stands.

In der zeitlichen Abfolge der Beispiele erfolgten wesentliche Strukturänderungen, zum Beispiel die Centerbildung in allen Werken der Mercedes-Benz AG. Die durchaus kritische wirtschaftliche Entwicklung der Daimler-Benz AG/Mercedes-Benz AG Ende der 80er Jahre ist in meine Betrachtung einbezogen.

Gerade letzteres machte mir deutlich, daß als erstrebenswert und richtig anerkannte Normen unter kurzsichtiger betriebswirtschaftlicher Betrachtung in Frage gestellt und ins Negative verändert werden.

Können soziale Prozesse systematisiert werden?

Als 1978 die damalige Daimler-Benz AG den Gesamtbetriebsrat (GBR) informierte, daß in den Werken ein Informationssystem zur Arbeitsplatzplanung (ISA) installieren werden sollte, wurden zwei Hauptaspekte verfolgt: Die sich ständig verbessernde Möglichkeit der Datenverarbeitung und das Ziel, den richtigen Menschen am richtigen Arbeitsplatz einsetzen zu können. Die aus der Personaldatei bekannten Personaldaten sollten, um den Datensatz „Bildungsstand" ergänzt, mit den technischen Daten, die aus der analytischen Arbeitsplatzbewertung vorlagen, maschinell abgeglichen werden können. Dabei wurde immer betont, daß nur Entscheidungsgrundlagen erstellt werden, die Entscheidung von den benannten Sachbearbeitern oder vorgesehenen Gremien unter Beachtung der BetrVG-Rechte getroffen werden. Untermauert wurde die Argumentation dadurch, daß am Arbeitsmarkt kaum Facharbeiter rekrutieren werden konnten.

Innerhalb der Betriebsratsgremien wurden und werden teilweise heute noch zwei Felder kontrovers diskutiert, die nicht im sachlichen Zusammenhang mit der Unternehmensforderung standen: Der Datenschutz und die Arbeitssicherheit mit dem Schutz der Gesundheit. Letzteres wird durch die heutige Forderung nach einem Gesundheitspaß deutlich.

Daß die im Betriebsverfassungsgesetz von 1972 festgelegten Bestimmungen zum Datenschutz aufgrund der technischen Entwicklung in Hard- und Software völlig unzureichend sind, wurde Mitte der 80er Jahre besonders deutlich. So war es nicht verwunderlich, daß im Vordergrund der Wunsch stand, eine alles umspannende Vereinbarung zum Datenschutz zu erreichen. Den „Arbeitsmedizinern" unter den Betriebsräten waren die Daten hingegen zu vage und der Schutz der menschlichen Arbeitskraft nicht ausreichend berücksichtigt.

In den ersten Verhandlungen trat ein heute noch anzutreffender Widerspruch deutlich zu Tage. Der erklärten Absicht der Unternehmensvertreter, eine betriebliche Lösung zu finden, stand das Verhalten der Juristen der Rechtsabteilung entgegen. In jeder Formulierung wurde eine Ausweitung der Mitbestimmung „gewittert". Es kam und kommt somit zu – eigentlich für beide Seiten – unnötigen zeitlichen Verzögerungen, die zudem den Willen, zügig einvernehmliche, betriebsbezogene Lösungen zu finden, behindern. In die Verhandlungen zur Betriebsvereinbarung „Informationssystem zur Arbeitsplatzplanung" kam Druck, nachdem Öffentlichkeit hergestellt worden war. Die damalige Opposition im Untertürkheimer Betriebsrat (Plakatgruppe), unterstützt durch den Anwalt Rezzo Schlauch, veranlaßte, daß vor dem Werktor 9000 Unterschriften gegen den „gläsernen" Menschen gesammelt wurden. Da nun Vereinbarungsinhalte sachlich und detailliert beraten werden konnten, trat durch gegenseitiges Anerkennen von Sachargumenten ein konstruktives Verhandlungsklima ein. Beide Seiten mußten anerkennen, daß Sachargumente einen Umdenkungsprozeß auslösten.

Die eigentliche Zielsetzung der Betriebsvereinbarung, den Einsatz des am besten geeigneten Menschen am „richtigen" Arbeitsplatz, war im Grundsatz nie strittig. Strittig blieb jedoch auch nach Abschluß der Verhandlungen – die Vereinbarung trat am 1.7.80 in Kraft – ob das Informationssystem wirklich ein taugliches Instrument ist und somit anwendergerecht. Denn gerade dynamische Prozesse, wie auch der Personaleinsatz, sind nur bei absoluter Aktualität der Daten geeignete Entscheidungshilfen. Der Betriebsrat wies immer wieder auf den enormen Datenpflegeaufwand hin und wurde in seiner Einschätzung bestätigt. Da die Abläufe in den Werken viel zu statisch waren und sind, kam das System kaum oder nur in abgewandelter Form, also in einzelnen Bausteinen, zur Anwendung. Stellte sich schon damals die Frage nach Kosten/Nutzungsaufwand, ist sie jetzt umso berechtigter.

Aus der Diskussion über das Informationssystem „Arbeitsplatzplanung" zog der Gesamtbetriebsrat Konsequenzen, beschloß die Kommission Arbeitsgestaltung und betraute mich mit deren Leitung.

Durch Information zur Gestaltungschance

Erste Zielsetzung der GBR-Kommission war, die Abläufe der Informationen zu den Paragraphen 90 und 91 BetrVG im Werksvergleich zu analysieren, Schwachstellen zu benennen und abzustellen. Darüber hinaus sollte mit Hilfe der von der Kommission erarbeiteten Checklisten zur Arbeitsgestaltung vergleichbare Standards erreicht werden. Der Paragraph 82 BetrVG findet nach meiner Erkenntnis in den Betrieben kaum Beachtung. In Ziffer eins heißt es da: „Der Arbeitnehmer hat das Recht, in betrieblichen Angelegenheiten, die seine Person betreffen, von den nach Maßgabe des organisatorischen Aufbaus des Betriebs hierfür zuständigen Personen gehört zu werden. Er ist berechtigt, zu Maßnahmen des Arbeitgebers, die ihn betreffen, Stellung zu nehmen sowie Vorschläge für die Gestaltung des Arbeitsplatzes und des Arbeitsablaufs zu machen."

Die Grundlagen der Arbeitnehmerbeteiligung sind somit gesetzlich gegeben, werden jedoch weder eingelöst noch eingeklagt. So müssen Betriebsräte zwangsläufig aus dem Individualrecht das Kollektivrecht ableiten und die Stellvertreterfunktion – Sicherung der Arbeitnehmerinteressen – übernehmen. Das heißt aber auch, über Jahrzehnte geprägte Denkweisen zu verändern. Noch immer liegt der Schwerpunkt der Betriebsratsarbeit bei der Lohnkommission. Verkannt wird noch immer, daß durch das Festlegen der Arbeitsorganisation, der Arbeitsinhalte und der entsprechenden Weiterbildung der Eckwert des Entgelts weitgehend bestimmt wird. Das heißt, in den Betriebsratsgremien muß die Gleichwertigkeit – eigentlich Vorrangstellung – der Arbeitsgestaltung vor der Lohnkommission hergestellt werden.

Dieser Umdenkungsprozeß muß als noch nicht abgeschlossen angesehen werden. Da gerade im Leistungslohnbereich das Entgelt durch das Einhalten der Vorgabezeiten bestimmt wird, richtet sich fast zwangsläufig das Augenmerk auf die „falsche" Norm, weniger auf die Bedingungen. Da über die Tarifverträge die Mitbestimmungsrechte stärker ausgeprägt sind als durch das Betriebsverfassungsgesetz, schreibt sich der Ablauf immer noch fort.

Daß Interessenvertretungen das Gebiet noch vernachlässigen, liegt zum einen an Managementvertretern, die Mitbestimmung bei der Arbeitsorganisation noch immer zum Tabu erklären – und das, obwohl nie der Anspruch auf Übernahme der Planungshoheit, sondern nur die rechtzeitige Beteiligung der Betroffenen eingefordert wird – und zum anderen daran, daß die Kontrolle der Projekte als zu aufwendig angesehen wird. Beide Ansichten entsprechen nicht mehr den betrieblichen Erfordernissen. Wenn nämlich das Management über Kaizen oder KVP (Kontinuierlicher Verbesserungsprozeß) die ständige Bereitschaft, die Prozesse zu verändern, einfordert, entbehrt es jeder Logik, die Interessenvertretung und Arbeitnehmer aus dem Planungsprozeß weitgehend auszuschließen. Die Betriebsräte schätzen die Lage falsch ein, wenn sie glauben, am Ende des Planungsprozesses erforderliche Entgeltbestimmungen reklamieren zu können: Wenn über die Arbeitsorganisation und das detaillierte Festlegen der Arbeitsinhalte die wesentlichen Faktoren der Verdienstmöglichkeit vorbestimmt sind, wird einer Reklamation am Ende der Prozeßkette meist nur ein bescheidener Erfolg beschieden sein.

Der intensive Erfahrungsaustausch in der Kommission „Arbeitsgestaltung" des GBR und die über Jahre freundschaftliche Zusammenarbeit mit der IBS (Innovationsberatungsstelle der IG Metall), hier namentlich Herrn Andreas Scholz, eröffnete neues Beurteilungsvermögen. Als 1985 dem Betriebsrat des Werkes Berlin die Neuordnung der Dreherei vorgestellt wurde, war relativ leicht erkennbar, daß es auf ein DNC-Konzept (Direct Numeric Control) hinauslaufen würde.

Die Erfahrung mit einem nie realisierten Projekt, FFS (Flexibles Fertigungssystem), war hier sehr hilfreich. Hier ist anzumerken, daß die Maschinen zwar gekauft und installiert, jedoch nie dem ursprünglichen Einsatz zugeführt wurden. Heute werden sie aber als überdimensionierte und zu kostenträchtige Anlage bewertet, die zur Unwirtschaftlichkeit des Produktionsbereiches beiträgt.

Da der mit der Planung Beauftragte aufgrund mangelnder Unterstützung der Fachbereiche den ungewöhnlichen Weg wählte, das Projekt im Rahmen eines Hochschulseminars offen zu diskutieren, konnte der Betriebsrat daran teilnehmen. Die Hochschuldiskussion über rechnergestützte Fertigung und den Wert der menschlichen Arbeit war für mich ein Schlüsselerlebnis für die weitere Arbeit als Sprecher der Kommission Arbeitsgestaltung, aber auch der Betriebsratsarbeit selbst. Das Seminar verdeutlichte, wie hilfreich es sein kann, Fragen auf den Ursprung zurückzuführen und die ganzheitliche Betrachtung bei Umsetzungsstrategien nicht außer acht zu lassen. Gerade die Installation technischer Insellösungen, also abgekoppelt von den üblichen Betriebsstrukturen, sind durch die Widerstände der tangierten Fachbereiche zum Scheitern verurteilt. Die zur damaligen Zeit ausgelöste Bedeutung von Pflichtenheften brachte aufgrund der Forderung des Betriebsrates ein aus unsrer Sicht völlig unzureichendes Konzept der Planung in die Diskussion. Der wesentliche Inhalt des Konzeptes der Unternehmensleitung bestand im Festschreiben der vorhandenen Betriebsorganisation mit der Möglichkeit zur erweiterten elektronischen Datenverarbeitung.

Aufbrechen der Arbeitsteilung

Der vom Betriebsrat erstellte Entwurf zur Arbeitsorganisation muß als der erste dokumentierte Schritt zum Co-Management gewertet werden. Erklärtes Ziel des Betriebsrats war das Zusammenführen von Facharbeitertätigkeiten. Aufheben der tayloristischen Arbeitsteilung, wenn schon nicht am Einzelarbeitsplatz, dann im Arbeitssystem. „Co-Management" aus dem Grund, da sich der Betriebsrat bereit erklärte, das Konzept aktiv bei der betroffenen Belegschaft zu vertreten, bei der Umsetzung zu helfen und durch konsequente Betreuung die Umsetzung abzusichern.

Die Umsetzungsstrategie beinhaltet auch die Bewertung der rechtlichen Möglichkeiten. Da uns die Mitbestimmungsmöglichkeit bei der Arbeitsorganisation durch die Diskussion zur Vereinbarung „ISA" noch frisch genug in Erinnerung war, setzten wir auf die rechtlichen Möglichkeiten bei der Datenverarbeitung. Da die ersten Urteile gegen eine Leistungsüberwachung durch DV-Systeme vorlagen, stützten wir die Argumentation auf die mögliche arbeitsrechtliche Auseinandersetzung zur Datenverarbeitung bei Verweigerung des Management in Fragen der Arbeitsorganisation.

Daß der Betrieb dringend Erfahrung auf dem Gebiet der Produktionsdaten brauchte, war auch auf Arbeitnehmerseite unstrittig. Nach insgesamt eineinhalbjährigem Diskussionsprozeß kam es zum Abschluß einer Betriebsvereinbarung über einen zweijährigen Probebetrieb. Sie enthielt neue organisatorische Lösungen bei unveränderten Maschinen- und Steuerungskonzepten. Die Arbeitsorganisation wurde wie folgt festgelegt (vgl. auch Abbildung 28):

- Einer festgelegten Maschinengruppe werden mehr Arbeiter als Maschinen zugeordnet (unser Beispiel: sechs Maschinen, acht Arbeiter).

- Alle anfallenden Arbeiten werden klar definiert und im Wechsel von allen wahrgenommen.

- Die Dreharbeiten werden überwiegend am werkstattnahen Programmierplatz von dafür ausgebildeten Werkern programmiert.

- Alle Werker sollen auf Werkstattprogrammierung, Einrichten und Optimierung durch geeignete Schulungsmaßnahmen im Zeitraum der Probevereinbarung (zwei Jahre) ausgebildet werden.
- Schulungsmaßnahmen für betriebliche Führungskräfte werden durchgeführt.
- Die Abrechnung erfolgt anonym (Gruppenabrechnungen, kostenstellenbezogen ohne Einzelbelege).
- Die Maschinendatenmeldung erfolgt ebenfalls anonym.
- Die Werker werden regelmäßig über den erreichten Stand unterrichtet.

Betriebsratsinterne Überzeugungsarbeit

Ein Punkt der betriebsratsinternen Diskussion soll nicht unerwähnt bleiben. Die Forderung nach gleicher Qualifikation wurde zwar anfänglich mit Blick auf die mögliche Einkommensentwicklung allgemein begrüßt, im Verlauf der Verhandlungen wurde jedoch von immer mehr Mitgliedern Zweifel an der Umsetzbarkeit geäußert. Die Argumentation der Arbeitgeberseite – zu große Defizite in der Qualifikation, unterschiedlicher Wissensstand erfordere abgestufte Arbeitsumfänge, mangelnde Lernbereitschaft und Ablehnung komplexer Arbeitsumfänge – wurde verstärkt übernommen. Es wurde deutlich, wie stark über Jahre gelebte Denkansätze sich einprägen. Hätte die Interessenvertretung auf der Grundforderung (Einführung nur bei gleichem Lohn für alle) bestanden, wäre die Umsetzung nicht möglich gewesen. Der Kompromiß einer abgestuften Bereichsbewertung, die durchgängig ist und für alle die oberste Stufe erreichbar macht, ist nach wie vor geübte Praxis.

Nach erfolgreichem Probelauf, der vom Betriebsrat intensiv betreut wurde, wurde 1988 das Projekt – nach Abchecken der zwischenzeitlich sich in der Diskussion befindlichen Kriterien – als Gruppenarbeitsprojekt eingestuft und weiterentwickelt.

In der Nachbetrachtung gilt es folgendes Fazit zu ziehen. Der Betriebsrat konzentrierte sich weitgehend auf die fachliche Qualifikation der Kollegen und deren Weiterentwicklung zur Beherrschung des technischen Systems. Dadurch kamen zwei wesentliche Aspekte zu kurz. Die erforderliche soziale Qualifikation, in der Gruppe auftauchende Konflikte erkennen und lösen zu können, wurde zwar angesprochen, aber mangels fehlender Weiterbildungsbausteine unterschätzt und somit anfänglich vernachlässigt. Ebenso ist zwar die veränderte Verantwortung der Führungskräfte erkannt und als notwendige Weiterbildungsmaßnahme beschrieben, aber nicht umgesetzt worden. Noch schlimmer war, daß die zuständigen Meister erst nach Abschluß der Betriebsvereinbarung von deren Inhalt in Kenntnis gesetzt wurden. Dies ist dann aber nicht über das Management, sondern durch den Betriebsrat erfolgt. Eine ausreichende Vorbereitung der Führungskräfte erfolgt bedauerlicherweise bis heute nicht.

Nachdenkliche Gesichter gab es beim Betriebsrat nach dem Bekanntwerden einer 1988 gemachten externen Untersuchung. Die Untersuchung bezog sich auf den Qualifikationsstand, Erkennen der

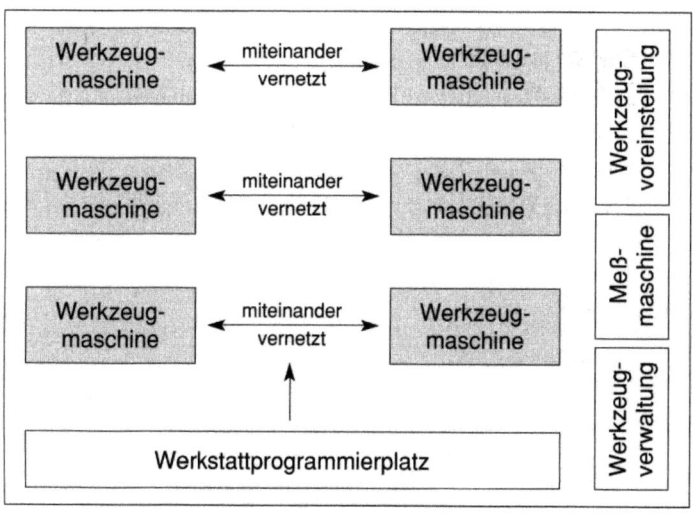

Abbildung 28: Prinzipskizze einer DNC-Dreherei

Selbststeuerungsmöglichkeit und Kenntnis über die veränderte Arbeitsorganisation. Eine Vielzahl der Beschäftigten klagte über mangelhafte Unterstützung und kannte den Initiator der Veränderung nicht. Die Ergebnisse machten deshalb so betroffen, weil der Betriebsrat, bevor er dem Probebetrieb zustimmte, insgesamt sechs Abteilungsversammlungen durchgeführt und nur nach ausdrücklicher Zustimmung die Vereinbarung unterschrieben hatte.

Heute erschreckt die Reaktion der Kollegen nicht mehr. Der Betriebsrat hat zwar die Zwischenergebnisse immer vorgestellt und sich auch die Zustimmung eingeholt, aber die Betroffenen waren in den Veränderungsprozeß, der ihre Bedingungen betraf, nicht eingebunden. Es war somit anfänglich nicht „ihre" Sache.

Ein nicht zu unterschätzender Aspekt sei ebenfalls einmal offen angesprochen. Handelnde Personen ermöglichen Erfolge. Das Projekt wurde in der Abteilung durchgeführt, die vor meiner Freistellung als Betriebsrat mein Tätigkeitsfeld war. Der Hauptabteilungsleiter Produktion war Argumenten des Betriebsrats zugänglich und erklärte sich nach geführten Grundsatzdiskussionen vor Projektstart bereit, einen möglichen Versuch nicht nur zu unterstützen, sondern auch sicherzustellen. Dazu ein technischer Werkleiter, der sich nach Einbinden in den Diskussionsprozeß bereit erklärte, an Auflagen des Zentralbereiches vorbei einen Pilotversuch ebenfalls zu unterstützen.

Der Betriebsrat seinerseits reklamierte nie Urheberrechte. Durch Herstellen von Öffentlichkeit, zum Beispiel Besuchergruppen unter Beteiligung der Hochschulen, kam das Management in den Zwang, das Projekt als „ihres" darzustellen und somit den Erfolg zu sichern.

Soziale Qualifikation durch Erfahrungsaustausch

In der Kommission für Arbeitsgestaltung des Gesamtbetriebsrates reifte relativ früh die Erkenntnis, daß nur durch mündlichen Erfahrungsaustausch keine wirkliche Veränderung erreicht werden kann.

Durch Änderung des Arbeitsstils, nämlich in den Werken vor Ort Planungsumsetzungen in Augenschein nehmen und Planungsabläufe diskutieren zu können, wurde die Arbeit auf eine fundierte Grundlage gestellt. Das hatte nicht für die Kommissionsmitglieder nur den Vorteil, daß sie alle Werke kennenlernten, sondern auch die Prämissen, die zu einer Abweichung von gesteckten Zielvorgaben führen. So war es eine logische Konsequenz, aus der erworbenen Kompetenz die Beteiligung an der Neuplanung des Werkes Rastatt abzuleiten.

Nach getroffener Entscheidung des Vorstandes, in Rastatt ein drittes Pkw-Montagewerk zu bauen, wurde erstmals in der Mercedes-Benz AG ein Planungsteam aus Vertretern der Unternehmensleitung und des Gesamtbetriebsrats sowie Planern und automobilbauerfahrenen Betriebsräten der Pkw-Werke Sindelfingen und Bremen gebildet. Daß dies nicht ohne die arbeitsrechtliche Bewertung der Unternehmensjuristen, die keine Erweiterung der Mitbestimmung des Gesamtbetriebsrats zulassen wollten, abging, sei nur der Vollständigkeit halber erwähnt. Ebenso die betriebsratsinternen Schwierigkeiten, eine Fabrikplanung zu begleiten, für die es formal noch keine Interessenvertretung gab.

Vergleichbar ist dies mit Neuplanungen beziehungsweise Fertigungsanläufen, für die die Personalauswahl während oder nach Planungsabschluß erfolgt. Breit vorhandenes Fertigungswissen wird somit nicht genutzt. Die Erwartungshaltung, nachträglich die Identifikation mit dem Produkt und Fertigungsablauf herzustellen, muß sich zwangsläufig als problembehaftet erweisen.

Als der Projektleiter Planung Rastatt, der damalige Werkleiter aus Sindelfingen, sich mit der BR-Forderung, möglichst eine Fabrik ohne Fließbänder zu planen, auseinandersetzen mußte, tat er dies zunächst als „Spinnerei" ab. Als er die konstruktiven Alternativen bewerten konnte, zollte er dem Betriebsrat immerhin Anerkennung mit der Bemerkung, wir sollten nicht so ungeduldig sein, seine Planer hätten in den letzten 30 Jahren nun mal nur Fließbänder geplant. Unter der sachkundigen Begleitung der IG Metall, hier Herrn Manfred Muster aus der Abteilung „Automation" in Frankfurt, wurde neben Volvo und Saab in Schweden auch der Produktionsstand der deutschen Automobilindustrie in Augenschein genommen.

Aus den gewonnenen Erfahrungen erstellte die Gesamtbetriebsratsprojektgruppe einen Katalog mit Zielkriterien zur Ergonomie und Arbeitsorganisation für die PKW-Montage Rastatt. Ist der Umgang mit Checklisten oder Forderungskatalogen an sich nichts Neues, gingen wir erstmals den Weg, Prinziplösungen vorzuschlagen, wie zum Beispiel zur Ergonomie.

Zielkriterien für die Pkw-Montage Rastatt

Zielkriterien zur Ergonomie

Körperhaltung

Kein Bandablauf während der Arbeitsverrichtung: Ziel ist die Vermeidung zusätzlicher, neben der eigentlichen Montagetätigkeit zu koordinierenden Bewegungsabläufe (Mitlaufen). Neben der daraus erfolgten generellen Entlastung ist insbesondere die Verbesserung bisher kritischer Arbeitsplätze zu erwarten.

Prinziplösungen hierfür sind die Boxenmontage (vgl. E-Box – Boxenmontage der Kabelräume – der Werke Sindelfingen und Bremen) beziehungsweise das mitlaufende Band (vgl. BMW Regensburg). Bei einem mitlaufenden Band ist dabei auf eine ausreichende Arbeitsfläche am Fahrzeug beziehungsweise (bei einer Aufhängung des Fahrzeugs) auf die Synchronisation der Bewegungen des Bandes beziehungsweise des Montageobjektes zu achten.

Keine Tätigkeit stehend stark gebeugt: Arbeitsplatzbeispiele hierfür sind verschiedene Montageumfänge im Motor- beziehungsweise Kofferraum sowie (noch) die Türenmontage am Fahrzeug.

Generell ist hier eine stark belastende Zwangshaltung, insbesondere in Verbindung mit weiteren Faktoren (zum Beispiel Verdrehen des Rumpfes, statische und dynamische Muskelarbeit) festzustellen.

Prinziplösungen hierfür sind der Einsatz einer höhenverstellbaren Schwenkvorrichtung beim FTS (Boxenmontage), die 90-Grad-Schwenkung der Karosse durch Hänge-Hub-Drehförderer beziehungsweise die Erhöhung der Vormontageanteile (zum Beispiel Türen).

Wechselnde Körperhaltung: Zum Belastungsausgleich innerhalb einzelner Arbeitsabläufe sollten kritische Körperhaltungen (stark gebeugt stehen, in den Arbeitsgegenstand gebeugt, Aufenthalt im Arbeitsgegenstand, stehen beziehungsweise sitzen mit den Armen über Kopf) beziehungsweise statische und dynamische Muskelarbeit stets im Wechsel mit weniger belastenden Körperhaltungen auftreten.

Prinziplösung ist hier, im Rahmen der durch den Vorranggraph bestimmten Abläufe Lösungsmöglichkeiten zu suchen.

Umwelt

Vermeidung von Abgasen im Montagegebäude: Zur Vermeidung von Abgasen im Montagegebäude sollten die Fahrzeuge in der Halle nicht aus eigener Kraft bewegt werden. In den notwendigen Prüfständen ist für eine optimale Abgasentsorgung Rechnung zu tragen.

Die Prinziplösung besteht hier aus hermetisch abgetrennten Prüfständen mit geeigneten Absaugvorrichtungen beziehungsweise Transport der Fahrzeuge durch FTS (vgl. Kontrolle/Finish bei BMW Regensburg)

Zielkriterien zur Arbeitsorganisation

Generelle Anforderungen

Erweiterung des Handlungsspielraumes: Eine zukunftsorientierte Gestaltung der Montagearbeitsplätze muß auch die steigenden Ansprüche der Arbeitskräfte an den eigenen Handlungsspielraum berücksichtigen. Hierzu ist insbesondere eine Entkoppelung der Arbeit sowie die Möglichkeit, die eigene Arbeit selbst zu organisieren, notwendig. Ebenso sollte die Möglichkeit individueller Arbeitsabläufe gegeben sein. Dabei kommt für uns der Gruppenarbeit eine vorrangige Bedeutung zu.

Die passende Prinziplösung: Boxenfertigung (vgl. die Erfahrungen mit der E-Box)

Große Arbeitsinhalte: Notwendig sind ganzheitliche Arbeitsvollzüge zur Abforderung einer hohen Qualifikation. Dabei ist durch unterschiedliche Anforderungen und Belastungen in der Arbeit der notwendige Belastungsausgleich zu sichern. Der innere Bezug zu einer als (noch) interessant empfundenen Arbeit ist zugleich Voraussetzung für die Motivation der Mitarbeiter, damit aber auch Voraussetzung für die Fertigungsqualität. Die Umsetzung sollte auf der Ebene des einzelnen Arbeitsplatzes erfolgen.

Prinziplösung: Boxenfertigung (vgl. zum Beispiel die Erfahrung mit der E-Box) beziehungsweise Vormontage mit ganzheitlichen Arbeitsvollzügen.

Durchgängige Qualifizierung für alle

Das Ziel umfangreicher und anspruchsvoller Arbeitsinhalte bedingt zugleich eine umfassende Qualifizierung der Kollegen. Ein erheblicher Anteil wird dabei „in der Arbeit" erfolgen. Dabei ist es notwendig, organisatorisch sicherzustellen, daß im Arbeitssystem zum Beispiel systematisch ein umfassendes Lernen für alle anfallenden Arbeiten in vorgegebener Zeit erfolgt. Hintergrund ist ein für alle Kollegen nach bestimmter Zeit erreichbarer „übergreifender Arbeitsplatz". Ziel ist das Erreichen einer hohen Gesamtqualifikation der Belegschaft zur Sicherung der notwendigen Qualität beziehungsweise Flexibilität der Fertigung. Dies bedingt den offenen Zugang zu einem breiten Weiterbildungsangebot und die systematische Förderung der Qualifizierung in der Arbeit für alle Kollegen. Die Ausgrenzung einzelner Gruppen ist ausgeschlossen.

Neben den Einzelkriterien wurden noch weitere – aus unserer Sicht wesentliche – Einflußfaktoren angesprochen und auf gemeinsame

Lösungsansätze gedrängt. So zum Beispiel: Welche Voraussetzungen müssen erfüllt sein, um Schwerbehinderte, Leistungsgewandelte beziehungsweise Mitarbeiter mit Einsatzeinschränkungen eingliedern zu können? Neben der Gruppenorganisation sind also auch eine Anzahl von Einzelarbeitsplätzen notwendig. Diese können zum Beispiel durch Vormontagen gesichert werden. Als unverzichtbar wurden große Puffer angesehen. Sie sind für uns die technische Voraussetzung für die geforderte Entkoppelung und Flexibilität. So ist auch darauf zu achten, daß Produktionssteuerungssysteme, also EDV-Software, die geforderten Freiräume nicht nur berücksichtigen, sondern sicherstellen. Bei den personalpolitischen Fragen beschränkten wir uns auf der damaligen Erfahrung auf zwei Aussagen. Einmal mitarbeiter-, dann führungskräfteorientiert. Unter dem Begriff „Personalentwicklungskonzept" forderten wir, daß jeder Mitarbeiter umfassend mit den veränderten Aufgaben vertraut gemacht und durch seinen persönlichen Weiterbildungsplan für die Aufgabenerledigung qualifiziert wird.

Dem kommt besondere Bedeutung bei weitergehender Aufgabenerweiterung zu. In der logischen Konsequenz muß der Gruppe ein Vorschlagsrecht zu Qualifizierungsmaßnahmen eingeräumt werden. Dies trifft weitgehend auch auf die Meisterebene zu. Unsere Forderung war eine weitergehende Entlastung von administrativen Aufgaben und eine Führungsdichte, die den veränderten Anforderungen gerecht wird. Als Grenze, um Personalbetreuung, Personal und Gruppenentwicklung sicherstellen zu können, wurden von uns ca. 30 Mitarbeiter je Meister angesehen. Daß der geforderte „Kooperative Führungsstil" nicht allein durch bloßes deklarieren von Zielsetzung gewährleistet wird, ist erlebte Erfahrung. Nur durch systematische Vorbereitung, gerade der unteren Führungskräfte, auf ihre künftige Aufgabe, kann die Voraussetzung zum Wandel eingeleitet werden.

Da der Gesamtbetriebsrat keinen Forderungskatalog erstellt und der Unternehmensleitung überreicht hatte, sondern Zielkriterien mit Prinziplösungen, kam es zu einer sehr konstruktiven Arbeit in der gesamten Projektgruppe. Da die Abweichungen somit für alle erkennbar, die Begründungen nachvollziehbar wurden, konnte die „politische" Diskussion auf ein Minimum beschränkt werden.

Stark beeinflußt wurden die Kompromisse von dem immer und immer wieder durch das Management angeführten Vorsprung der effektiveren Produktionsweise der Japaner und der damit höheren Wirtschaftlichkeit. Aufgrund meiner Erfahrungen durch Betriebsbegehungen muß ich zumindest die Vergleichbarkeit der Produktion anzweifeln. Während die Mercedes-Benz AG absolute Flexibilität anstrebte – „überspitzt" gesagt: alle Modelle über eine Linie anfertigen wollte – ist die japanische Fertigung auf ein, maximal zwei Produkte ausgelegt. Ein Besuch bei Nissan Sunderland bestätigte ein auf ein Produkt ausgelegtes effizientes Fertigungssystem. In einer durch hohe Arbeitslosigkeit geprägten Region (18 Prozent) wurde mit hohen Subventionen ein nach rein tayloristischen Prinzipien ausgerichtetes Arbeitssystem mit kurzen Taktzeiten installiert. Bei einem Durchschnittsalter der Arbeitnehmer von 21 Jahren läuft das Band 5 Meter pro Minute. Selbst die Unternehmensvertreter räumten ein, daß die beobachteten Arbeitsbedingungen weder erstrebenswert sind noch inhaltlichen Anreiz bieten. Ein Vergleich mit einer auf flexible Fertigung ausgelegten Fabrik schließt sich bei seriöser Betrachtung aus.

Für Rastatt galten in der Planung schon besondere Prämissen. Erstmals wurde von Gruppenarbeit als flächendeckend einzuführender Arbeitsorganisation gesprochen. Die in der Mercedes-Benz AG ausgelöste Diskussion über die Umsetzung des Konzeptes zur Centerbildung wurde bei den Strukturen schon berücksichtigt.

Die im Mai 1992 offiziell in Betrieb genommene Fabrik wurde bei der Einweihungsfeier zu Recht als modernste Automobilfertigung Europas gelobt. Die Schnellebigkeit stellte sich bereits im Oktober heraus. Der gleiche Festredner erhob die Produktion von Opel Eisenach in den Rang der modernsten Fertigung. Fazit: Auch bei schon spürbarem Abschwung der Automobilproduktion, dem immer stärker in den Vordergrund gestellten Argument der Wirtschaftlichkeit, aufkommenden Beispielen des Benchmarking – die sich überwiegend zu unseriösem Vergleich von Lohnhöhen asiatischer oder osteuropäischer Länder degenerieren – ist Rastatt der Beweis konstruktiver Zusammenarbeit.

Reibungsverluste auch bei Neuplanungen

Einige Annahmen haben sich jedoch nicht bestätigt. Eine auf der grünen Wiese geplante Fabrik läuft nicht schon deshalb, weil man eine neue Struktur vorgibt. Die aus alten Strukturen rekrutierten Beschäftigten bringen auf allen Ebenen ihre Erfahrungen der alten Strukturen ein.

Die entstehenden Reibungsverluste sind ähnlich wie alte Strukturen zu werten. Eine flächendeckende Verordnung von Gruppenarbeit wird nur, weil sie verordnet wird, nicht zum Selbstläufer, ohne entsprechende Betreuung sowieso nicht. Selbst wenn bei der Personalauswahl Gruppenarbeitsaspekte berücksichtigt werden, muß dem Prozeß der Entstehung der sozialen Kompetenz der Gruppen besondere Beachtung geschenkt werden. Werden dazu noch Produktionsdruck erzeugt, Anlaufzeiten verkürzt, Einarbeitungsmöglichkeiten beschränkt, dann wird die tayloristische Erfahrung „durchschlagen". Durch das Zurückfallen in unproduktive Arbeitsteilung, die kreatives Beobachten des Gesamtprozesses ausschließt, wird ein hohes Potential der Wirtschaftlichkeit nicht genutzt.

Die reichhaltigen Erfahrungen, die in den Werken der Mercedes-Benz AG gesammelt werden konnten, wurden ergänzt durch Besuche in Schweden bei Volvo und Saab, in Japan bei Mitsubishi, Toyota und Zulieferern sowie Nissan Sunderland in England. Vor diesem Hintergrund stellt sich die teilweise hysterisch geführte Japan-Diskussion, die durch die MIT-Studie ausgelöst wurde, als absurd dar, zumal namhafte Japankenner erklären, daß die MIT-Studie in Japan so gut wie unbekannt ist. Die Strukurkrise der Unternehmen sowie die rezessive Entwicklung der Wirtschaft betraf diesmal auch die Daimler-Benz AG, insbesondere durch den Rückgang in drei Bereichen: in der Rüstungsindustrie (aufgrund politischer Veränderungen) und in der Airbusindustrie (Währungsschwankungen) sowie bei der sogenannten „weißen Ware" der AEG. Auch der Fahrzeugbereich bei der Mercedes-Benz AG, insbesondere der Nutzfahrzeugbereich, geriet unter immer stärkeren Konkurrenzdruck. Hier bewahrheitete sich, daß jede Krise auch eine Chance bedeutet, denn alle Themen konnten nun offen und vorbehaltlos diskutiert werden.

Jetzt machte sich die kontinuierliche Arbeit der Kommission für Arbeitsgestaltung des Gesamtbetriebsrates bezahlt. Gemeinsam mit der IG Metall wurden Kriterien zur Gruppenarbeit diskutiert und ein Leitfaden entwickelt.

Gruppenarbeit

Um die Richtigkeit der Thesen zu untermauern und in eine für die Werke der Mercedes-Benz AG gültige Rahmenvereinbarung einfließen lassen zu können, verständigten sich die Betriebsräte aller Werke der Mercedes-Benz AG auf eine einheitliche Vorgehensweise. Um alle Einflußfaktoren berücksichtigen zu können, sollten in den Werken unterschiedliche Gruppenarbeitsprojekte gestartet werden. Die zu bewältigenden Schwierigkeiten waren uns bewußt: mechanische Einzelarbeitsplätze, verkettete Fertigungen, Fließbandmontage von Pkw sowie Lkw in einer Vereinbarung zu regeln. Deshalb war ein zweijähriger Probelauf vorgesehen. Aus den gewonnenen Erfahrungen sollten die Kriterien des Leitfadens erprobt, danach gewichtet und in eine erfolgversprechende Strategie umgesetzt werden.

In diese Vorbereitungsphase kam der Vorstandsbeschluß: Umsetzen der Gruppenarbeit in der Produktion aller Werke der Mercedes-Benz AG. Aus der Kostendiskussion heraus war dem Vorstand ein Ratiopotential von 5 bis 15 Prozent vorgerechnet worden, ohne zu erläutern, wo die Zahlen abgeleitet wurden. Dieses Potential sollte nun per Vorstandsbeschluß eingebracht werden.

Da der Gesamtbetriebsrat über die strategische Geschäftsfeldplanung rechtzeitig Informationen erhielt – Gruppenarbeit war einer der Planungsbausteine –, kam es zur Verhandlung einer Betriebsvereinbarung zur Gruppenarbeit.

Entgegen der Zielsetzung des GBR, erst die Erfahrungen aus den Projekten bewerten zu wollen, wurden wir wieder in die Defensive gedrängt. Da der Ansatz, Erfahrungen sammeln zu wollen, von den Unternehmensvertretern geteilt wurde, kam es zum Abschluß der Betriebsvereinbarung über Pilotprojekte zur Gruppenarbeit.

Da uns schnell deutlich wurde, daß es dem Unternehmen um das Sicherstellen kurzfristiger Wirtschaftlichkeit ging, mußten zwei Zielsetzungen von uns durchgesetzt werden. Zum einen, daß mit der Gruppenarbeit zwei gleichrangige Ziele erreicht werden müssen, nämlich Wirtschaftlichkeit und Humanziele, zum Beispiel Verbesserungen der Arbeitsbedingungen. Zum anderen, immer wieder zu verdeutlichen, daß Gruppenarbeit als dynamischer Prozeß bewußt gemacht werden muß und langfristige Erfolge sich bei Einhalten der Kriterien einstellen werden.

Externe Untersuchung erschließt den konstruktiven Dialog

Daß es trotz gleicher Zielsetzung eineinhalbjähriger Verhandlungen bedurfte, ist mit Logik nicht zu erklären. Kann man bei großzügiger Betrachtung die sich in den Anfängen befindliche neue Centerstruktur heranziehen, ist um so befremdlicher, wie häufig wohl mangels Sachargumenten in die politische Argumentation geflüchtet wurde. Keine Ausweitung der Mitbestimmung, keine Gleichmacherei – die Menschen sind nun mal verschieden – und die Wirtschaftlichkeit, diese Argumente wurden am häufigsten bemüht. Daß ein in sich ausgewogener Kompromiß möglich wurde, spricht letztlich für die Ernsthaftigkeit, mit der dann doch beide Seiten das Thema behandelten. Dies kommt auch durch die in der Vereinbarung festgeschriebene Evaluierung einzelner Projekte zum Ausdruck.

Die ersten Ergebnisse der vom SOFI (Sozialwissenschaftliches Forschungsinstitut Göttingen) durchgeführten Untersuchungen standen den Werkern zur Verfügung und brachten wichtige Hinweise. Ebenso werden sie in die Diskussion über die angestrebte Rahmenvereinbarung zur Gruppenarbeit einfließen. Ein anderer Aspekt soll hier aber erst einmal beleuchtet werden.

Nach dem Vorstandsbeschluß, Gruppenarbeit in den Werken der Mercedes-Benz AG einzuführen, wurden diese aufgefordert, mögliche Gruppenarbeitsbereiche zu benennen und die Einführungsphase zu definieren. Mit großem Erstaunen konnten die Betriebsräte nun zur Kenntnis nehmen, in wie vielen Bereichen schon immer Gruppenarbeit praktiziert wurde – auch ohne Kenntnis der Betroffenen – und in welcher Geschwindigkeit das Management Gruppenarbeit für umsetzbar hielt.

So kam es auch zur Verwirrung in öffentlichen Berichten, die den Eindruck einer fast flächendeckenden erfolgreichen Einführung der Gruppenarbeit erweckten, zumal dies noch vor dem Hintergrund der formal beschlossenen neuen Strukturen der Centerorganisation stattfand. Hier wurden zwar in Start und Zielstruktur, für deren Umsetzung zwei Jahre angesetzt sind, auf dem Papier scheinbar bessere Voraussetzungen geschaffen, aber noch nicht gelebt.

Nach meiner Beobachtung wird nach anfänglicher Verunsicherung jetzt das alte Ritual des Festlegens von Machtstrukturen in den Centern wieder vollzogen. So erklärt sich auch, daß nur etwa ein Viertel aller Führungskräfte ihre veränderte Rolle und Aufgabenstellung beim Gruppenarbeitsprozeß verstanden und angenommen hat, also als echte Förderer und Unterstützer der veränderten Arbeitsorganisation angesehen werden kann.

Daß Menschen ihr Verhalten nur schon deshalb ändern, weil neue Strukturen vorgegeben werden, wird wohl von kaum jemandem unterstellt, bedauerlich ist nur, daß das alte Erfolgsmeldungsverhalten beibehalten wird. Selbst die Annahme, Vorstandsmitglieder brauchten solche Scheinmeldungen, muß als trügerisch bewertet werden. Fatal wird es nur, wenn die Betriebsparteien sich selbst mit den erwarteten Erfolgen den realen Blick trüben. Dringend für den Prozeß erforderliche Unterstützungen können falsch bewertet, somit unterlassen oder durch ungeeignete Maßnahmen ersetzt werden. Der „Reparaturaufwand" wird erfahrungsgemäß wesentlich aufwendiger sein.

Durch die Begleitung einzelner Projekte durch die Gesamtbetriebsrats-Kommission, die auch den ständigen Gedankenaustausch mit Externen suchte – ob nun aus dem Universitätsbereich oder auch mit Unternehmensberatern – wurden einige Entwicklungen rechtzeitig erkannt, und es konnte korrektiv eingegriffen werden. So bestätigten sich die Befürchtungen, durch vorgegebenen Integrationszwang

Konflikte vorzuprogrammieren. Waren es in einem Werk die ehemaligen Vorarbeiter, stellte es sich bei den Einrichtern ähnlich dar, wobei insgesamt die Diskussion mit Betroffenen tangierter Bereiche intensiver und offener geführt werden muß. Allen betroffenen Gruppen, ob Instandhaltung, Qualitätssicherung oder Werkzeugvoreinstellung, müssen die Auswirkungen der Ablaufänderung bewußt sein. Jedem muß eine Perspektive aufgezeigt werden. Vernachlässigung dieses Aspektes erzeugt zwangsweise Widerstandspotential. Dies trifft insbesondere auf alle Führungsebenen zu, für die allerdings befürchteter Machtverlust auslösendes Moment sein dürfte.

Aus den Untersuchungsergebnissen des SOFI müssen jetzt nicht nur für die untersuchten Projekte, sondern für das weitere Vorgehen insgesamt Schlußfolgerungen gezogen werden. Wer Gruppenarbeit wirklich will, muß erweiterte Aufgaben und Funktionsbilder nicht nur beschreiben, sondern auch für deren Umsetzung sorgen. Neben der Anforderung, motivierende Arbeit zu schaffen, wird in vielen Fällen auch ein Belastungswechsel erforderlich sein.

Nur wenn die Führungskräfte bereit sind, Kompetenzen auf die Prozeßebene zu verlagern, kann eine Selbststeuerung erfolgen. Dadurch werden die erweiterten Handlungs- und Entscheidungsspielräume umgesetzt. Nur bei entsprechendem Vertrauensvorschuß werden die Gruppengespräche zu den gewünschten betrieblichen Verbesserungen führen.

Ausgelöst durch die breite Kostendiskussion ist mit einem gestiegenen Verständnis zur Erreichung von Kostenzielen zu rechnen. Eine unterstellte Bereitschaft, seinen Arbeitsplatz und eventuell die Existenz in Frage zu stellen, übersteigt allerdings die Erwartungshaltung. Da die Vereinbarung für Pilotprojekte im März 1995 auslief, galt es, neue Rahmenbedingungen zu vereinbaren. Hier zeichneten sich die unterschiedlichsten Ansprüche im Vorfeld ab.

Ausgelöst durch die vorangeschrittene Entwicklung der Center wird der Ruf nach Deregulierung laut: Einige Centervertreter möchten die Entwicklung dem freien Spiel der Kräfte überlassen. Demgegenüber steht der Wunsch vieler Betriebsräte, die Vereinbarung noch detaillierter abzufassen, da Absprachen schon nach der alten

Vereinbarung nicht eingehalten wurden. Erschwerend muß wohl auch gewertet werden, daß wir als erstes Unternehmen eine verbindliche Rahmenregelung zur Gruppenarbeit abschließen wollten. Da jedoch von beiden Betriebsparteien der Handlungsbedarf gleich eingeschätzt wird, ist die Voraussetzung zum Abschluß einer Betriebsvereinbarung gegeben. Daß deren Inhalt sich an den Erfahrungen der Pilotprojekte sowie den Evaluierungsergebnissen orientieren muß, sollte selbstverständlich sein.

Kann Druck motivieren?

Einige Aspekte, die nicht im unmittelbaren Zusammenhang mit den aufgezeigten Beispielen stehen, jedoch generell Einfluß hatten und haben, seien der Vollständigkeit halber erwähnt. Die selten sachlich geführte Diskussion über den Produktionsstandort Deutschland, die Verringerung der Fertigungstiefe und Benchmarking werden permanent als Druck- und Drohpotential gegen die Interessenvertretung und Belegschaften eingesetzt. Diese Argumentationskette wird zum Zurückführen von gemeinsam erarbeiteten Standards verwandt. Fließbänder, kurze Arbeitstakte und starre Fertigungsrichtlinien werden damit wieder begründet.

Da ein Arbeitsplatzabau von 40 000 in der Daimler-Benz AG stattfand, wird um jeden auch „schlechten" Arbeitsplatz gerungen. Das hysterische Überbewerten des kurzfristigen Wirtschaftlichkeitsnachweises vernachlässigt oft die Gesamtbetrachtung. Entgegen der Erkenntnisse der Gruppenarbeitsprojekte wird oft Verunsicherung und Druck dem Führungsinstrument des Überzeugens vorgezogen. Dazu kommt, daß jedes Instrument, das Kostensenkung verspricht, zum Einsatz gelangt. In den seltensten Fällen wird hinterfragt, ob die Basis, das Verstehen der Konzepte, überhaupt vorhanden ist.

Entgegen allen Empfehlungen wird dann der Weg eines Projektes gewählt. (Es entsteht der Eindruck, daß oft wissentlich die Kenntnis, daß es sich um Prozesse handelt, unterdrückt wird.) Der Prozeßablauf könnte ja in einer kurzfristigen zeitlichen Bewertung die Wirtschaftlichkeit in Frage stellen. Um das Bild abzurunden, werden zu allen

Aktionen umfassende schriftliche Erklärungen und Bekenntnisse verteilt. Meist wird verbal die Beteiligung eingefordert, angeboten, ausdrücklich erwünscht. Dem steht das tägliche Erleben und formale Vorgehen gegenüber, das Beteiligung faktisch ausschließt.

Darum: Co-Management

Gerade nach kritischen Bewertungen stellt sich natürlich die Frage: Weshalb Co-Management der Interessenvertretung? Die Antwort schließt zwangsläufig die politische und gesellschaftliche Bewertung mit ein. Es gab die sogenannten „gelben" Gewerkschaften mit ehrfürchtiger Anpassungs- und Handlangermentalität. Es gibt immer noch die „reine" Lehre, also Klassenkampf oder kritisches Co-Management – also die Bereitschaft, Entwicklungen mitzuverantworten, erforderlichenfalls sogar zu fordern. Wer vom mündigen Bürger spricht, muß auch den mündigen Arbeitnehmer wollen und ernstnehmen. Beteiligungsmodelle und Co-Management sind für mich die logische Antwort. Schon immer standen Umsetzungskonzepte unter dem Druck der wirtschaftlichen Situation der Unternehmen. Soll nun trotz mangelnder rechtlicher Grundlage durch das BetrVG eine positive Veränderung für die Beschäftigten erreicht werden, muß die Interessenvertretung unter Berücksichtigung wirtschaftlicher Aspekte ihre in der Regel höhere soziale Kompetenz einsetzen. Die erreichte Anerkennung im Management führt im allgemeinen zur Umsetzung neuer Konzepte und Ideen.

Der gesellschaftliche (Werte-)Wandel bewirkt unter anderem eher konservatives Verhalten gegenüber Veränderungen. Gegen die Belegschaft, das Management und das BetrVG sind „revolutionäre" Ziele kaum umsetzbar.

Auf der anderen Seite wird angepaßtes Verhalten des Betriebsrates eher als im politischen Raum durch Abwahl reguliert. Maßgeblicher Auslöser für eine breitere Diskussion zur Veränderung der Arbeitsorganisation war Anfang der 80er Jahre die Bereitschaft des Bundesministeriums für Forschung und Technologie, über HdA-(Humanisierung der Arbeitswelt-)Projekte Entwicklungen neuer Technik, neuer Produkte mit der Verknüpfung der Datenverarbeitung zu fördern. In der Automobilindustrie bestand zum ersten Mal die Bereitschaft, die Arbeitsteilung zumindest in Frage zu stellen.

Die Interessenvertretungen mußten erkennen, daß die Einflußnahmen nun über die Lohn- und Akkordkommission, nämlich das Regeln der Bezahlung auf vorgegebene Arbeitsverfahren, an Grenzen stieß. Über den Weg der veränderten Mitbestimmung bei der Datenverarbeitung konnte politischer Druck erzeugt werden. Über den Weg eigener Vorschläge zur Veränderung der Arbeitsorganisation eröffnete sich der Weg zur Zusammenführung der Facharbeiterkenntnisse in Arbeitssystemen. Durch Vergleiche der Arbeitssysteme, zum Beispiel mechanische Fertigung und noch immer gängige Fließbandfertigung, bestätigte sich die Erkenntnis, daß Regelungen nicht zwangsläufig übertragbar und somit gute Ergebnisse programmierbar sind.

Das erste, 1986 gestartete Projekt entwickelte sich erst nach zwei Jahren zum Pilotprojekt der weiteren Gruppenarbeitsprojekte. Es bestätigte auch den unterschätzten Widerstand der betroffenen Arbeiter und die Überbewertung der technischen Weiterbildung. Mit nunmehr achtjähriger Erfahrung achten wir bei der Auswahl der Projekte neben anderen Kriterien besonders darauf, daß neben der Technik auch die Struktur der betrieblichen Organisation die Persönlichkeitsentwicklung fördert. Gleichrangig muß für eine entsprechende soziale Entwicklung durch die erforderliche Unterstützung – nötigenfalls durch den Betriebsrat – Sorge getragen werden.

Bei konsequenter Umsetzung der Selbststeuerung der Gruppen – Sicherstellen der notwendigen Veränderung der Führungsverantwortung und klares Festlegen der Schnittstellen mit der Zielsetzung der Unterstützung der Gruppen durch die betriebliche Organisation – führt die Veränderung der Arbeitsorganisation zu stabilen Gruppen mit hoher sozialer Kompetenz, die bereit sind, sich auch für wirtschaftliche Ziele einzusetzen.

Die Frage, die nicht nur ich mir immer wieder stelle: Welche Vorteile ergeben sich für die Interessenvertretung und somit für die Belegschaft durch „Co-Management"? Lohnt sich der doppelte Aufwand, gibt es eine positive Leistungsbilanz? Wer sich diesem Weg verschrieben hat, muß die erforderliche Ausdauer mitbringen und Rückschläge als Lernprozeß begreifen. Doppelter Aufwand ist anzusetzen, da ja nicht nur das Management, sondern auch die Belegschaft überzeugt werden muß. Befürchtet das Management Machtverlust und das Infragestellen von Kompetenzen, überwiegt bei der Belegschaft anfängliche Unsicherheit, da komplexe Zusammenhänge vorher nicht gefordert wurden und die erlebte Schutzfunktion dem Betriebsrat zugeordnet wurde. Aufgeschlossene Führungskräfte erkennen schnell, daß bei Beteiligung aller Beteiligten schnellere Umsetzung, auch negativer Maßnahmen, erreicht werden kann. Durch erfolgreiche Beteiligung wächst bei der Belegschaft ein gesundes Selbstvertrauen, und autoritäre Verhaltensweisen werden nicht mehr hingenommen.

Gelingt es dem Betriebsrat also, die Rolle des Unterstützers einzunehmen und Hilfe zur Selbsthilfe zu geben, werden die Ressourcen besser genutzt und Zeit für strategische Aufgaben frei. Durch gezielte Weiterbildung wird die Funktion Betriebsrat so weit gestärkt, daß eine veränderte Unternehmenskultur, nämlich das Miteinander, für gemeinsame Verantwortung möglich wird. Durch die gegenseitige Achtung kommt es zu einem natürlichen Umgang mit den Interessensgegensätzen.

Dieses Selbstverständnis ist längst nicht in allen Unternehmenteilen vorhanden. Gibt es vielerorts hoffnungsvolle Ansätze, müssen verkrustete Strukturen und darin handelnde Personen als Behinderer angesehen werden. Es als Generationsproblem abzutun, wäre jedoch zu leicht und widerspricht unseren Erfahrungen. Aus gelebter Überzeugung betrachte ich den Weg des Co-Management als echte Weichenstellung. Die wirtschaftlichen Zwänge, nämlich kostengünstig produzieren zu müssen, werden den Prozeß beschleunigen und die Zweifler überzeugen sowie die Be- und Verhinderer aus den Führungspositionen verdrängen.

4. Kapitel

Schlüsselfaktoren der Personalpolitik

Umfassende Konzepte haben zweifelsohne ihren Reiz. Sie bewirken meist tiefgreifende Veränderungen. Doch auch mit einzelnen Maßnahmen kann man wirkungsvoll arbeiten – vorausgesetzt, man wählt die richtigen (nämlich die „Schlüsselfaktoren" der Personalpolitik) und führt sie korrekt durch. Eine – wie auch immer gestaltete – interne Kommunikation exististiert in jeder Unternehmung. Warum sollte man sie nicht ausbauen und dabei klug nutzen, um die Personalarbeit zu optimieren? Ebenso läßt sich die Unternehmungskultur hervorragend für eine Verbesserung der Personalarbeit „einspannen". Neue Wege auf bestehendem Terrain beschreitet auch, wer die Kooperative Selbstqualifikation, eine zukunftsträchtige Form der teilautonomen Weiterbildung der Mitarbeiter, einführt. Diese Schlüsselfaktoren – es sind nur einige der vielen Möglichkeiten – erläutern die folgenden Beiträge.

Interne Kommunikation: das ungenutzte Potential

von Elisabeth Kappas

Diskutiert man über interne Kommunikation, gilt es, zwischen zwei Komponenten zu unterscheiden: Zum einen gibt es den bloßen Tatbestand einer – wie auch immer gearteten – internen Kommunikation im Unternehmen. Ein zweites Element ist die Funktion oder Stelle „Interne Kommunikation". Beides steht in einer Wechselwirkung, die sich aus dem Führungsverhalten im Unternehmen erklärt.

Unternehmen, die einen stark von „Befehl und Gehorsam" geprägten Führungsstil pflegen, stellen oft gerade in einer Krisensituation fest, daß die eigentliche, nämlich die von den Mitarbeitern akzeptierte Kommunikation im Unternehmen sich völlig ihrem Einfluß entzieht. Die Mitarbeiter haben sich ihre eigenen Informationsnetze geschaffen, sind daran gewöhnt, auf der Basis weniger Informationen oder Andeutungen Situationen einzuschätzen, und leiten daraus ihre Entscheidungen ab. Die Stelle „Interne Kommunikation" ist in einem solchen Umfeld selten mehr als ein Verlautbarungsorgan der Geschäftsleitung und trägt nicht zur Wertschöpfung im Unternehmen bei.

Anders stellt sich die Situation in Unternehmen dar, die von ihren Führungskräften ein dialogorientiertes Verhalten erwarten. In einem solchen Klima nimmt man Mitarbeiter ernst. Das heißt, daß sich die Führungskräfte darum bemühen, ihre Mitarbeiter regelmäßig über alle relevanten Sachverhalte zu informieren, und an deren Meinung interessiert sind. Entsprechend sind informelles und offizielles Kommunikationsnetz weitgehend kongruent. Die institutionalisierte „Interne Kommunikation" nimmt in einem solchen Umfeld die Aufgabe wahr, das Management zu beraten, Informationen aufzubereiten und sie entsprechend zu kanalisieren. Auf diese Weise erschließt sie, wie dieser Beitrag zeigen wird, Wertschöpfungspotentiale im Unternehmen.

Erfolgsfaktor „Mensch"

Nach zwei technologiegeprägten Dekaden ist der Perspektivenwechsel unverkennbar. Bestes Beispiel ist die technikorientierte Automobilindustrie, die ihre Marketing-Aktivitäten in jüngster Zeit neu positioniert: So stellt Opel in seiner Werbung mit Themen wie Entspannung, Komfort und Sicherheit den Menschen in den Mittelpunkt. Mit dem Motto „NewEyes" präsentierte Mercedes-Benz im Frühjahr 1995 die neue E-Klasse. Marketing und Unternehmenskommunikation stehen ganz im Zeichen der neuen Sichtweise. „Von Mensch zu Mensch" – der Slogan der Landesgirokasse Stuttgart – bringt den Wandel auf den Punkt: Die Wirtschaft hat den Menschen wiederentdeckt. Im Blickpunkt steht der Mensch als Individuum mit seinen Bedürfnissen, nicht mehr die Technologie.

An die Stelle visionärer Ansätze einer „menschenleeren Fabrik" tritt heute der einzelne Mitarbeiter als „Unternehmer im Unternehmen". Daraus resultiert für Unternehmen die Handlungsmaxime: Die Leistung jedes einzelnen – das heißt: individuelle Produktivität, Kreativität und Entscheidungsfreude – ist als zentraler Erfolgsfaktor zu fördern und zielgerichtet auszubauen. Damit stehen internes Marketing, dialogorientiertes Führungsverhalten und nicht zuletzt interne Kommunikation als Komponente integrativer Personalpolitik auf der Tagesordnung.

Der „Team-Arbeiter" ist gefragt, auf nahezu jeder Ebene und in nahezu jeder Funktion. Kein Vorstand trifft heute eine Entscheidung, ohne einen Stab qualifizierter Berater gehört zu haben. Kein Meister ist im Sinne des kontinuierlichen Verbesserungsprozesses ohne die Unterstützung seiner Arbeitsgruppe erfolgreich. Kein Projektleiter löst eine komplexe Aufgabe ohne das reibungslose Zusammenspiel aller Kräfte in seinem Team.

Die Marketing-Zeitschrift *Absatzwirtschaft* präzisiert in der Ausgabe vom März 1995 unter der Überschrift *Dialog macht stark:* „Die besten Ideen scheitern nicht, weil vielleicht die finanziellen Mittel zu knapp sind, sondern weil ganz einfach die Mitarbeiter blockieren. [...] In vielen Unternehmen kommen selbst gute Strategien oder

Konzepte nicht beim Kunden an, weil die Menschen Barrieren errichten." (Hanser 1995, S. 30–39) Dazu gehören zum einen personelle Widerstände wie Machtkämpfe zwischen Abteilungen, Angst vor Neuerungen und Veränderungen, Furcht vor Risiko und Verantwortung oder schlicht purer Egoismus und Antipathien. Zum anderen verhindern schwerfällige Organisationen Innovationen oder deren Erfolg. Allzu oft wird auf dem Weg durch die Instanzen aus einer guten Idee ein fauler Kompromiß. Abteilungsegoismen verhindern einen effektiven Informationsaustausch, verunsicherte Mitarbeiter wagen keine Entscheidungen, und der Informationsfluß gerät in aufgeblähten Hierarchien ins Stocken.

Die Wirkung kommunikationsbedingter Blockaden ist fatal: Falsche oder zu spät getroffene Entscheidungen verzögern oder verhindern Markterfolge, kreatives Potential und hervorragende Chancen bleiben ungenutzt. Die Folgen sind frustrierte Mitarbeiter, unzufriedene Kunden, weniger Umsatz und am Ende: rote Zahlen.

Wie sich erfolgreiche Unternehmen wandeln, und welche veränderten Bedingungen heute gelten, beschreibt Professor Dr. Hans-Jürgen Warnecke in seinem Buch *Aufbruch zum fraktalen Unternehmen*. Der Begriff „fraktal", so der Präsident der Fraunhofer-Gesellschaften, „wurde geprägt für die Beschreibung von Organismen und Gebilden in der Natur, die mit wenigen, sich wiederholenden Bausteinen zu sehr vielfältigen, komplexen, aber aufgabenangepaßten Lösungen kommen. So muß auch ein Unternehmen als lebender Organismus aufgefaßt werden." (Warnecke 1995, S. 2) In diesem Kontext ist, nach Warnecke, ein Fraktal „eine selbständig agierende Unternehmenseinheit, deren Ziele und Leistung eindeutig beschreibbar sind." (Warnecke 1995, S. 13) Als eine von fünf bestimmenden Zielgrößen sieht Warnecke dabei die „Bedeutung und Intensität nicht definierter, aber gleichwohl betriebsnotwendiger Kommunikation" in Zusammenhang mit dem Grundverständnis, „den Menschen nicht nur als Mitarbeiter zu sehen, sondern als Individuum, das aktiver Mitgestalter, Mitentscheider, Mitverantworter, Mitwisser und Mitdenker ist." (Warnecke 1995, S. 22)

„Public relations begins at home"

Setzt man dieses Grundverständnis voraus, ist Interne Kommunikation eine zentrale Komponente jeglicher Unternehmenspolitik und damit ein unverzichtbarer Bestandteil jeder Unternehmenskultur. Das Unternehmen muß seinen Mitarbeitern nicht nur die bloße Information, sondern auch die strategische Positionierung des Hauses gegenüber im Markt vermitteln. Dabei macht erst der kontinuierliche Fluß den Mitarbeitern selbst überraschende Ereignisse einsehbar und nachvollziehbar. Mißtrauen und daraus resultierende Demotivation treten so nicht auf.

Der Begründer moderner Public Relations, Eduard Bernays, stellte den bis heute gültigen Grundsatz auf: „Public relations begins at home." (zitiert nach Bogner 1990, S. 129) Betrachtet man in diesem Zusammenhang verschiedene Unternehmen, wird deutlich, daß gerade die wirtschaftlich erfolgreichen Marktteilnehmer der Internen Kommunikation beachtliches Gewicht beimessen.

Wie wichtig die Instanz der Internen Kommunikation ist, wird insbesondere an der Schnittstelle zwischen interner und externer Kommunikation deutlich. Nimmt man die eigenen Mitarbeiter als Zielgruppe der Öffentlichkeitsarbeit ernst, dann kann der Informationsfluß immer nur direkt erfolgen. Es führt zu Mißtrauen und Irritationen, wenn Mitarbeiter neue Fakten durch Presse, Funk und Fernsehen erfahren. Wer also in seinem Zielgruppenraster der „internen Öffentlichkeit" nicht höchste Priorität einräumt, provoziert Probleme: Wenn die Unternehmensleitung den Sachverhalt nicht rechtzeitig kommuniziert, entstehen Gerüchte und Mutmaßungen. Da diese Form der informellen Kommunikation gegenüber der formellen institutionalisierten den Zeitvorsprung schonungslos nutzt, reduziert sich der Handlungsrahmen der Internen Kommunikation in jedem Fall auf einen reaktiven Part, im schlimmsten Fall auf wenig zielführende Relativierungen oder gar Richtigstellungen.

Entscheidend ist deshalb, die Mitarbeiter grundsätzlich zuerst zu informieren. Nur dann können von vornherein Fehlinterpretationen und Gerüchte vermieden werden. Und nur so ist auf einer wertneutralen Plattform der Sachverhalt in Abhängigkeit von den Unternehmenszielen eindeutig darstellbar. Folglich muß die Interne Kommunikation als Unternehmensfunktion einen hohen Stellenwert einnehmen.

Erfolg durch Interne Kommunikation

Auch Warnecke betont die Bedeutung offener Interaktion im Unternehmen: „Für die Gestaltung des Beziehungsgeflechts im Unternehmen gibt es keine ‚goldenen Regeln', ein Klima des Vertrauens und der Offenheit ist jedoch unabdingbare kulturelle Grundvoraussetzung für die erfolgreiche und nachhaltige Wirkung unterstützender Konzepte wie beispielsweise zielorientierte Führungskonzepte mit Handlungs- und Gestaltungsfreiräumen, eine problemangepaßte, aufwandsminimale Interaktion auf kurzen Wegen, eine Förderung der Begegnungsqualität im Unternehmen sowie eine aktive Nutzung der menschlichen Kreativität." (Warnecke 1995, S. 25)

Eben das ist das Anliegen der Internen Kommunikation: den Informationsstand der Mitarbeiter zu verbessern, zur Meinungsbildung im Unternehmen beizutragen und die Zusammenarbeit zu fördern. Deshalb muß die Interne Kommunikation konzeptionell geplant und ebenso systematisch wie kontinuierlich als Instrument der Unternehmensführung eingesetzt werden. Damit schafft das Unternehmen ein Arbeitsumfeld, das sich unmittelbar auf die Effizienz der Mitarbeiter auswirkt. Denn nur informierte Mitarbeiter fühlen sich ernstgenommen, sind engagiert und verfügen über die notwendige Informationsbasis, um die geschäftlichen Ziele des Unternehmens aktiv unterstützen zu können.

„Information und Kommunikation", schreibt Barbara Wollny unter dem Stichwort „Mitarbeiter-PR" im Lexikon der Public Relations, „sind [...] für jeden arbeitenden Menschen ein Grundbedürfnis." (Wollny 1993, S. 326–328) Das belegen die Ergebnisse einer EMNID-Untersuchung von 1988: 82 Prozent der Mitarbeiter, die mit ihrem Job sehr zufrieden sind, fühlen sich immer oder fast immer gut informiert. Dagegen wurden 77 Prozent derjenigen, die überhaupt nicht mit ihrer Arbeit zufrieden sind, nicht beziehungsweise nicht ausreichend informiert. Die Praxis zeigt jedoch, daß der Grad der „Informiertheit" selten eine operational meßbare Größe ist. Vielmehr entsteht durch die gelebte Kultur im Unternehmen stets ein sehr subjektives Gefühl des „Informiertseins". Es spielt aber keine Rolle, ob die Mitarbeiter nicht richtig informiert werden oder ob sie sich nur so fühlen – in jedem Fall besteht Nachholbedarf.

Erst eine offene Informationspolitik des Management und der Verzicht auf Machtpositionen von Personen, Abteilungen und Unternehmenseinheiten schaffen die Grundlage für Identifikation, Motivation und eine erfolgsorientierte Unternehmenskultur. In einer komplexen Arbeitswelt mit schnellem technologischen Wandel sowie immer kürzeren Entwicklungs- und Produktlebenszyklen entscheiden solche „weichen" Faktoren zunehmend über Erfolg oder Mißerfolg eines Unternehmens.

Rolf-Dieter Leister, der heutige Aufsichtsratsvorsitzende der Telekom, hat schon Anfang der 80er Jahre Information und Kommunikation zum vierten Produktionsfaktor apostrophiert (vgl. Leister 1982). Interne Kommunikation muß deshalb durch entsprechende strategische Maßnahmen und den zielgruppenorientierten Einsatz von Kommunikationsmedien Informiertheit herstellen.

Der Erfolg der Internen Kommunikation ist dabei an einen effektiven Kommunikations-Mix gebunden. Der Rahmen hierfür ist eine einheitliche Corporate Identity, ein dialogorientierter Führungsstil und eine überzeugende Unternehmensvision.

Die Bedeutung der Corporate Identity

Der Begriff „Corporate Identity" (CI) wird allzu oft mißbraucht. Für die einen ist es schon mit der einheitlichen Farbe des Firmenlogos getan, andere meinen damit die Unternehmensphilosophie oder die Unternehmensziele.

Dr. Klaus Birkigt und Marinus M. Stadler bieten in ihrem Standardwerk *Corporate Identity* eine treffende Definition: „In der wirtschaftlichen Praxis ist demnach Corporate Identity die strategisch geplante und operativ eingesetzte Selbstdarstellung und Verhaltensweise eines Unternehmens nach innen und außen auf Basis einer festgelegten Unternehmensphilosophie, einer langfristigen Unternehmenszielsetzung und eines definierten (Soll-)Images – mit dem Willen, alle Handlungsinstrumente des Unternehmens in einheitlichem Rahmen nach innen und außen zur Darstellung zu bringen." (Birkigt/Stadler 1986, S. 23)

Unbestritten ist die Bedeutung einer einheitlichen CI nach außen. Unterschätzt wird allerdings ihre interne Rolle in den heute verstärkt dezentral organisierten Unternehmen: CI bildet formal und inhaltlich eine Klammer und verhindert, daß die Unternehmensteile auseinanderdriften. Deshalb gehören Pflege und Weiterentwicklung der Corporate Identity zu den zentralen Instrumenten der Internen Kommunikation.

Zeitgemäßes Führungsverhalten

Zweifellos stehen das im Unternehmen praktizierte und gelebte Führungsverhalten und die interne Kommunikation in enger Wechselwirkung. Der Stil des Unternehmens prägt die internen Dialogpartner. In den Unternehmen von heute wird viel von „Konsens" und „Teamorientierung" geredet, das Handeln verrät jedoch nicht selten eine autoritäre Führung nach dem Prinzip „Befehl und Gehorsam". Nirgends hat das Auseinanderklaffen von Anspruch und Wirklichkeit fatalere Folgen. Denn unter dem Alltagsdruck des operativen Geschäfts verharren viele Führungskräfte in Anpassung und Kompromiß. Wie soll Innovation im Unternehmen reifen, wenn kritische Fragen und unbequeme Meinungen im Keim erstickt werden? Ein Führungsverhalten, das die Mitarbeiter dazu ermutigt, scheinbar Altbewährtes zu kopieren, verhindert offene Kommunikation und partnerschaftliches Engagement – ganz besonders im Konfliktfall.

Bei aller Kritik an überkommenen Führungsmustern darf man jedoch nicht in das andere Extrem verfallen. Denn Schlagworte der Management-Gurus wie „Offenheit", „Dialogfähigkeit" und „Team-

Orientierung" verunsichern andererseits nicht wenige Führungskräfte. Diese laufen Gefahr, aus Angst Autorität auszuüben, und damit an Klarheit zu verlieren.

Ein zeitgerechtes Führungsverhalten zeichnet demgegenüber ein hohes Maß an sozialer Kompetenz aus. Diese umfaßt zum einen die Fähigkeit, Kommunikationssituationen richtig einzuschätzen und entsprechend auf der Ebene des verständigungsorientierten, respektive strategischen Handelns zu agieren. Entscheidend ist, daß Führungskraft wie Mitarbeiter sich der unterschiedlichen Kommunikationsebenen bewußt sind und diese auch als solche wahrnehmen. Auf der anderen Seite erfordert soziale Kompetenz gerade bei Führungskräften auch die Fähigkeit, den Aufgaben eines jeden Mitarbeiters Sinn zu vermitteln.

Was heißt das in der Praxis? Gefragt ist verständigungsorientierte Kommunikation im Umgang zwischen Manager und Mitarbeiter – das beiderseitige Streben nach fairer Diskussion und dem bestmöglichen Ergebnis für das Unternehmen. Denn Autorität hängt nicht von der Hierarchieebene ab, sondern wird zuerkannt. Autorität hat nur die Führungskraft, die sich gerade in der gleichberechtigten Diskussion immer wieder als „primus inter pares" bewährt.

Ebenso wichtig wie das Wissen und Umgehen mit unterschiedlichen Kommunikationsformen ist die erwähnte Fähigkeit der Sinnvermittlung. Qualifizierte Mitarbeiter können nur wirklich mitdenken und sich mit ihrem Unternehmen identifizieren, wenn sie den Sinn ihres Tuns für das Unternehmen und sich selbst verstehen. Eine der zentralen Aufgaben einer Führungskraft ist es, jedem Mitarbeiter zu vermitteln, warum seine Arbeit für den Erfolg des Unternehmens wichtig ist.

Erfolgreiche Unternehmen verankern deshalb Kommunikation als nicht delegierbare Führungsaufgabe. Wenn die Personalpolitik das persönliche Gespräch zwischen Managern und Mitarbeitern fördert und das Top-Management eine Vorbildfunktion einnimmt, kann die Interne Kommunikation als Institution mit ihren Instrumentarien darauf aufbauen. Ohne gelebte Kommunikation auf allen Hierarchieebenen bleibt interne PR bloße Makulatur. Denn de facto spielt

Interne Kommunikation als Unternehmensfunktion eine ergänzende Rolle. Sie analysiert und kanalisiert, um daraus entsprechende Programme abzuleiten. Sie ist jedoch niemals Ersatz für die zentrale Rolle des Gesprächs zwischen Führungskraft und Mitarbeiter.

Die Unternehmensvision: Basiskonsens und Handlungsmaxime

Treffender als Thomas J. Watson jr., Gründungsvorsitzender der IBM, kann man es nicht ausdrücken: „Ich bin fest davon überzeugt, daß jedes Unternehmen, um zu überleben und erfolgreich zu sein, einen gesunden Bestand an Grundüberzeugungen braucht, von denen es sich bei allen Entscheidungen und Maßnahmen leiten läßt." (zitiert nach Peters/Waterman 1983, S. 322) Einige Dekaden später bestätigten Thomas J. Peters und Robert H. Waterman diese Einsicht. In ihrem 1983 erschienenen Bestseller *Auf der Suche nach Spitzenleistungen* kommen sie bei ihrer Analyse erfolgreicher amerikanischer Unternehmen zu dem Ergebnis, daß sich die erfolgreichen Firmen unter anderem durch eine handfeste und gelebte Wertorientierung auszeichnen. (vgl. Peters/Waterman 1983) Eine Unternehmensvision oder – schlichter ausgedrückt – Unternehmensgrundsätze müssen dieses Werteparadigma ausformulieren.

Der Nutzen dieser Unternehmensgrundsätze wirkt sowohl nach außen wie nach innen und schafft nicht zuletzt eine Basis und Leitlinie für interne Kommunikation. Die wesentlichen Aspekte sind im folgenden aufgeführt. Unternehmensgrundsätze

- bringen die Wertvorstellungen und Entscheidungsgrundlagen eines Unternehmens auf einen Nenner,

- konkretisieren Gemeinsamkeiten,

- legen den unternehmerischen Kurs für die Zukunft konzeptionell fest, ohne zu schematisieren,

- verdeutlichen die wechselseitigen Abhängigkeiten zwischen Funktionen, Personen und Unternehmensbereichen.

Als kleinster gemeinsamer Nenner und Basiskonsens für alle Mitarbeiter sind Unternehmensgrundsätze die Plattform für interne Kommunikation. Verbindliche Werte schaffen ein Verständigungspotential und bilden eine Motivationsgrundlage für zielkonformes Handeln aller Mitarbeiter. Darüber hinaus reduzieren internalisierte Werte und Normen in Entscheidungssituationen die zur Verfügung stehenden Alternativen und helfen, Konflikte zu lösen oder zu vermeiden. Werte bilden Leitlinien für die Positionierung eines Unternehmens in allen denkbaren Kommunikationssituationen und sind Meßlatte für den Kommunikationserfolg. Denn nur wenn das Bild, das beim Empfänger einer Nachricht entsteht, mit den vereinbarten Werten übereinstimmt, war der Kommunikationsprozeß erfolgreich: Die Mitarbeiter identifizieren sich mit ihrem Unternehmen – das heißt, das tatsächliche Ist orientiert sich an dem angestrebten Soll im Leitbild. Denn: Die Identität einer Organisation und damit ihre stimmige Innen- wie Außenwirkung ist immer nur im Einklang mit den Mitarbeitern zu erreichen.

Interne Kommunikation: ein hoher Anspruch

Vor diesem Hintergrund kann in sechs zentralen Thesen der Anspruch an eine erfolgreiche Interne Kommunikation formuliert werden.

Interne Kommunikation steht und fällt in der täglichen Praxis, nicht erst in der Krise.

Wer erst im Ausnahmezustand mit seinen Mitarbeitern kommuniziert, hat wenig Glaubwürdigkeit. Nur kontinuierlicher Dialog kann ein Vertrauensverhältnis aufbauen – das einzige Fundament, auf dem man im Krisenfall aufbauen kann. Setzt man das voraus, kann die vielbeschworene „PR in der Krise" nur bedeuten, für den Eventualfall geeignete Pläne vorzuhalten.

Interne Kommunikation ist mehr als ein Bündel von Maßnahmen.

Ein Sportfest hier, ein Abteilungsfest dort, ein paar Rundschreiben und veraltete Anschläge am Schwarzen Brett: In der Tat ist die vielfach geübte Praxis ein „Anschlag" auf die Kultur im Unternehmen. Solange Interne Kommunikation ohne strategische Verantwortlichkeit betrieben wird, unreflektierte Ad-hoc-Aktivitäten die Praxis bestimmen, solange bleibt ihr Nutzen fragwürdig.

Interne Kommunikation ist nicht Einbahnstraße, sondern Dialog.

Falschverstandene Verlautbarungstaktik der Geschäftsleitung schafft nicht Verständnis, sondern baut Barrikaden. Wer glaubt, nur einseitig als Sender auftreten zu können, ohne auf die Botschaften aus dem Kreis der Mitarbeiter einzugehen, wird zwangsläufig scheitern.

Interne Kommunikation ist nicht nur Aufgabe der Unternehmensleitung, sondern Verantwortung aller Mitarbeiter eines Unternehmens.

Die Unternehmensleitung muß interne Kommunikation zunächst als Management-Funktion etablieren. Dennoch ist sie längst nicht nur Sache der Funktionsträger und des Management. Zum Erfolg interner Kommunikation, zu einem Klima des Vertrauens und des offenen Dialogs kann und muß jeder einzelne Mitarbeiter beitragen. Sei es durch aktives Feedback, eigene Beiträge oder einfach nur durch die Teilnahme am Programmangebot.

Interne Kommunikation ist Verpflichtung, aber vielmehr noch Chance.

Wer A sagt, muß auch B sagen. Einmal angefangen, wird Kontinuität zur Pflicht und damit auch aktiver Dialog zur Verpflichtung. Jeder Vorgesetzte übernimmt dabei eine Vorbildfunktion, jede Maßnahme steht auf dem Prüfstand. Die Chancen, die in diesem ständigen Austauschprozeß der gegenseitigen Anregung und Verbesserung liegen, sind enorm: Auf dem Weg zu Spitzenleistungen sind informierte, und damit motivierte und engagierte Mitarbeiter in der Kundenbeziehung erfolgreicher.

Interne Kommunikation ist ein wichtiger Beitrag zur Wertschöpfung.

Zweifellos – das Investment in die Interne Kommunikation zahlt sich aus. In Märkten mit immer leichter austauschbaren Produkten entscheidet schließlich nicht nur die fachliche, sondern auch zunehmend die soziale Kompetenz über den Erfolg. Nur informierte Mitarbeiter haben das Selbstvertrauen, um selbst in Konflikt- oder Krisensituationen offene Kommunikation zu pflegen, positiv aufzutreten und daraus ebenso erfolgreiche wie langfristige Bindungen zu Kunden oder Lieferanten aufzubauen.

Sind die bislang skizzierten Anforderungen an eine erfolgreiche Interne Kommunikation erfüllt, dann fällt die Auswahl sinnvoller Kommunikationsinstrumente leicht.

Rund 600 Unternehmen in Deutschland nutzen das klassische Medium der Mitarbeiterinformation – die Werks- oder Mitarbeiterzeitung. Soll dieses Instrument der Internen Kommunikation den Anforderungen moderner Unternehmensführung entsprechen, muß es deutlich mehr sein als ein vierteljährlich erscheinendes Hochglanz-Magazin für Verlautbarungen der Geschäftsleitung. Die Mitarbeiter benötigen aktuelle Informationen in regelmäßigen kurzen Abständen. Identifikation mit der Mitarbeiterzeitung entsteht nicht über aufwendige Gestaltung, sondern durch aktive Beteiligung der Mitarbeiter in Form von Beiträgen. Die Stelle „Interne Kommunikation" übernimmt hier im Idealfall die Aufgabe von Lektorat, Redaktion und Beratung, und die Mitarbeiter gestalten ihr eigenes Blatt.

Doch die Aufgaben der Stelle „Interne Kommunikation" gehen weit über die Herausgabe einer Zeitung hinaus. Je größer das Unternehmen, je mehr Standorte, desto größeres Gewicht gewinnt die integrative Funktion der Stelle. Der Stelleninhaber ist zentraler Ansprechpartner für die Mitarbeiter. In seinem Verantwortungsbereich übernimmt er eine wichtige Mittlerfunktion: Als Schnittstelle zu den verschiedenen Standorten ist die Stelle ein entscheidender Integrationsfaktor.

Gleiches gilt für die Kommunikation international operierender Unternehmen. Der regelmäßige Informationsaustausch mit den Partnern in anderen Länderdependancen ist eine wesentliche Aufgabe. Im Zeichen der Internationalisierung wird das Mißverhältnis zwischen Kommunikationsbedarf und Kommunikationsfähigkeit besonders augenfällig. Politische und technologische Entwicklungen lassen Raum-Zeit-Distanzen zusammenschmelzen und stellen international operierende Unternehmen vor neue Herausforderungen: Immer häufiger scheitern internationale Projekte und Kooperationen nicht nur an „harten" Faktoren wie Finanzierung oder notwendigen Anpassungsprozessen, und auch nicht an unzureichenden Fremdsprachenkenntnissen. Das große Problem ist oft vielmehr das kulturelle Verstehen: Einflußfaktoren wie kulturell andersartiges Verhalten, unterschiedliche Denk- und Arbeitsweisen sowie von Vorurteilen geprägtes Handeln können zu Mißverständnissen und Konflikten führen. Das Ergebnis sind Reibungsverluste, die oft genug im Abbruch von Geschäftsbeziehungen gipfeln. So belegt, um nur ein Beispiel herauszugreifen, die Studie „Deutsch-französisches Management" von JPB − La Synergie Franco Allemande", daß Reibungsverluste mehr als 50 Prozent der deutsch-französischen Unternehmen in der interkulturellen Kommunikation belasten. (vgl. JPB − La Synergie Franco Allemande 1992)

Die weitreichenden Anforderungen für eine grenzüberschreitende Qualifikation beschreibt Dr. Hans-Henning Quast, Manager bei ABB Europe in Brüssel folgendermaßen: „eine anspruchsvolle multinationale Organisation stellt hohe Anforderungen an Qualifikation und Persönlichkeit. So ist es äußerst wichtig, gleichzeitig lokal zu operieren, global zu denken und dann auch noch so zu handeln. Die Fähigkeit zum Konflikt-Management ist hier ebenso gefordert wie die Bereitschaft, die sich notwendigerweise in einer Matrix ergebenden Spannungen als Herausforderung zu definieren und anzugehen. Dies gelingt nur dann, wenn sich der Mitarbeiter nicht als Einzelkämpfer versteht, sondern als kooperativer Team-Player. [...] Mitarbeiter brauchen hohe Flexibilität und Pragmatismus." (Quast 1994, S. 43)

Darüber hinaus gehört es zur Internen Kommunikation, immer wieder Anlässe zu schaffen, die den direkten Gedankenaustausch fördern. Dazu zählen Kolloquien, die Mitarbeiter des Hauses oder Externe regelmäßig zu fachlichen und bereichsübergreifenden Themen halten. Wichtig ist, daß alle Mitarbeiter die Möglichkeit haben, diese Vorträge zu hören. Bei stark dezentralen Unternehmen bieten sich Rotationsverfahren, Videoaufzeichnungen oder Videokonferenzen an. Denkbar sind auch Workshops für einen kleineren Teilnehmerkreis: Hier steht die ganze Palette von stark fachbezogenen Themen bis hin zu strategischen Fragen zur Verfügung. Die Ergebnisse eignen sich zur Veröffentlichung in der Mitarbeiterzeitschrift, die sie einem größeren Publikum zugänglich zu macht.

Ganz entscheidend ist auch die Beratungsfunktion für das Management. Speziell die Kommunikation von einschneidenden Veränderungen in Teilbereichen oder im gesamten Unternehmen erfordert eine geplante, einheitliche und professionelle Vorgehensweise. Im Idealfall entwirft die Stelle für Interne Kommunikation zusammen mit der Geschäftsleitung einen Kommunikationsplan, informiert das Management entsprechend und stellt die notwendigen Kommunikationsmittel wie Präsentationen und Reden zur Verfügung.

Eine Bewährungsprobe: die Unternehmensübernahme

Ein echter Prüfstein für die Interne Kommunikation ist der Spezialfall von Unternehmensübernahmen. Denn immer dann treffen unterschiedliche Kulturen aufeinander. Nur Dialog und gezielte Kommunikation überwinden oftmals vorhandene Barrieren und gewährleisten ein erfolgreiches Miteinander für die Zukunft. Entscheidend ist ein Grundkonzept, das jedem von der anstehenden Übernahme Betroffenen das Gefühl vermittelt, ernst und wichtig genommen zu werden. Ein Rückzug auf gesetzliche Vorschriften oder formale Rituale gefährdet die Integration der neuen Mitarbeiter.

Jede Übernahme hat ihre eigenen Rahmenbedingungen – deshalb gibt es keine Patentrezepte. Allen gemein ist jedoch eine bestimmte Vorgehensweise für die Interne Kommunikation.

Im Vorfeld einer Übernahme beschränkt sich der Kreis der Informierten naturgemäß auf einige wenige Personen in beiden Unternehmen. Ohne Frage sind die Abteilungen Interne Kommunikation beider Unternehmen die ersten Bereiche, die es über Verhandlungen zu informieren gilt. Meist steht zu diesem Zeitpunkt der genaue Termin des Ereignisses zwar noch nicht fest, es gilt jedoch, eine Menge Informationen zu beschaffen und zu verarbeiten. Dazu gehören Informationen über die Unternehmen, deren strategische Intention, Auswirkungen auf Kunden, Wettbewerb und Mitarbeiter sowie das zukünftige Leistungsspektrum und ähnliches. Zu prüfen ist, über welche etablierten Kommunikationskanäle (zum Beispiel eigene Mitarbeiter- und/oder Kundenzeitschrift, elektronische Medien) die Unternehmen verfügen und welche auch wirklich genutzt werden. Auf dieser Basis entsteht ein grober Ablaufplan: Kommunikationsmittel sowie Verantwortlichkeiten in beiden Unternehmen werden festgelegt. Die Kommunikationsabteilungen beider Unternehmen arbeiten eng zusammen und legen auch Maßnahmen fest, die bei vorzeitigem Bekanntwerden der geplanten Übernahme greifen. Die Planung dieses Falles ist deshalb so wichtig, weil dann so schnell wie möglich klare Informationen der Unternehmensleitung an die Stelle von unkontrollierbaren Gerüchten treten müssen.

Die Interne Kommunikation kann den Zeitpunkt der Übernahme in den seltensten Fällen beeinflussen. Gibt es beispielsweise Kollisionen mit der Urlaubszeit oder Feiertagen, verkompliziert sich die Planung: Schließlich sollen die Mitarbeiter den neuen Arbeitgeber nicht aus der Zeitung kennenlernen.

Schritt für Schritt wird der Zeitplan verfeinert: Die verschiedenen Maßnahmen wie Vorabinformation des Management, Sonderausgaben der Mitarbeiter- beziehungsweise Kundenzeitschrift(en) sowie Informationsveranstaltung(en) und Pressemitteilung/-konferenz müssen inhaltlich wie zeitlich aufeinander abgestimmt werden. Präsentationen, Reden des Management, Informationsschriften u. ä. müssen erstellt, abgestimmt und produziert werden.

Je nach Umfang der Übernahme bietet es sich an, den Mitarbeitern im Rahmen einer Informationsveranstaltung ein persönliches Willkommenspaket mit Informationen über den neuen Eigentümer, Zahlenspiegel, Organigramm sowie sämtlichen Präsentationen und ausgewählten Broschüren zu überreichen. Allen, die nicht teilnehmen können, schickt man die Unterlagen möglichst per Kurier nach Hause.

Wie bei jeder größeren Veranstaltung steckt der Erfolg im Detail. Die perfekte Organisation ist Grundvoraussetzung. Viel wichtiger ist jedoch die Glaubwürdigkeit der vermittelten Botschaften: Schließlich gilt es, den Ängsten und Sorgen der Mitarbeiter entgegenzuwirken und ihr Vertrauen mit einem überzeugenden Konzept zu gewinnen. Nur so ist sichergestellt, daß der einzelne aus der Übernahme neue Perspektiven für sich ableitet und entsprechend motiviert an seinen Arbeitsplatz zurückkehrt.

Die Auftaktmaßnahmen sind wichtig, aber damit allein ist es noch lange nicht getan. Die Interne Kommunikation ist ein wesentlicher Katalysator für die Integration der neuen Mitarbeiter. Jetzt greifen nämlich die im Unternehmen bereits etablierten Kommunikationsmittel: Denkbar ist eine Sonderausgabe der Mitarbeiterzeitung, die ausschließlich das neue Unternehmen porträtiert. Damit erhalten die Mitarbeiter des übernehmenden Unternehmens die notwendigen Informationen über die neuen Kollegen, umgekehrt fühlen sich letztere als vollwertige Mitglieder des Unternehmens ernst genommen. In definierter Folge erscheinen dann Bereichsvorstellungen, Success Stories und Projektbeschreibungen. Gleiche Wirkung erzielt die Einbeziehung der neuen Kollegen in das Kolloquium- und Workshop-Programm. Alle Maßnahmen zielen darauf ab, möglichst schnell Synergien herzustellen und die vollständige Integration voranzutreiben.

Optimal verläuft die Integration, wenn die beschriebenen Kommunikationsmaßnahmen in ein Gesamtintegrationskonzept eingebettet sind. Federführend ist hier naturgemäß das übernehmende Unternehmen. Entscheidend für den Erfolg eines jeden Integrationsprozesses ist die Dialogbereitschaft und Offenheit des Management – aber sicher nicht nur des übernehmenden, sondern ganz besonders auch des übernommenen Unternehmens. Mehr als eine Integration ist daran gescheitert, daß man weder bereit noch fähig war, an einem Strang zu ziehen und voneinander zu lernen.

Dem Management des übernommenen Unternehmens kommt als Meinungsbildner bei ihren Mitarbeitern eine wichtige integrative Rolle zu: Das Gefühl, „gekauft" worden zu sein, eventuell Pläne nicht verwirklichen zu können, sich in eine fremde Strategie einfügen zu müssen – all diese Vorbehalte kann der neue Arbeitgeber nur mit uneingeschränkter Unterstützung des Management vor Ort ausräumen.

Interne Kommunikation ist ein Wertschöpfungsfaktor

Interne Kommunikation ist eine wichtige Unternehmensfunktion. Ohne die kontinuierliche Bereitschaft der Führungskräfte zum Dialog, ohne ihre Fähigkeit zur vorurteilsfreien Kommunikation und zum Verzicht auf Machtpositionen durch Informationsvorsprung ist sie jedoch nichts. Nur wenn im Rahmen integrativer Personalpolitik langfristig die Weichen für entsprechend gelebte Wertesysteme gestellt werden, greift das Instrumentarium der Internen Kommunikation.

Aufgabe der Internen Kommunikation im Zeitalter medialer Reizüberflutung und eines permanenten Informationsüberflusses ist es, zielorientiert Themen zu fokussieren und angesichts der zunehmend selektiveren Wahrnehmung des einzelnen für das Unternehmen wichtige Botschaften zu forcieren.

Gefragt ist die Interne Kommunikation besonders bei tiefgreifenden Veränderungen. Hier kann sie allerdings nur erfolgreich wirken, wenn sie bereits im Vorfeld kontinuierlich eingesetzt wurde. Im Krisenfall als „Feuerwehr" mißbraucht, versagt das Instrumentarium.

Richtig verstanden und umgesetzt, trägt Interne Kommunikation entscheidend zur Wertschöpfung bei. Indem sie mit den geeigneten Instrumenten den persönlichen Dialog zwischen Management und Mitarbeitern unterstützt, wird sie den Bedürfnissen der Mitarbeiter nach Information, Selbstverwirklichung und Partizipation gerecht. Nur kontinuierliche Information schafft Verständnis, vermittelt Orientierung und weckt Begeisterung. Und nur begeisterte und motivierte Mitarbeiter leisten eigenverantwortliche, wertschöpfende Arbeit.

Literatur

Birkigt, Klaus/Stadler, Marinus M. (Hrsg.): Corporate Identity: Grundlagen, Funktionen, Fallbeispiele, Landsberg/Lech 1986
Bogner, Franz M.: Das neue PR-Denken, Wien 1990

Groffman, Hans-Dieter: Kooperatives Führungs-Informations-System, Wiesbaden 1992

Hanser, Peter: Internes Marketing: Dialog macht stark, in: *Absatzwirtschaft – Zeitschrift für Marketing,* 3/1995

Höhler, Gertrud: Interne Kommunikation als Führungsinstrument, in: OFW (Hrsg.): Die Ressource Mensch im Mittelpunkt innovativer Unternehmensführung, Wiesbaden 1993

JPB (Jochen Peter Breuer) – La Synergie Franco Allemande: Studie „Deutsch-französisches Management", Paris 1992

Leister, Rolf-Dieter: Vortrag auf dem „3. Düsseldorfer Büroforum" der Diebold Deutschland GmbH, Frankfurt, am 18. Mai 1982 in Düsseldorf (Tagungsband ohne Seitenzahlen)

Peters, J. Thomas/Waterman, Robert H.: Auf der Suche nach Spitzenleistungen, Landsberg/Lech 1983

Quast, Dr. Hans-Henning: Welche Qualifikationen befähigen zu einer Tätigkeit im Ausland?, in: *Frankfurter Allgemeine Zeitung,* 23.04.1994, Supplement Beruf + Chance, S. 43

Rüttinger, Rolf: Unternehmenskultur, Wien 1986

Spindler, Gert P.: Innerbetriebliche Kommunikation, in: Pflaum, Dieter/Pieper, Wolfgang (Hrsg.): Lexikon der Public Relations, Landsberg/Lech 1993

Warnecke, Hans-Jürgen (Hrsg.): Aufbruch zum fraktalen Unternehmen, Berlin/Heidelberg 1995

Wollny, Barbara: Mitarbeiter-PR, in: Pflaum, Dieter/Pieper, Wolfgang (Hrsg.): Lexikon der Public Relations, Landsberg/Lech 1993

Zorn, Werner: EDV-gestützte Evaluierung der Internen Kommunikation, in: Baerns, Barbara (Hrsg.): PR-Erfolgskontrolle, Frankfurt 1995

Zürn, Peter: Vom Geist und Stil des Hauses, Landsberg 1985

Business Reengineering und Unternehmenskultur

von Albert Mauritius

Unternehmenskultur und „Reengineering" – überhaupt ein Thema?

Für viele Unternehmen ist zur Zeit eine der „Weichenstellungen in die Zukunft" die gesamtheitliche, radikale und an den wertschöpfenden Prozessen orientierte vollständige Um- und Neugestaltung des Unternehmens. Vorreiter dieser „Business Reengineering"-Vorgehensweisen (einige finden Sie in *Produktion im Wandel* dargestellt, vgl. Inhaltsübersicht im Anhang, S. 338f.) sind zu beachtlichen Ergebnissen gekommen, die inzwischen als „Quantensprünge" bezeichnet werden.

Es besteht zur Zeit kaum noch Zweifel daran, daß für viele Unternehmen, die global agieren müssen, der Wandlungsdruck durch die unterschiedlichsten Anforderungen der verschiedenen lokalen Märkte eine „Flexibilität mit Struktur" in den Unternehmensabläufen (wertschöpfenden Prozessen) erfordert, die durch „Mal hier mal da"-Verbesserungsmaßnahmen nicht mehr erreichbar ist und/oder nicht die durchgreifenden Ergebnissprünge in Richtung Wettbewerbsfähigkeit bringen.

Es sollte für den Praktiker auch kein Zweifel daran bestehen, daß „Business Reengineering" eine schlichte (darauf sollte die Betonung liegen) *Notwendigkeit* darstellt, aber – „bitte, nicht schon wieder" – kein weiteres „Patentrezept", das, wenn angewendet, automatisch „Profit" generiert. Selbstverständlich sind die erzielbaren „Quantensprünge" inzwischen „Legion" und Realität. Eine genaue Betrachtung, wie die Ergebnisse erzielt werden, lohnt dennoch. Anliegen dieses Beitrages ist, deutlich zu machen, daß zu „Reengineering-Maßnahmen" weitere Bausteine eines „puzzles" hinzugefügt werden müssen: „Unternehmenskulturwandel" und „Lean Management". Daß „Lean Management" inzwischen „breitgetreten" ist, heißt nicht, daß nun „Reengineering" an Stelle des „Lean"-Gedankens tritt. Vereinfacht gesagt führt Business Reengineering (da im Ergebnis alle nicht wertschöpfenden Tätigkeiten wegfallen und die Zusammenfassung zu neuen kundenorientierten Prozessen dies quasi erzwingt) zu „Lean Management-Strukturen" und zu der Notwendigkeit des Kulturwandels (durch die neuen Formen der Zusammenarbeit mit neuen Arbeitsinhalten und Arbeitszusammenhängen).

Die Suche nach der „Genialität" des „Reengineering-Ansatzes" sollte nicht allzu lange dauern, die Frage nach „altem Wein in neuen Schläuchen" nicht allzu lange „im Raume schweben". Das Geniale liegt in der Einfachheit des Ansatzes („Wir machen nur noch das, was dem Kunden Nutzen und uns Geld bringt, weil er genau dann bereit ist zu bezahlen."), und das Neue besteht in den genannten Wörtern: gesamtheitlich, radikal, prozeßorientiert.

Gesamtheitlich heißt, daß „alle, alles und jedes" – angefangen vom Lieferanten bis zum Kunden – im Unternehmen und in den Beziehungen des Unternehmens betrachtet und gestaltet wird.

Radikal heißt, daß Aussagen wie „wir haben das bisher so gemacht" gar nicht auftauchen, weil „von Grund auf alles neu gestaltet wird".

Prozeßorientiert heißt schlicht, daß ausschließlich Abläufe, die zum Kundennutzen beitragen, betrachtet werden, somit Abteilungen, Organisationsstrukturen, „Fürstentümer" etc. in die Gestaltung der Prozesse nicht eingehen. In diesem Beitrag wird der „Lean-Gedanke" nicht weiter verfolgt.

Die Bedeutung der Unternehmenskultur als „Erfolgsfaktor" für die langfristige Absicherung und die erfolgreiche Umsetzung der Reengineering-Maßnahmen wird betont.

Business Reengineering und der Vatikan – ein Traum

Stellen Sie sich bitte vor, Sie sitzen eines Tages im Zug. Im Abteil sitzen Ihnen gegenüber zwei wohlgekleidete Herren, die sich nach kurzer Vorstellung als „Berater" und Vorstandsvorsitzender eines weltweiten Konzerns „entpuppen". (Diese Geschichte ist natürlich erfunden, und jede Ähnlichkeit mit lebenden Personen ist zufällig; der Konzern ist aber Gegenstand des Beispiels unten, das einen konkreten Praxisfall darstellt.) Der Vorstandsvorsitzende erzählt Ihnen, er habe in der bekannten Zeitung, hinter der immer ein kluger Kopf steckt, gelesen, daß der Vatikan beschlossen habe, sich selbst aufzulösen, daß die Kirche sich nur noch auf betreuende Tätigkeiten im Sinne christlicher Hilfe beschränken würde, die Unfehlbarkeit des Papstes aufgegeben werde, Frauen Priester werden könnten, nicht mehr die Gläubigen der Kirche dienten, sondern die Kirche den Gläubigen dienen möchte, Kardinalordinariat, Bischoftum aufgelöst und abgeschafft würden und die Betreuung der christlich Nächsten ausschließlich an den Bedürfnissen der Bedürftigen orientiert werde. Die erhofften Einnahmen an Kirchensteuer seien um mindestens ein Drittel höher als bisher und die erhofften Kircheneintritte um fünfzig Prozent höher. Die einzigen Maßnahmen, die ergriffen würden, seien die radikale, gesamtheitliche Orientierung an „seligmachendem christlichen Tun" im Sinne der Gläubigen und Bedürftigen in aller Welt.

Ihre erste Reaktion wäre wohl, daß Sie versuchten, betont feinsinnig und betont ungläubig zu lächeln. Sie würden sich gegebenenfalls erkundigen, ob nicht doch das bebilderte Massenblatt die Quelle der Nachricht sei. Ansonsten sind Sie nicht in der Lage – trotz des Respektes, den Sie Ihrem Gegenüber entgegenbringen – dieser „Story" irgendetwas Glaubhaftes abzugewinnen. Und in der Tat, Sie werden erlöst. Der Vorstandsvorsitzende erzählte Ihnen nur einen Traum – das war Ihnen beim Zuhören anfänglich entgangen –, den er nach einem Business-Reengineering-Seminar hatte.

Sie sind natürlich erleichtert, die Welt ist wieder in Ordnung. Wie bitte hätte man sich diese Nachricht auch realiter in ihren Konsequenzen vorstellen können! Die Dimension der angedeuteten Wandlungsprozesse in Grundsatzfragen, Lehrgebäuden, Dogmen, Organisationsstrukturen, Verhaltensweisen etc. erschien nur wenige ungläubige Momente vor Ihrem geistigen Auge, bis Sie das Zauberwort „Traum" erlöste.

Es ist Ihnen ebenso klar, daß – wenn je ein solches Unterfangen begonnen würde – die entscheidende Dimension der Wandel in der Kultur wäre, um die Neuorientierung an den Bedürfnissen der Bedürftigen zu ermöglichen. Es ist Ihnen auch klar, daß „nur Kultur" noch nie einem Hilfsbedürftigen geholfen hatte, sondern daß konkretes Handeln letztlich die Hilfe bringt. Es muß also eine Lösung „in der Mitte" zu finden sein. Sie verfolgen den Gedanken aber nicht weiter, das Beispiel war nur ein Traum und ein Praxisbezug nicht zu finden. In einem Unternehmen kommen „Kulturgüter" wie „Glaubensfragen", „Dogmen", „Lehrgebäude", „Ordinariate", „Fürstentümer", „Glaubensgrundsätze" etc. ja nicht vor. Aber so ganz sicher sind Sie sich nicht. Inzwischen erzählt Ihnen der Vorstandsvorsitzende von seinem (jetzt echten)Reengineering-Problem[1].

Die reale Welt der Praxis – der Fall

Der Fall (schildert der Vorstandsvorsitzende) bezieht sich auf einen Konzern der Konsumgüterindustrie. Der Konzern beschloß eine vollständige Neugestaltung aller Unternehmensprozesse, um sich durch Effektivitäts- und Effizienzsteigerung den angestrebten Wachstumsanforderungen gewappnet zu zeigen. Die Prozeßgestaltung soll ihren Abschluß in der weitgehenden Automatisierung wiederkehrender Prozeßaktivitäten durch Software-Unterstützung finden. Die Aufgabe wird unter direkter Führung des Vorstandes mit einem Kernteam von Führungskräften und externer Unterstützung durchgeführt.

Das Unternehmen

Geschäftstätigkeit und Organisation

Das Unternehmen ist als weltweiter Konzern organisiert. Hauptgeschäftstätigkeit ist die Produktion und die Vermarktung von elektrotechnischen Konsumgütern. Das Unternehmen mit Stammsitz in Deutschland hat weltweit Tochtergesellschaften, die in der Organisation des Konzerns die „geographischen Märkte" zum Beispiel USA, Japan, China, Spanien etc. betreuen. Das Unternehmen als Aktiengesellschaft ist selbst eingebettet in einen (amerikanischen) Konzern. Es erzielt über zwei Milliarden DM Umsatz und beschäftigt weltweit ca. 8000 Mitarbeiter.

Situationsskizze

Das Unternehmen ist führend in Industriedesign, bedient „high price consumer", ist profitabel und hat klare Wachstumsvorstellungen für die nächsten Jahre. Die Produkte sind bestens eingeführt, haben überdurchschnittlich hohen Bekanntheitsgrad und sind von bekannt hervorragender Qualität.

Die Herausforderung für das Unternehmen besteht darin, die Unternehmensabläufe (die Geschäftsprozesse) auf eine hohe Lieferqualität für die weltweiten Märkte auszurichten und den heutigen und insbesondere den zukünftigen Umsatz(wachstums)anforderungen entsprechend zu gestalten.

Unternehmerische Zielsetzung

Die Unternehmensführung hat sich zum Ziel gesetzt, die Geschwindigkeit der Geschäftsprozesse, die Inhalte und die Verknüpfung der Geschäftsprozesse an den Wachstumszielen (Geschäftsverdopplung in vier bis fünf Jahren) auszurichten[2].

Als kritische Meßgröße für die erfolgreiche Gestaltung der (konzernweiten) Prozesse wird insbesondere die Auftragszykluszeit von Auftragseingang bis zu Endbelieferung des Kunden (zum Beispiel Warenhäuser) angesehen.

Die weltweite Einführung einer Standardsoftware soll die Unternehmensführung bei strategischen und operativen Entscheidungen unterstützen und die Geschäftsprozesse bestmöglich (gemessen an der Auftragszykluszeit) automatisieren.

Bisherige Projektvorgehensweise und Ergebnisse

Die bisherige Vorgehensweise zur Umsetzung der dargestellten Zielsetzung ist geprägt durch die Regeln der (Berater-)Kunst. Die zum Einsatz gekommene Vorgehensmethodik des Change Integration trägt auch den Notwendigkeiten, die über das Business Reengineering hinausgehen, Rechnung (Reengineering ist also nur ein Teil des Vorgehens). Das bedeutet, daß alle Gestaltungsfaktoren, die einen Geschäftsprozeß ausmachen, Berücksichtigung finden. Neben den in der Zielsetzung genannten Faktoren „Geschwindigkeit" (Dauer), „Inhalt" und „Verknüpfung" werden somit auch Rahmen-Gestaltungsfaktoren betrachtet wie „Kultur", „Managementprozesse" oder Gestaltungsfaktoren wie „eingesetzte betriebswirtschaftliche Methoden" (sozusagen die Werkzeuge des Prozesses, zum Beispiel Vertriebsplanung) und – „last not least" – die eingesetzten Ressourcen im Prozeß (Know-how, Mensch, Maschine, Material, Kapital, Informatik).

Die Regeln der Kunst schrieben auch vor, daß in klassischer Projektart zu verfahren war: Klare Projekt-„Ownership" beim Vorstand, „top down management commitment", Freistellung von ca. 30 Führungskräften, delegierte Projektverantwortlichkeit für die geistige Umorientierung in Richtung Prozeßorganisation (die geistige „leadership" des Projektes), angesiedelt bei einem von vier „Top Managern" der geographischen Märkte. Der „Kreis der Dreißig" wird von einem Team aus zehn Beratern und Beraterinnen unterstützt.

Das phasenweise durchgeführte Reengineering im Rahmen der Change-Integration-Methodik wurde in Teamarbeit mit weltweiter Dimension (in Japan, Spanien, USA etc.) durchgeführt.

Das Projekt ist im folgenden in Kernpunkten der Aufgabenstellung, der Projektorganisation und -vorgehensweise und in seinen bisherigen Ergebnissen näher erläutert:

Die Aufgabenstellung – Verkürzung der Auftragszykluszeit

Die gegebene Auftragszykluszeit (Einbringung eines Auftrags in den Planungsprozeß der konzernweiten Logistikplanung bis zur Auslieferung) war im Durchschnitt drei Monate. Das Verständnis und die Kenntnis der tatsächlichen Abläufe der einzelnen Prozeßschritte waren weder einheitlich noch transparent.

Die (ursprüngliche) Aufgabenstellung bestand also in der einheitlichen Prozeßdefinition, der Prozeßanalyse („Was wird tatsächlich in der Durchführung der Geschäftsprozesse im einzelnen in der Konzernzentrale und den Tochterfirmen weltweit gemacht?") und der Prozeßgestaltung des „order-to-delivery-cycle", das heißt der grundsätzlichen Neugestaltung und Optimierung.

Die Aufgabenstellung wurde im Projektverlauf wesentlich erweitert, insbesondere um den Prozeß „Produktentwicklung und -ein-

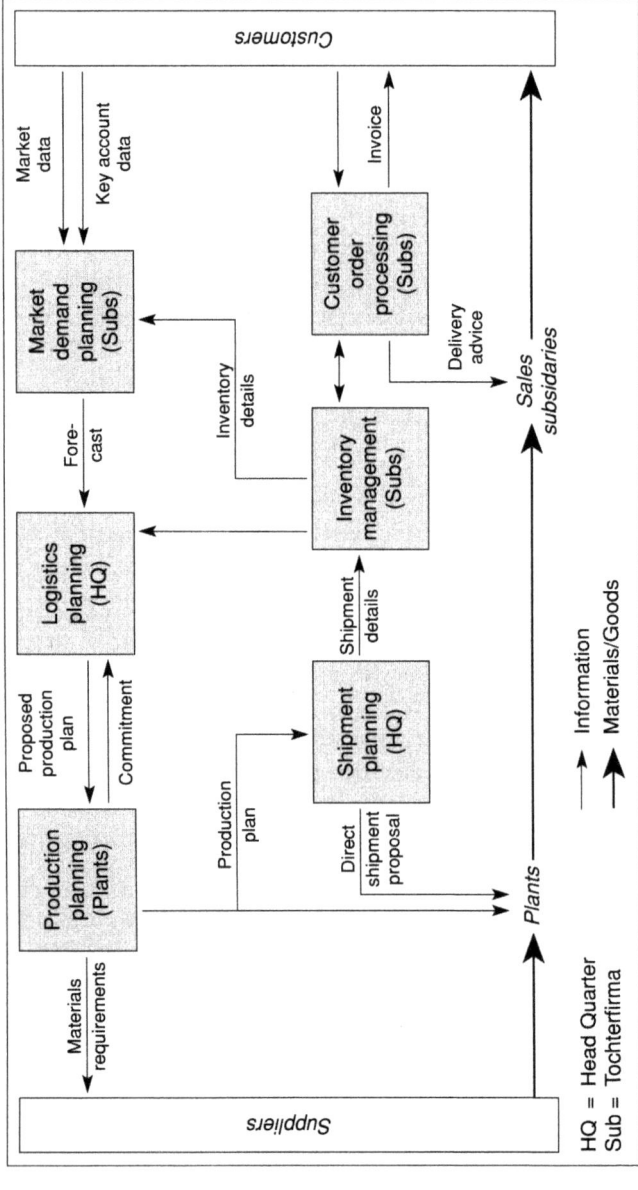

Abbildung 29: Einbindung des Konzerns in die Kunden-Lieferanten-Kette

führung". Abbildung 29 veranschaulicht die Gesamteinbindung des Konzerns in die Kunden-Lieferanten-Kette und die Kerngeschäftsprozesse.

Das Projekt

Phasenweises Vorgehen

Das Projekt wurde umfassend als „Reengineering- und Implementierungsprojekt für Informationssysteme" definiert. Die Dimensionen des Projektes sind in den Kategorien „Corporate", „Information", „Technology" und „Strategy" zusammengefaßt. Abbildung 30 (Seite 292) veranschaulicht die Gesamtvorgehensweise und die inzwischen im Ablauf von neun Monaten abgeschlossene Phase 2 „Implementierungskonzept".

Projektorganisation

Die Projektorganisation orientiert sich an vier der insgesamt sieben gemeinsam – nach langem Ringen um die Definition und Zwecksetzung – festgelegten „corporate processes". Diese stellen die höchste Aggregationsstufe der einzelnen Geschäftsprozesse über mehrere Dekompositionsstufen dar (siehe unten: „Geschäftsprozeßanalyse und -gestaltung"). Abbildung 31 (Seite 294) veranschaulicht die Projektorganisation.

Die Projektorganisation besteht aus dem auf höchster Unternehmensebene angesiedelten Projektmanagement und den Coreteams (Arbeitsteams).

Geschäftsprozeßanalyse und -gestaltung

Innerhalb von fünf Monaten wurde eine vollständige Geschäftsprozeßanalyse und -gestaltung für den Konzern und die Tochterfirmen durchgeführt (inzwischen wurden die Implementierungen begonnen).

292 Business Reengineering und Unternehmenskultur

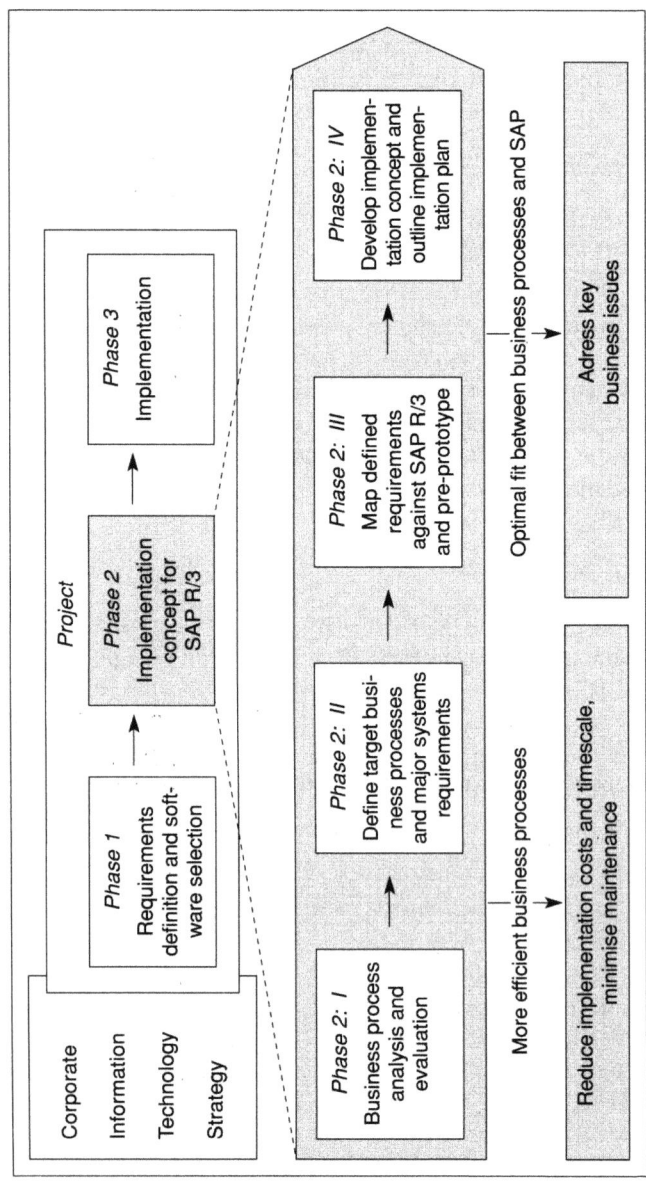

Abbildung 30: Phasenkonzept des Projektvorgehens

Bisherige Projektvorgehensweise und Ergebnisse

Die Geschäftsprozesse wurden dabei ausgehend von der höchsten Aggregationsebene der „corporate processes" über fünf Dekompositionsstufen bis in einzelne Tätigkeiten aufgegliedert, analysiert, neu gestaltet und in den Gesamtprozeßablauf eingegliedert. Die Aufgliederung der Prozesse über mehrere Ebenen ist in Abbildung 32 (Seite 295) anhand eines Beispiels dargestellt.

Für jeden der Prozesse auf unterster Ebene wurden folgende Elemente bestimmt, analysiert und in der Konzeption (Prozeßmodell) gestaltet:

- Prozeßaktivität,

- Zeiten (Wartezeiten, Bearbeitungszeiten, Transportzeiten),

- Input in den Prozeß (zum Beispiel welche Informationen oder Materialien),

- Output aus dem Prozeß,

- interne/externe Kunden und Lieferanten des Prozesses,

- vorgelagerte/nachgelagerte Prozesse,

- Input/Output-Medium (zum Beispiel Papier, Transportmittel, Bildschirm etc.),

- Prozeßverantwortlicher,

- Prozeßdurchführende,

- Leistungsmeßgrößen (zum Beispiel stock level).

Projektarbeitsweise

Die Projektarbeitsweise war von Beginn an gekennzeichnet durch gemischte Teams (Kundenmitarbeiter und Berater) mit hoher Qualifikation. In den Teams waren seitens des Unternehmens Führungskräfte der oberen und mittleren Führungsebene vertreten. Die Arbeit der Teams war geleitet durch einen strengen methodischen Ansatz der Prozeßanalyse und Prozeßgestaltung. Zur Prozeßgestaltung wurden Softwarewerkzeuge eingesetzt, um die Kom-

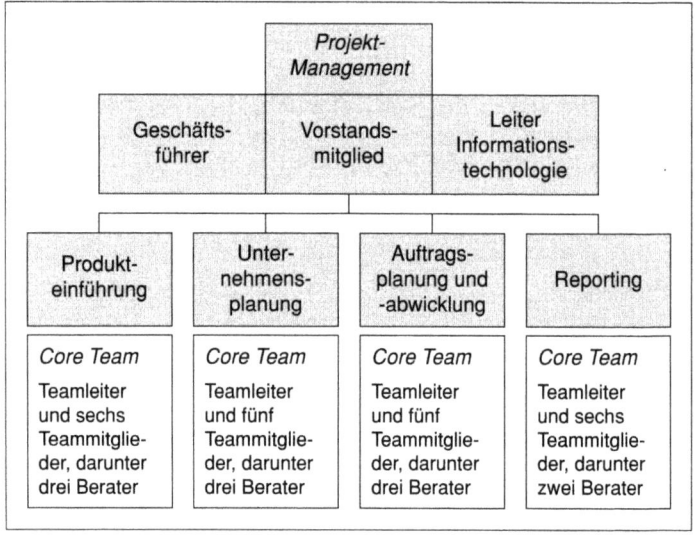

Abbildung 31: Projektorganisation mit Projektmanagement auf Vorstandebene (Price Waterhouse GmbH)

plexität der Aufgabenstellung (sieben Corporate Processes, 30 Makroprocesses und 120 Subprocesses in der Prozeßmodellierung), insbesondere der Input/Output-Darstellung und der Prozeßdekomposition, zu bewältigen.

Die Komplexität der Aufgabenstellung, die Unterschiede in der Unternehmenskultur der Teammitglieder, die neue Form des methodischen Herangehens und der methodischen Aufbereitung forderte ein hohes Maß an Teamfähigkeit (Geduld!), Fachwissen, Lernfähigkeit, Einsatzwillen (Überstunden!) und Disziplin aller Beteiligten.

Aufgrund der unterschiedlichsten persönlichen Interessen einzelner Teammitglieder, ihrer Einbindung in die verschiedenen Welten der Unternehmenskultur (siehe unten), ihres daraus resultierenden Verständnisses der gefaßten Beschlüsse der Unternehmensleitung, waren inhaltliche und Verhaltenskonflikte Bestandteil der täglichen Projektarbeit.

Bisherige Projektvorgehensweise und Ergebnisse 295

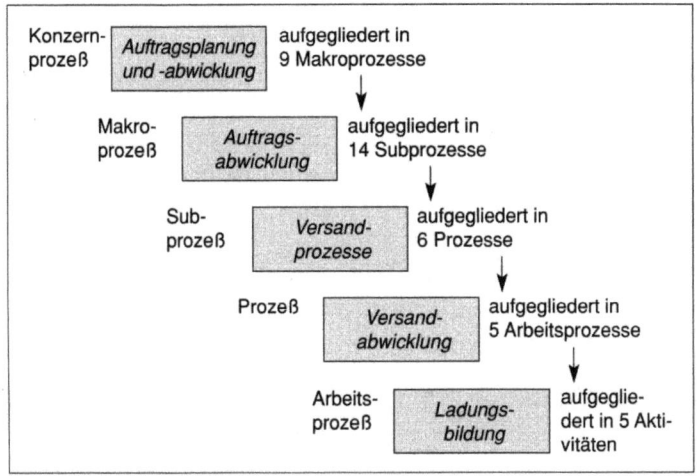

Abbildung 32: Prozeßaufgliederung als Basis der Optimierung (Price Waterhouse GmbH)

Konflikte zwischen Teammitgliedern wurden entweder durch Beharrlichkeit (Festhalten am methodischen Vorgehen und an Beschlüssen des gemeinsamen Projektmanagement und der Unternehmensleitung) oder durch vereinbarte Eskalationsmechanismen (Entscheidung des gemeinsamen Projektmanagement innerhalb von 24 bis 48 Stunden) gelöst.

Die Rolle der Berater war zweigeteilt:

- Teammoderator (Schiedsrichter, Diskussionsführer wo nötig, Motivator, Aufgabenverfolgung etc.),

- Teammitglied (Einbringen von Fachwissen, Hinterfragen von Vorschlägen, Strukturieren der Aufgaben etc.).

Die Teammitglieder des Unternehmens waren zusätzlich zu ihrer Tagesarbeit in das Projekt eingebunden. Das fachliche Wissen über die Unternehmensgegebenheiten, das sie einbrachten, kombiniert mit dem methodischen und betriebswirtschaftlichen Fachwissen der Berater führte zu fruchtbaren Ergebnissen.

Ergebnisse

Die Prozeßgestaltung führte zu Ergebnissen, die für das Unternehmen von grundsätzlichem Charakter sind. Aus den umfangreichen Ergebnisdarstellungen sind die exemplarisch herausgegriffen, die signifikant den Wandel in der Unternehmenskultur und die Neugestaltung der Geschäftsprozesse darlegen.

Wandel in der Unternehmenskultur und strategischen Planung

Folgende Grundsätze zur Verbesserung der Unternehmenskultur und der Prozesse wurden in Teams erarbeitet und als Leitlinien (Handlungsanweisungen) für das Unternehmen verabschiedet:

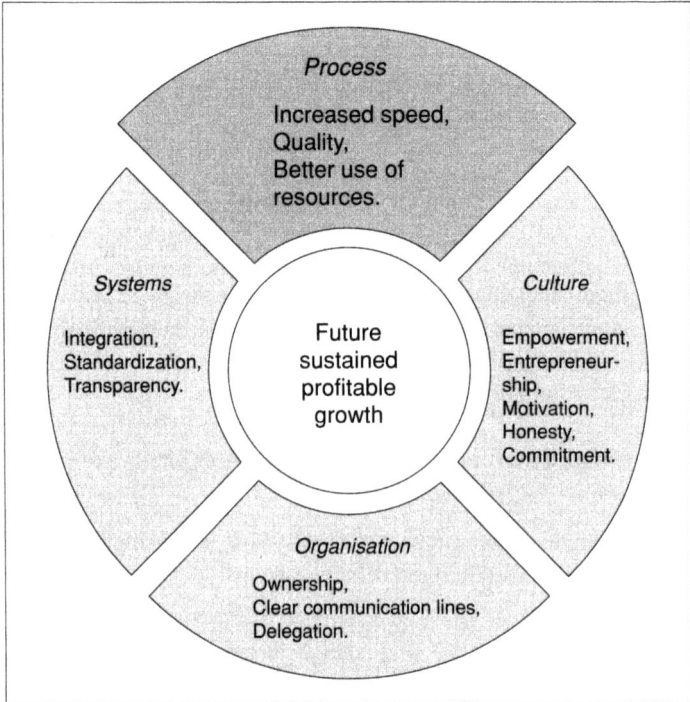

Abbildung 33: Das Gesamtkonzept des Wandels

Bisherige Projektvorgehensweise und Ergebnisse

- keine „Grand Canyons" (keine Gräben, kein Fürstentumdenken),
- Förderung („empowerment") des selbständigen Arbeitens („entrepreneurship") statt der bisherigen Beaufsichtigung,
- von Anfang an die Dinge richtig machen („first time right"),
- Vermeidung von Mehrfacharbeit,
- Verkürzung von Durchlaufzeiten und Vermeidung von Iterationen,
- Schaffung von Transparenz,
- Vermeidung von Details (Konzentration auf das Wesentliche),
- Fokussierung auf die Unternehmensstrategie,
- ehrlicher Umgang („honesty")und gegenseitige Verpflichtung („commitment").

Das Gesamtkonzept des Wandels läßt sich am besten mit Abbildung 33 verdeutlichen, die in den Kernbereichen des Wandels die klaren Prioritätsbereiche zeigt. Das Ergebnis gewinnt zusätzlich an Bedeutung durch die Tatsache, daß die Kernbereiche des Wandels „process" (Geschäftsprozesse), „culture" (Unternehmenskultur), „organisation" und „systems" mit den genannten Prioritäten zukünftig Bestandteil beziehungsweise Gegenstand der strategischen Unternehmensplanung sind.

Verkürzung der Durchlaufzeiten

Die ursprüngliche Aufgabenstellung, die Auftragszykluszeit (Auftragseingang bis Auslieferung) zu verkürzen, wurde wesentlich um die in Tabelle 5 gezeigten Prozesse beziehungsweise die Verbesserung der zugeordneten Durchlaufzeiten erweitert. Die Tabelle zeigt exemplarisch die Durchlaufzeiten der genannten Prozesse vor und nach der Prozeßgestaltung und den Prozentsatz der Reduktion.

Der Quantensprung oder die Weichenstellung in die Zukunft ist also mit einer durchschnittlichen Verkürzung der wesentlichen Durchlaufzeiten im Unternehmen (konzernweit) von 55 Prozent charakterisiert.

Tabelle 5: Verkürzung der Durchlaufzeiten insgesamt

Prozeß	Prozeßzeit vor der Gestaltung	Prozeßzeit nach der Gestaltung	in Prozent
strategische Planung	12 Wochen	4 Wochen	66 %
operationale Planung	30 Wochen	6 Wochen	80 %
Leistungscontrolling	4 Wochen	2 Wochen	50 %
Produktentwicklung	36 Monate	26 Monate	18 %
Auftragszyklus	14 Wochen	5 Wochen	65 %

Produktentwicklung und -einführung als größter Nutzenbringer

Die Prozesse der Produktentwicklung und -einführung erwiesen sich als diejenigen mit dem größten Potential. Der Reduktion der „time-to-market-Zeit" um 18 Prozent entspricht ein ca. fünfzigprozentiger Anteil am Gesamtnutzen (Gesamtnutzen = ein Drittel des Konzernjahresergebnisses).

Interessant dabei ist, daß etwa 25 Prozent des monetären Nutzenbeitrages der Produktentwicklung auf Verbesserungen im kulturellen/ organisatorischen Feld zurückzuführen sind.

Die Aufteilung der Durchlaufzeitreduktion der Produktentwicklung ist näher in Tabelle 6 dargestellt.

Gesamtsicht der Ergebnisse

Die genannten Ergebnisse sind exemplarisch zu verstehen.

Die Prozeßgestaltung führte insgesamt zu definierten Einsparpotentialen, die mehr als ein Drittel des Konzernjahresergebnisses ausmachen.

Tabelle 6: Verkürzung der Durchlaufzeiten in der Produktentwicklung

Verbesserungsfaktor	Zeitverkürzung in Wochen	in Prozent
schnellere Ideenfindung	8	20 %
stabile Projektdefinition	8	20 %
offizielles „simultaneous engineering"	16	40 %
kulturelle und organisatorische Faktoren	4	10 %
Projektkontrolle	4	10 %
gesamt	40	100 %

Wie die Projektarbeit und die Ergebnisse gezeigt haben, dürfen die äußerst positiven Ergebnisse nicht darüber hinwegtäuschen, daß wesentliche Problemstellungen – und deren Lösungen – im kulturellorganisatorischen Bereich liegen beziehungsweise lagen. Der bisher quantitativ nicht meßbare kulturelle Faktor wurde durch Teamarbeit und zähes Ringen in Zahlen und Einsparpotentialen ausgedrückt und damit meß- und kontrollierbar gemacht.

Um zu erläutern, wie und wo die kulturell-organisatorischen Probleme liegen und worin die Herausforderung in der laufenden Umsetzung für das Unternehmen besteht, sei auf die kulturelle Mehrweltenproblematik näher eingegangen.

Die Mehrwelten-Problematik des Unternehmens

Das Vorgehen in klassischer Projektmanier stand und steht unter besten Voraussetzungen, was die genannten Faktoren „commitment", „ownership" und geistige „leadership" angeht. Das gilt auch für Teamengagement, Projektorganisation und Qualifikation des „Kreises der Dreißig". Trotz alldem gab und gibt es Hürden und Probleme in der täglichen Projektarbeit, bei der Definition von Begriffen, Prozessen, Inhalten, bei Auffassungen, Einsichten und Kommunikation. Mit anderen Worten, die sachlogisch durchgeführte „Ingenieurarbeit" (reengineering!) der Prozeßgestaltung wird überlagert – teilweise behindert – durch die gelebte (nicht abstrakte!) Unternehmenskultur. Diese Aussage wäre – wenn sie so stehenbliebe – eine gelinde Untertreibung, da nicht eine Unternehmenskultur, sondern mehrere ins Spiel kommen! Die Kulturen werden in verschiedenen „Welten" gelebt, die im folgenden kurz skizziert werden. Die „Welten" sind natürlich (!) ineinander verschachtelt und werden nur zur Erläuterung in der folgenden Beschreibung getrennt.

Die organisatorischen Welten

Das Unternehmen operiert in „drei organisatorischen Welten": den geographischen (Vertriebs-)Märkten (zum Beispiel Japan, USA etc.), dem deutschen Markt als speziellem Markt des Stammhauses und der „Produktionswelt" (gemeint sind die Produktionswerke in den geographischen Märkten). Diese „Welten" lassen sich wie in Tabelle 7 aufgeführt kennzeichnen.

Die Monopolstellung der „Produktionswelt" ergibt sich aus der Tatsache, daß die Produkte für die geographischen Märkte jeweils nur an einem Standort produziert werden.

Tabelle 7: Die drei Welten

	Kennzeichen
1. die Welt der geographischen Märkte	– Offenheit und Flexibilität in Verhalten und Kommunikation – Motto: „Lean, aber unstrukturiert."
2. die Welt „Deutschland"	– bürokratischer Verkaufsapparat – Motto: „Erst denken – vielleicht handeln."
3. die „Produktionswelt"	– Monopolstellung – Motto: „Prozesse gut, aber wir handeln abgeschottet."

Die „Welt der Führung"

Die „Welt der Führung" ist geprägt durch den Vorstandsvorsitzenden, dem relative Freiheit in der unternehmerischen Initiative von seiten der Muttergesellschaft eingeräumt wird. Die Managementprozesse sind nichtsdestoweniger zwischen der „Welt des Stammhauses" und „dem Rest der Welt" gespalten. Es kann nicht geleugnet werden, daß Beschlüsse des Vorstandes „Ex- cathedra-Charakter" haben. Es kann ebenfalls nicht geleugnet werden, daß die Berufung in ein „Ordinariat" der Muttergesellschaft (die Begriffe sind willkürlich gewählt) nur über den erfolgreichen Weg im deutschen Konzern geht.

Die „Welt der Mentalitäten"

Die Unternehmenskultur ist einerseits durch die „drei Welten" und andererseits durch die „fürstliche Primatspolitik" geprägt. Diese Welten werden von einer als „amerikanisch offen" und einer als „deutsch geschlossen" zu bezeichnenden Kommunikations-, Arbeits- und Führungswelt überlagert.

Die „amerikanisch offene Welt" ist gekennzeichnet durch schnelle Entscheidungen, hierarchiearme Kommunikationswege, englische Sprache, internationale Teamarbeit. Die „deutsch geschlossene Welt" ist geprägt durch „Türen-zu-Politik", autoritätsorientiertem Denken, viel denken, vielleicht entscheiden. Interessanterweise wird die „deutsch geschlossene Welt" zu einer „offenen", wenn zum Beispiel gemischte, das heißt internationale, Teams zusammen mit den „Deutschen" arbeiten. Die Grenzen dieser „Welten" sind klar durch Direktorate markiert. Sie sind lokal in den gleichen Gebäuden auszumachen.

Die „Welt der Planwirtschaft"

Sämtliche Vorgehensweisen im Konzern sind nicht nur durch planwirtschaftliche Prozesse geprägt (produziert wird das, was auf mehrere Wochen im voraus geplant ist), sondern auch überlagert und getrieben von planwirtschaftlichem Verhalten (Änderungen in der lokalen Kundennachfrage müssen über Top-Managementprozesse in der Konzernführung in die Planänderung eingebracht werden). Die Produktions„monopolisten" verhalten sich „monopolgerecht" und „verteilen" die Produktions(plan)mengen entsprechend ihren (geplanten) Kapazitäten. Die Kostenmaßstäbe der „direct costs" werden von den Produktionswerken selbst gesetzt. Die gesamte „Welt der Planwirtschaft" ist gekennzeichnet durch ein Übermaß an Kontrollen, Berichten und Auswertungen.

Die Herausforderung

Die Herausforderung für die externen Berater bestand in den bisherigen Phasen des Vorgehens, diese Welten durch Integration und Transformation zu überbrücken. Eine effiziente Teamarbeit war von entscheidender Bedeutung. Der sachlogische Engineering-Ansatz half, von der realen Unternehmenspolitik, den gegebenen Strukturen, Machtkämpfen, Abteilungsgrenzen etc. abzusehen beziehungsweise die Teammitglieder (der „Kreis der Dreißig") in die „Welt der Geschäftsprozeßdefinition und -gestaltung" zu versetzen, zu „transformieren". Dies verlangte von den Teammitgliedern ein hohes Maß an Engagement und Abstraktionsvermögen. Das Vorgehen wird dann von den Beratern auch als „business process transformation" bezeichnet.

Die zukünftige Herausforderung für das Reengineering – und damit schließt der Vorstandsvorsitzende seine Schilderung – besteht nun darin, die Brücken zwischen all diesen Welten durch die gestalteten und umgesetzten Unternehmensprozesse zu schlagen.

Die Unternehmensprozesse, zum Beispiel „customer and market management" oder „outbound logistics", sind sensible Prozeßketten, die optimal auf die Kundenanforderungen abgestimmt sind. Die praktische Durchführung der Prozesse ist keine bürokratische Abwicklung, sondern geprägt von Unternehmenskulturelementen wie Kundenorientierung, offene Kommunikation zur Fehlererkennung und -vermeidung, schnelle unbürokratische Entscheidung etc.

Die Herausforderung 303

Durch spezielle Team-Workshops wurden die im folgenden aufgeführten Gesichtspunkte als Erfolgsfaktoren der Umsetzung (das „Leben der Prozesse") erkannt.

Organisatorischer Rahmen

„Authority and responsibility at the adequate location" wurde als Leitlinie für zukünftige Gestaltungsmaßnahmen vereinbart. Die Betonung liegt sicher auf „at the adequate location" im Sinne von: „wo in der Prozeßkette?" einerseits und „wo geographisch?" andererseits.

Kultureller Rahmen

- „Learning organisation" als Leitlinie gegen geographische und „Bereichswelten"-Abschottung. „Share experience" als Motto.
- „Talk – don't punish" als Leitlinie, um auch negative Erfahrung teilen zu können. Motto: „aus Fehlern lernen".
- „Schnell – weniger perfekt" als Leitlinie gegen Bürokratie.
- „Weitergeben – nicht festhalten" als Leitlinie gegen Informationsabschottung.

Vision

Von dem „Kreis der Dreißig" wurde die Notwendigkeit eines „cultural change" als „Vision" für die nächsten Jahre formuliert.

Die in der unternehmerischen Zielsetzung genannte kritische Meßgröße der Auftragszykluszeit (Zeit von Auftragseingang bis zur Kundenbelieferung) für den konzernweiten Unternehmensprozeß „order to delivery" wird ein Maßstab für die erfolgreiche Umgestaltung der „Kulturwelten" sein. Die Umsetzung der neu gestalteten Prozesse wird das treibende Element für die Verbesserung des Kundenservice einerseits, aber auch das treibende Element für den Kulturwandel andererseits sein. Die Richtung für den Kulturwandel kann zwar die Prozeßgestaltung andeuten, die Steuerung in die Richtung der Learning Organisation, der Entbürokratisierung, der delegierten Führungsverantwortung, der konzerninternen marktwirtschaftlichen Prinzipien (interne Lieferanten-Kunden-Beziehungen) muß aber zusätzlich durch ein Kulturprogramm ermöglicht werden.

Die Ausgestaltung und Durchführung des Kulturprogramms mit:

- Unternehmensgrundsätzen,
- Definition einer Zielkultur,
- Verabschiedung eines Umsetzungsvorgehens,
- Durchführung des Kulturprogramms mit „change agents" und „change workshops".

zusammen mit der Einführung der neuen Unternehmensprozesse und den notwendigen Lean-Management-Aufgaben (Straffung der Hierarchien im Beispiel) sind die Herausforderung des Unternehmens in den nächsten vier bis fünf Jahren.

Change Integration – ein Ausblick

Warum Change Integration?

Inzwischen hat der Zug die Vorortbahnhöfe erreicht und fährt über die Weiche in Richtung Zielbahnhof. Sie sind beeindruckt von den praktischen Problemen, die Ihnen geschildert wurden. Im Seminar klang alles etwas einfacher. Sie sind noch in Nachdenken versunken, als der „Berater", der bisher schweigend neben dem Vorsitzenden gesessen hat, Sie aus Ihren Gedankengängen reißt. Er wolle sich ganz kurz fassen und falls Interesse bestünde – und bis zum Ziel(bahnhof) sei ja nur noch wenig Zeit – könne er einige Grundgedanken des „Warum" und „Wie" des Change Integration erläutern. Sie sind zwar leicht ermüdet vom Zuhören, aber noch lernwillig und nicken deshalb.

Wie Sie sicherlich wissen, beginnt der Berater, sind nicht nur Unternehmen, sondern auch Beratungshäuser „learning organisations"

Change Integration – ein Ausblick

und haben über Jahre Erfahrungen gemacht und – das ist der wesentliche Punkt – gesammelt. Die verschiedenen Verbesserungsmethoden, die in Unternehmen zur Anwendung kamen, wie zum Beispiel Strategische Organisation, Gemeinkostenmanagement, Verbesserung der Ablauforganisation, Software-Einführung etc. führten über die Jahre zu der Erkenntnis, daß, was immer auch zur Anwendung kam, im Endeffekt Wandlungsprozesse in den Unternehmen herbeiführten – bewußt oder unbewußt, gewollt oder ungewollt.

Die weitere Erkenntnis des Reengineering war der – oben geschilderte – gesamtheitliche Ansatz: weg von dem Versuch der Einzeloptimierung (oft durch Kostenstellendenken getrieben) hin zur Gesamtoptimierung. Die Gesamtoptimierung der Prozesse bleibt aber entweder ein Traum oder ein „Ingenieurkonzept", wenn nicht die „Welten" der Unternehmenspolitik, der Machtkämpfe, der Kulturen etc. in die Umsetzungsüberlegung mit einbezogen werden. Es müssen also alle Faktoren, die irgendwie von „Wandlung" oder „Änderung" im Unternehmen berührt werden oder selbst die „change drivers" sind, betrachtet, berücksichtigt und in der Durchführung angegangen werden.

Diese Überlegungen und die über Jahre gesammelten Erfahrungen führte als „gegossenes" Beratungs-Know-how zum Change Integration, das ein umfassendes Vorgehensmodell in Konzeption und Durchführung möglicher Wandlungsprozesse in einem Unternehmen (unabhängig von dessen Größe) darstellt.

Grundgedanken des Change Integration

Change Integration ist (nein, nicht schon wieder ein Patentrezept!) – ein gesamtheitliches Vorgehen quasi mit dem Zweck, die doch sehr komplexen (nicht komplizierten!) Zusammenhänge in einem Unternehmen bei Durchführung von Wandlungsprozessen *richtig* (first time right!) anzupacken. Auch hier kommt es nicht darauf an neu und genial zu sein, sondern umfassend und richtig operieren zu können.

Change Integration versucht von Beginn an, alle Gestaltungsfaktoren, die ein Unternehmen in seiner Entwicklung, seiner Geschäftstätigkeit und seiner Geschäftsführung intern oder extern betreffen, zu berücksichtigen. Dem hohen Anspruch wird durch ein wohldefiniertes und strukturiertes Vorgehensmodell (Phasenmodell) und durch adäquate Vorgehensmethoden des Change Management (Moderatorenmethoden) Rechnung getragen.

Die Vorgehensweise zielt von vorneherein auf die Berücksichtigung von (Quanten-)Sprungeffekten im Sinne der Effektivitätssteigerung (und deren Auswirkungen auf Strukturen und Kulturen) und auf die „Danach-Effekte" der Effizienzsteigerung (meist durch Continuousimprovement-Vorgehen gelöst).

Die Gestaltungsfaktoren, die die Wandlung herbeiführen können (wie zum Beispiel Strukturen, interne und externe Kulturen, Funktionen, Entgeltsysteme, Ressourcen, Methoden etc.) sind umfassend definiert und werden auf „Wandlungsfähigkeit" untersucht. Die Gestaltung wird an strategischen Unternehmenszielen und kritischen Erfolgsfaktoren ausgerichtet. Die Ausrichtung zielt explizit auf *Zufriedenheit* von Kunden, Mitarbeitern und Kapitalgebern. Die Durchführung der Wandlungsgestaltung und der Wandlung erfolgt grundsätzlich in Workshop/Team-Moderation, um die bestmögliche Wandlungsakzeptanz zu erreichen.

Der Zug ist inzwischen im Zielbahnhof eingetroffen, Sie haben sich freundlich von Ihren Gesprächspartnern verabschiedet und nehmen aus dem Gespräch einige wesentliche Punkte für Ihr Unternehmen mit. Diese Punkte lassen sich wie folgt zusammenfassen.

Das Fallbeispiel zeigt, daß Business Reengineering ohne Berücksichtigung von Aspekten der Unternehmenskultur nicht vermittel- und nicht umsetzbar ist.

Der gewählte Ansatz des Change Integration berücksichtigte im zeitlichen Vorgehensmodell und in der Handhabung der Methodik die Änderungsfähigkeit einer Unternehmensorganisation und der Menschen in dieser Organisation. Die Änderungsfähigkeit wurde unter besonderer Berücksichtigung der Unternehmenskultur analysiert (durch Befragung und Workshops), bewertet und in Umsetzungsvorgehensweisen eingebracht.

Change Integration – ein Ausblick

Als unabdingbarer stabilisierender Faktor hat sich das professionelle methodische Vorgehen (Phasenmodell und unterstützende Werkzeuge wie zum Beispiel Input/Output-Darstellung bei Analyse und Konzeption der Geschäftsprozesse) herausgestellt. Dies ergibt sich aus der Erfahrungstatsache, daß die Vorgehensmethodik einen quasi kulturfreien, rationalen Diskussionsraum ermöglicht, in dem man sachlich-konstruktiv streiten und arbeiten kann.

Die Brüche und Unterschiede in der Unternehmenskultur konnten durch die Beteiligung von Beratern und das Vorleben von „Teamkultur" durch die Berater erfolgreich überbrückt werden.

Dabei ist wesentlich, daß das Beratungsteam zwar die gegebene Unternehmenskultur versteht, aber nicht zwangsläufig billigt beziehungsweise als unabänderlich zur Kenntnis nimmt.

Die komplexe Aufgabenstellung eines weltweiten Konzern-Reengineering erforderte ein professionelles Projektmanagement, das – nach Einschätzung des Unternehmens – nur durch eine externe Beratung eingebracht werden konnte, die als Schiedrichter bei Konfliktfällen ebenso agierte wie als Treiber für eine zeitgerechte Ergebnisablieferung.

Die klare Trennung von Verantwortlichkeiten im Projektmanagement von Unternehmen und Berater (das Unternehmen agiert gleichsam als Bauherr, die Beratung gleichsam als Architekt und Bauunternehmer) und die teamorientierte Arbeitsweise waren und sind die Eckpfeiler einer erfolgreichen Zusammenarbeit. Die Arbeitsweise in Projektteams bedeutet nicht, daß die Berater Ergebnisse erarbeiten, die im Team abgesegnet werden, sondern, daß die Ergebnisse grundsätzlich gemeinsam erarbeitet und getragen werden.

Für das Unternehmen hat es sich als Weichenstellung in die Zukunft erwiesen, daß die Unternehmensführung in Zeiten der Profitabilität erkannt hat, daß eine Geschäftsausweitung nur durch eine grundsätzliche, umfassende Verbesserung der konzernweiten Geschäftsprozesse möglich ist. Die Stellung der Weiche in die kundenorientierte massive Verkürzung der „Order-to-delivery"-Zeit und die Erfolgsstationen auf dem seit der Weichenstellung befahrenen

Gleis (Einsparungspotentiale von mehr als einem Drittel des Konzernergebnisses) zeigen, daß die Weichenstellung der Unternehmensführung richtig war.

Anmerkungen

1 Das Beispiel beruht auf einem Praxisfall. Es handelt sich um ein laufendes Projekt. Aus Gründen des Klientenschutzes kann der Name des sehr bekannten Hauses noch nicht genannt werden.

2 Anmerkung: Hier wird also nicht „rationalisiert" oder „restrukturiert", um – wie in vielen anderen Fällen – aus einer Verlustzone herauszukommen, sondern „entschlackt" und „fit" gemacht, um den selbst gesteckten Zielen gerecht zu werden.

Kooperative Selbstqualifikation: Lernstrategie der Zukunft

von Clemens Heidack

Lean ... und was kommt danach?

Kernaussage der Philosophie des Lean-Management ist: Wertschöpfung durch konsequente Konzentration auf die Primäraufgabe(n) des Unternehmens und durch umfassende kommunikative Vernetzung des beteiligten Umfeldes mit allen Ressourcen, wobei im Arbeitssystem die Teamarbeit im Vordergrund steht.

Ziel des Human Resources Management ist die Sicherung des Humanpotentials, also qualifizierter und für ihre Arbeit und ihre leanfokussierte Position im betrieblichen Umfeld kompetenter Mitarbeiter. Ziel des Management ist die Integration der Mitarbeiter in das sich rasch ändernde sozio-technische und sozio-ökonomische Arbeitssystem.

Die optimale Integration des Menschen und die Sicherung des notwendigen Humanpotentials ist letztlich Ziel und Weg in einem. Nach verschiedenen Ansätzen der Weichenstellung für die Zukunft erfordert optimale Integration des Humanpotentials im Unternehmen externe und interne Ausrichtung der Personal- und Bildungsarbeit durch Personalmarketing sowie Qualität und Unternehmenskultur, ferner Lern- und Leistungsverdichtung im Team als Kern der inneren Dynamik.

Letzteres ist post-lean für die Strukturoptimierung[1] im Sinne der Organisationsentwicklung ein unabdingbares Kriterium. Eine effektive Prozeßgestaltung und Prozeßverkettung, die höchste Qualität (Total Quality) durch permanentes Lernen im Sinne der kooperativen Selbstqualifikation (Total-Qualification) erzielt, ist genauso unentbehrlich für die optimale Integration des Humanpotentials im Unternehmen.

Dieser Beitrag möchte die Notwendigkeit einer zukunftsorientierten und ganzheitlichen Dimension der Personalarbeit sowie der danach ausgerichteten Bildungsarbeit mit ihren post-lean notwendigen Lernstrategien verdeutlichen. Zum tieferen Verständnis dieser Notwendigkeit gehört die Kenntnis einiger paradigmaverändernder Entwicklungen. [2]

Neue Dimensionen des Denkens und Handelns

Die Aspekte der durch verschiedene Entwicklungen veränderten Rahmenbedingungen der Personalarbeit reichen von der durch die Globalisierung der Märkte entstandenen Global-player-Strategie bis hin zur Einzelaktion eines Head-Hunters an den Business Schools. Die verschiedenen Entwicklungen sind chaotisch-komplex und damit begleitet von hoher Unsicherheit, verlangen aber dennoch einen konsequenten Umgang mit dieser Komplexität. Die Abkehr von streng tayloristischen Arbeitsformen hin zu einer flexiblen und interagierenden, humanen Arbeitsgestaltung läßt den Weg einer Paradigmaveränderung erkennen: Er führt von der eher einseitig strukturalen hin zu einer prozessualen Arbeitsgestaltung.

Die Veränderungen der Arbeitswelt und ihrer Strukturen erfordern zur Strukturoptimierung entsprechende Anpassungen durch Lernvorgänge, die nicht mehr punktuell und konventionell erfolgen können, sondern nur noch in flächendeckenden Lernstrategien. Zu beachten ist, daß unter den Bedingungen des immer rascher sich vollziehenden sozio-technischen Wandels in Industrie und Dienstleistung die Bedeutung der Qualifikation beziehungsweise der Weiterbildung nicht nur ständig zunimmt, sondern vielmehr eine andere Qualität erhält, was eine weitere Paradigmaveränderung aufzeigt. Ziele und Inhalte der Qualifizierung in der beruflichen Weiterbildung verlagern sich von der funktional-pragmatischen Dimension zweckrationaler Vorgehensweisen hin zur Verhaltensdimension im Sinne kooperativer Handlungs- und Führungskompetenz.

Diese Paradigmaveränderung wendet sich ab vom alten, lehrzentrierten Weiterbildungsseminar oder an schulischen Lernformen orientierten Lehrgängen. Zur wirksamen, lean-konformen Entwicklung des notwendigen Verhaltenspotentials gewinnen Lernorte im Funktionsfeld und ihnen entsprechende Lernformen immer mehr an Bedeutung. Leitgedanke der neuen Lernstrategie sollte sein: Lernen ist eher vergleichbar mit dem Zünden einer Fackel, als mit dem Füllen eines Fasses. Von dieser Anschauung her ist auch der Tansfer just-in-time zu verstehen: Zündende Ideen müssen gleich umgesetzt werden.

Konstellationen verändern sich so rasch, daß man in Versuchung gerät, sie nicht mehr in altbewährter Weise zur Kenntnis zu nehmen, weil sie in kürzester Zeit sowieso nicht mehr relevant zu sein scheinen. Diese Haltung verrät allerdings eine falsche Weichenstellung, die den neuen Paradigmen nicht folgt. Sie entsteht entweder aus Unkenntnis der Lage oder weil man nicht in der Lage ist, sich selbstlernend den neuen Erfordernissen der Leistungs- und Lernverdichtung anzupassen.

Nicht diffus ganzheitliche Vorstellungen von „Modewörtern", sondern kritisch rationale Vernetzung der Zusammenhänge bestimmt das ganzheitlich innovative Denken der auf Human Resources Management orientierten Managementziele. Den Trend von der administrativen Personalarbeit zum Human Resources Management verdeutlicht Abbildung 34 auf der folgenden Seite.

Die Entwicklung hierhin zeigt vielfältige Aspekte: Bedeutsam ist insbesondere die Entwicklung zu einem neuen Aufgaben- und Führungsverständnis sowie zu einem stärkeren, mitarbeiterorientierten und kooperativen Verhalten. Beides führt zu neuen Lerntechnologien im Betrieb. Der Mitarbeiter verlangt im Unternehmen nach einer Behandlung, die ihn seine Fähigkeiten entfalten läßt und fördert. Der Vorgesetzte kann nicht durch Einzelanweisungen oder einseitiges Befehlen führen. Es sind zwar post-lean auch gegenläufige Trends festzustellen. Dies wird allerdings vielfach als menschenunwürdig empfunden.

Mit steigendem Bildungsniveau steigt auch das „humane Anspruchsniveau" (Bleicher). Jedoch muß sich das Anspruchsdenken parallel zu den Anforderungen einer Bildungsgesellschaft (permanentes, lebenslanges Lernen) verändern. Dieser ganzheitlich aufzu-

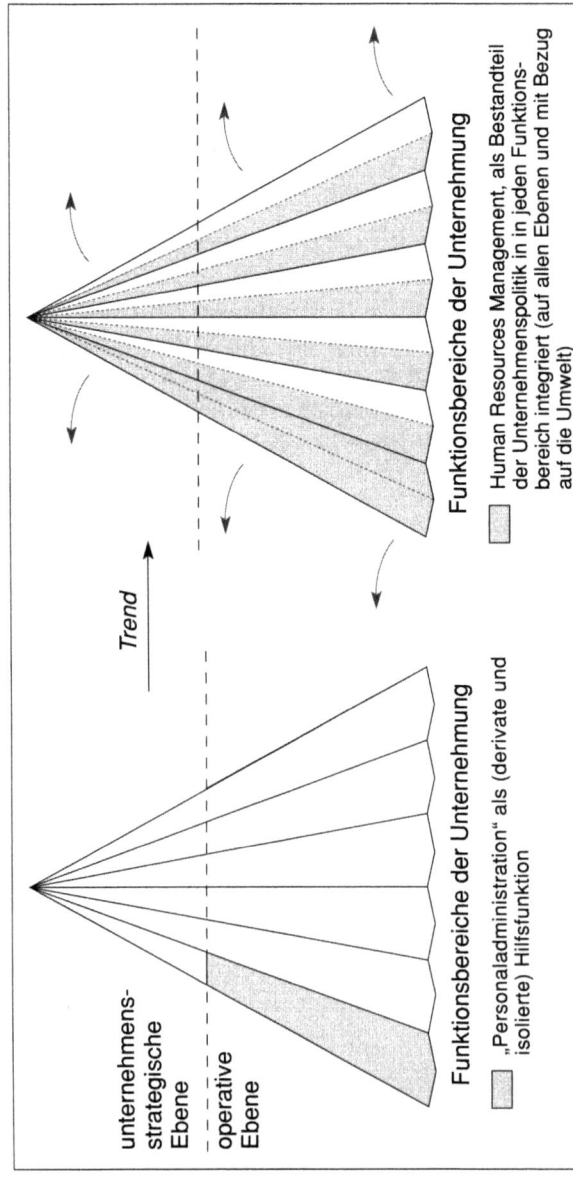

Abbildung 34: Der Trend zum Human Resources Management
Quelle: Wohlgemuth, A. C./Heidack, C.: Personalarbeit 2000, in: N. Harlander et al.: Praktisches Lehrbuch Personalwirtschaft, 2. Auflage, Landsberg 1994, S. 469

fassende Aspekt der Humanisierung der Arbeitswelt umfaßt die Organisationsentwicklung und die Selbstfindung des Menschen im Rahmen dieser Entwicklung sowie ein partnerschaftliches Führungsverhalten, das Mitte der 70er Jahre mit dem Schlagwort „innere Humanisierung" (August Sahm) gekennzeichnet wurde, heute aber weitaus intensiver und integrierter in der Ziel- und Handlungskonsequenz gesehen werden muß: Der Weg ist auch Ziel.

Ansatz für eine übergreifende Lernstrategie: ein neues Qualifikationsbewußtsein

Noch in den 70er Jahren waren Tätigkeiten und Aufgaben für eine qualifizierte Fachkraft im „modernen Betrieb" abgrenzbar und überschaubar. Dies läßt sich durch drei Phänomene verdeutlichen:

1. Die Durchführung ließ weniger Spielraum und verlangte fundiertes Fachwissen, das sich auf den Arbeitsplatz beschränkte.

2. Die Notwendigkeit zur Kommunikation schon innerhalb der betrieblichen Organisation war eher die Ausnahme. Der Markt war „weit weg".

3. Fachmann zu sein bedeutete – ein gewisses Engagement vorausgesetzt – auf Dauer Fachmann zu bleiben.

Insgesamt hielt sich der Wandel in Grenzen.

Das Vordringen der Informationstechnologie veränderte diese Situation grundlegend und auf breiter Basis.[3] Die Folgen lassen sich wie folgt kennzeichnen: Bei einer Berufstätigkeit im ständigen Wandel kann der einzelne Mitarbeiter nur noch in beschränktem Umfang auf bereits Erlerntes und bekannte Problemlösungsmuster zurückgreifen. Er steht in zunehmendem Umfang vor neuen, ihm unbekannten Aufgaben, für die noch keine Lösungskonzepte bereitstehen.

Um dieser Situation gewachsen zu sein, muß der qualifizierte Mitarbeiter von heute und morgen die Fähigkeit besitzen:

- seine Probleme selbst zu strukturieren,

- die richtigen Fragen zu stellen,
- neue Lösungswege zu finden und dabei
- systematisch und methodisch angemessen vorzugehen.

Was seine Information und seine Medien, das heißt Hilfsmittel und Werkzeuge, im Netz der Zusammenarbeit mit anderen betrifft, muß er sich:

- die notwendigen Informationen selbst beschaffen,
- die am besten geeigneten Hilfsmittel und Werkzeuge zur Bearbeitung auswählen,
- sich autodidaktisch, das heißt unabhängig von Schulungsangeboten, auch mit neuen Medien (zum Beispiel mit computergestützten Lernprogrammen) die notwendigen Kenntnissse beschaffen.

Seine Aufgabe erfordert also neben fundiertem Fachwissen in stetigem Maß eine zusätzliche berufliche Qualifikation: methodische Kompetenz.

Die zunehmende Komplexität der Aufgabenstellungen kann darüber hinaus oft nicht mehr von einem Fachmann allein bewältigt werden. An dessen Stelle tritt die Arbeitsgruppe. In ihr müssen Informationen gesammelt, ausgetauscht und bewertet, Planungen erstellt und diskutiert, Entscheidungen getroffen und wieder in Frage gestellt sowie Abläufe initiiert und kontrolliert werden.

Der Erfolg einer Arbeitsgruppe hängt ganz wesentlich davon ab, wie gut der einzelne zuhören, von anderen lernen und andererseits sein eigenes Wissen weitergeben, das heißt lehren kann. Hiermit ist der Kern der Selbstlernkompetenz gekennzeichnet.[4]

Da Konflikte die Zusammenarbeit beeinträchtigen, wird es des weiteren darauf ankommen, daß jedes Gruppenmitglied sein Verhalten so steuern kann, daß eine offene, vertrauensvolle Kommunikation möglich ist und im Konfliktfall ein Kompromiß gefunden wird.

Es wird also offensichtlich, daß neben der Fachkompetenz und Methodenkompetenz ein dritter Qualifikationsaspekt, die Sozialkompetenz, vorhanden sein muß. Das bedeutet zum Beispiel die Fähigkeit, den eigenen Platz in einer Arbeitsgruppe für sich und die anderen sachlich und emotional befriedigend und sinnvoll auszufüllen.

Sozialkompetenz heißt, daß man dabei unter anderem folgende Fähigkeiten erwerben muß:

- in einer Gemeinschaft zu lernen, zu arbeiten und zu lehren,
- von anderen zu lernen,
- Beiträge für die Gruppe zu leisten,
- Initiative zu ergreifen und Verantwortung zu übernehmen,
- Status- und Rollenverteilung in der Gruppe und der Organisation einzuordnen und wiederzuerkennen,
- auch die Werthaltungen und Erfahrungen anderer zu respektieren.

Besuche von Seminaren und Kursen können die neue Art von Handlungskompetenz als (Selbst)-Lernkompetenz nur in begrenztem Maße fördern. Daher wird die Selbstqualifizierung durch „bewußteres, funktionales Lernen" in der sozialen Gruppe (kooperative Selbstqualifikation) immer bedeutungsvoller. Die Integration in das sozio-technische Arbeitssystem wird im täglichen Arbeitsprozeß zum „Mit-einander", „Von-einander" und „Für-einander".

Die Entwicklung fachübergreifender Qualifikationen durch lebendige Erfahrung beansprucht aber andererseits eine wesentlich längere Zeitspanne als der Erwerb von reinen Fachkenntnissen. Deshalb sollte sie möglichst früh in Schul- und Ausbildungszeit, am besten schon im Vorschulalter begonnen werden.

Ganzheitliche Handlungs- und Entscheidungsorientierung

Der Anspruch auf höchste Qualität und Qualifikation ist seit Ende der 70er, inbesondere durch die Marktoffensive der Japaner ausgelöst, in den Blickpunkt strategischer Überlegungen und ins Be-

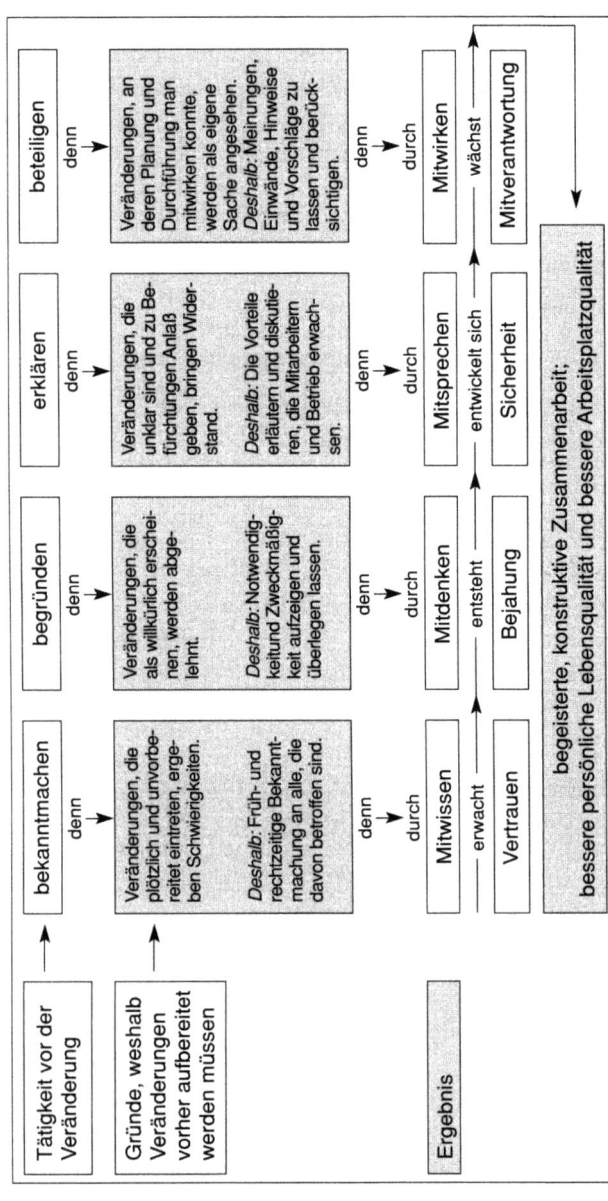

Abbildung 35: Motivation zur konstruktiven Mitarbeit bei Veränderungen und Innovationen

Quelle: Heidack, C.: Voraussetzungen für eine konstruktive Zusammenarbeit beim Planen und Entscheiden bei Veränderungen, München 1983

wußtsein der Planer und Entscheider gelangt. Schon seit Anfang der 70er Jahre bemerkt man die durch die Neuerungen der Informationstechnologie sich schnell wandelnden Anforderungen und versucht, Schlüsselqualifikationen zu fördern. Solche flexible Mitarbeiter sind am Gesamtmarkt dringend gefragt. Trotz hoher Arbeitslosenzahlen ist der Arbeitsmarkt, was die qualifizierteren Zielgruppen betrifft, unergiebig.

Die Erwartungen und Ansprüche der Mitarbeiter müssen berücksichtigt und „erforscht" werden. Es verbreitet sich die Auffassung, daß „die Betroffenen zu Beteiligten", das heißt letztlich zu Partnern gemacht werden sollten. Nur durch die partnerschaftliche Mitwirkung und entsprechend kompetente Selbststeuerung sind die Probleme der Sicherung des Humanpotentials überhaupt in den Griff zu bekommen. Die damit verbundenen Chancen und Schwierigkeiten schaffen Kompetenz zum Mitdenken, Mithandeln und Mitverantworten. Abbildung 35 verdeutlicht die Zusammenhänge, die partnerschaftliches Verhalten im Sinne des zitierten Slogans bewirken.[5]

Die Arbeitsplatz- und Lebensqualität, die aus dem Kompetenz-Erlebnis erwächst, ist eine Grundlage für die Identifikation mit dem Unternehmen und eine Grundlage für das Funktionieren des Personalmarketing, das auf Corporate Identity aufbaut.[6]

Betrachten wir den sozialen Wandel anhand einiger zentraler Strukturveränderungen, deren Daten für die Analyse und Zielbildung des Personalmarketing von wesentlicher Bedeutung sind, so wird überdeutlich, daß das Humanpotential neu geprägt wird. Wir erleben, daß in mehreren „Wenden", beziehungsweise neuen Denkausrichtungen, in einer Art der Logik des Mißlingens (Dörner) und der innovativen Erfolgs- und Frustrationserfahrung ein neues Verständnis für unsere Arbeitswelt geschaffen wurde und daß diese Dynamik anhält. Es sind nicht nur Veränderungen entstanden. Unser Blick hat sich allgemein geweitet, wozu – wie bereits aufgezeigt – Informationstechnologie und kommunikative Vernetzung sowie höherer Bildungsstand beigetragen haben. Damit ist auch der Markt in seiner Bedeutung als Transformator dieser Dynamik in das Bewußtsein weiter Kreise der beschäftigten und nicht beschäftigten

Bevölkerung getreten. Markt- und Kundenorientierung sind zu den Gegebenheiten des neuen Aufgaben- und Führungsverständnisses zählen, wenngleich in diesem Punkt noch vielerlei diffuse Vorstellungen bestehen.

Zur Integration der Menschen in das sozio-ökonomische Arbeitssystem reicht eine allgemeine Vorstellung von Bildung, eine Ausrichtung der Fachqualifikation an eine bloße Produktqualität am Markt wie am Arbeitsplatz nicht mehr aus. Gefordert ist „permanentes Lernen". Das bedeutet nicht den Alptraum „ein Leben lang die Schulbank drücken", sondern eher die Tendenz zur „Total-Qualification".[7]

Tendenzen der zukünftigen Lernstrategien zur „Total-Qualification"

Zur optimalen Integration der Mitarbeiter in ein Arbeitssystem muß man von der Voraussetzung ausgehen, daß die Mitarbeiter über ein spezifisches Qualifikationspotential verfügen und die Kompetenz haben, dies selbständig zu nutzen, um gemeinsam mit anderen erfolgreich und längerfristig die Unternehmensziele zu erreichen. Als Weg dorthin scheinen Total-Quality-Management und kontinuierliche Verbesserungs-Programme (-Prozesse) (KVP) geeignet zu sein. Bei der Prozeßoptimierung dieser Herausforderung scheint der Schritt zur Lernstrategie der Zukunft in die richtige Richtung in der Formel zu liegen: „Total-Quality" verlangt „Total-Qualification"[8].

Für eine Prozeßoptimierung und Prozeßverkettung in der Entwicklung und Produktion von High-Tech-Unternehmen ist die bestmögliche Nutzung des Humanpotentials, insbesondere des Qualifikationspotentials der Mitarbeiter unabdingbar. Die hierfür notwendigen Lernstrategien müssen sich vornehmlich auszeichnen durch:

- kooperative Lern- und Lehransätze,
- Ausprägung sowie Nutzung hoher Sozialkompetenz,
- soziale Wertschöpfung in einer Motivation, die Zufriedenheit bringt,

Die zukünftigen Lernstrategien 319

- innovative Leistung in einer Wertschöpfungskette von der Idee bis zur erfolgreichen Umsetzung.

Da das „Human Resources Management" vielerorts zum kritischen (Miß-)Erfolgsfaktor der Unternehmensführung geworden ist, muß ferner die Frage gestellt werden, wie sich die erfolgreichen Unternehmen von den weniger erfolgreichen unterscheiden.

Nach empirischen Untersuchungen in der Schweiz[9] hat sich ergeben, daß zwischen der Qualität und der Förderung und Nutzung des Qualifikationspotentials der Mitarbeiter eine enge Beziehung besteht. Qualität hat hierbei einen umfassenden ganzheitlichen Aspekt: „Total-Quality". Qualität und Know-how sind die wichtigen humanen Strategie-Erfolgspotentiale, sie sind Weg und Ziel der Qualifikationstrategie. Der Erfolg der Strategie zeigt sich etwa in der Qualität der Auseinandersetzungen, die in Qualitätszirkeln und Lernstatt-Gruppen geführt werden. Qualität ist nicht nur technische Produkt- und Verfahrens-Qualität, sondern auch soziale Qualität mit ihrem Erleben am Arbeitsplatz.[10] Sie ergeben insgesamt die Qualität des Arbeitsergebnisses.

Gehen wir den Grundfragen der Qualifikation – und damit dem Wandel der Weiterbildung der Mitarbeiter – im Lichte dieser Herausforderung nach, so ist die Tendenz erkennbar, vermehrt dem Lernen „on-the-job" und „just-in-time" Beachtung zu schenken. So wird „permanentes, lebenslanges Lernen" (Total-Qualification) an verschiedenen Lernorten betriebs- und werkstattnah im Sinne der Organisationsentwicklung und Systemgestaltung verwirklicht. Wieweit entspricht die neue Qualität der Weiterbildung dieser Herausforderung?

Total Qualification verlangt als Qualitätsfaktoren der Weiterbildung: effizienten Qualifikationserwerb und effektive, unmittelbare Qualifikationsnutzung. Im Bereich der Hochtechnologie kommen Standardprogramme und Maßnahmen der Weiterbildungsabteilung, deren Bedarf aus Defiziten ermittelt ist, immer zu spät.[11] Lernen vollzieht sich dort meist nicht in „offiziellen" Weiterbildungs-Veranstaltungen (off-the-job), sondern ist werkstattnah (near-the-job). Sie mündet meist direkt in die Arbeit des beruflichen Funktionsfeldes oder vollzieht sich in den Bereichen am Arbeitsplatz (on-the-job). Typisch sind solche Situationen bei der Verwendung von modernen Technologien. Gerade dort gibt es viele Tätigkeiten, bei denen man kaum unterscheiden kann, ob der betroffene „brainworker"[12] (beziehungsweise das Team) „arbeitet" oder „lernt"; der Übergang von einer Arbeitssituation in eine Lernsituation und umgekehrt ist fließend, wobei das „Lernen auf Vorrat" (off-the-job) in den umfassenderen Zusammenhang der Selbstqualifikation gestellt wird.

Es ist eine Mehrstufigkeit in der Weiterbildungsgestaltung sicherzustellen[13]. Neben den externen oder den „Off-the-job"-Seminaren müssen der Transfer- und Entwicklungsbereich „on-the-job", „near-the-job", „along-the-job" berücksichtigt werden. Der Mehrstufigkeitsansatz kann auch bei Schul- oder Seminarqualifikation und Selbstqualifikation – individuell oder im Team oder auch in der Organisation als lernendes System – festgestellt werden.

Wichtiger und zunächst naheliegender scheint mir der Aspekt der „Kompetenz". Im einzelnen betrachtet, ergeben sich für viele Mitarbeiter insbesondere durch Miniaturisierung, Systemtechnik und den Einsatz der Computertechnologie im Funktionsfeld ihrer Arbeit veränderte Bedingungen für ihre Aufgaben, und damit für ihre Kompetenz und Verantwortung. Sie werden von Service- und Routineaufgaben entlastet und gewinnen im Rahmen ihrer individuellen Tätigkeit mehr Zeit für dispositive und innovative Aufgaben. Sie übernehmen immer mehr Verantwortung für die Gestaltung der Arbeitsorganisation und Arbeitsqualität. Eine ständig wechselnde Schwerpunktverlagerung vom Arbeiten zum Lernen und umgekehrt ist insbesondere bei hochqualitativen und im Sinne der Selbstqualifikation auch hochqualifizierenden Tätigkeiten feststellbar.

Dabei spielt das Prinzip, „just-in-time"-wirksam zu lernen/zu lehren (im Sinne von „lernen machen") eine wesentliche Rolle. Es besagt, daß wirksames Lernen am richtigen Ort, zum richtigen Zeitpunkt, in der richtigen Quantität und Qualität, allein oder im Team betrieben werden soll. Dabei soll die Wahl der Wege und Mittel nicht nur als Lernprozeß logistisch optimal gestaltet werden. Gleichzeitig soll auch der Transfer des Lern-/Lehrprozesses und der unmittelbare

Transformationsprozeß in der Organisation logistisch „just-in-time" verbunden sein. Wenn wir von Organisation als lernendem System sprechen oder die Organisationsentwicklung in diese Richtung bewegen wollen, wird durch diese logistischen Verbund- und Vernetzungsprozesse Lernen im Arbeitsprozeß nicht Stückwerk bleiben, sondern Wertschöpfungsprozesse synergetischer Art bewirken.

Ein solcher komplexer Integrationsprozeß vollzieht sich bei gelungener kooperativer Selbstqualifikation. System- und Methodenoptimierung reicht zum Gelingen nicht aus: Allein der Mensch macht das Geschehen erfolgreich und kann die kooperative Selbstqualifikation konfliktarm oder in Handhabung der bestehenden und entstehenden Konfikte zur synergetisch erfolgreichen Lernstrategie werden lassen. Allerdings ist dies ein steiniger Weg: Die Konflikte können den Lernprozeß der kooperativen Selbstqualifikation immer wieder verschütten.

Der feldtheoretische Ansatz

Diesen vielgestaltigen und vielschichtigen Zusammenhang, der zum Beispiel durch die Wechselwirkung unterschiedlicher Kräfte in der Organisation eines Betriebs entsteht, kann man im Anschluß an die feldtheoretischen Gedanken des Gestalt- und Ganzheitspsychologen Lewin als ein „System in Spannung" kennzeichnen. Provozierend gesagt kann „Integration des Mitarbeiters in das sozio-technische Arbeitssystem in Spannung" bedeuten, daß die Menschen von heute mit der Technik von morgen in Organisationen von gestern integriert werden sollen.

Differenziert man das Verhalten im Bereich der betrieblichen oder beruflichen Tätigkeiten handlungsorientiert nach elementaren Verhaltensbereichen, so überlagern sich drei Aktionsfelder: das Arbeitsgeschehen (Funktionsfeld), die Lernvollzüge (Lernfeld) und die sozial-kommunikative Interaktion (Interaktionsfeld).

Mit „Funktionsfeld" ist eindeutig das berufliche Betätigungsfeld umrissen. Im Funktionsfeld entsteht der Bedarf für die berufliche

Weiterbildung. Dort soll das Gelernte angewandt werden. Das Lernen vollzieht sich im Funktionsfeld arbeitsprozeßabhängig und wird vielfach nicht voll bewußt.

Der Begriff „Interaktionsfeld" referiert die sozial-kommunikativen Beziehungen und die soziale Interaktion, die sich in der beruflichen Weiterbildung auf das soziale Verhalten auswirken. Die sozialen Beziehungsstrukturen, die beim Lernen und insbesondere beim Lerntransfer eine wesentliche Rolle spielen, sind als eigenständiger Faktor der beruflichen Weiterbildung zu sehen. Bei Überlegungen zur Veränderung und Entwicklung der Organisation wird deutlich, daß Lernen, Probleme lösen und Konflikte handhaben im Zusammenhang gesehen werden müssen. In den Teilabschnitten, die zum Interaktionsfeld, und nicht zum Lernfeld gehören, vollzieht sich ungeplantes soziales Lernen, das vom sozialkommunikativen Prozeß der Interaktion abhängig ist.

Der Bereich der effektiven konzeptionellen Ansätze der Organisationsentwicklung liegt dort, wo sich die Aktionsfelder überlagern. Mit dieser Darstellung wird nochmals das Ziel von Organisationsentwicklung verdeutlicht, die Integration der Mitarbeiter in das soziotechnische Arbeitssystem zu gestalten. Mit Organisationsentwicklung ist beabsichtigt:

- die Verbreitung und Vertiefung der Partizipationsmöglichkeiten,
- die Förderung des Lernens/Lehrens durch eigene Erfahrung und durch das Feedback anderer,
- die Entwicklung der Persönlichkeit der beteiligten Menschen sowie
- die Erhöhung der Leistungsfähigkeit der gesamten Organisation.

Bennis, der als Klassiker der Organisationsentwicklung gilt, bezeichnet aufgrund dieser Ziele die Organisationsentwicklung als eine pädagogische Strategie. Im Rahmen des Human Resources Management ist die sozio-technisch geprägte Organisationsentwicklung wesentlicher Erfolgsfaktor des Unternehmens. Strategie bedeutet, stets mit dem Blick aufs Ganze die wesentlichen Elemente Funktionsfeld,

Der feldtheoretische Ansatz 323

Lernfeld, Interaktionsfeld so miteinander zu verbinden, daß die Ziele der zukünftigen Qualifikation erreicht werden. Außerdem müssen die zum Ziel führenden Wege nach bestimmten übergeordneten Gesichtspunkten geplant werden (Qualifikationssicherung).

Der Schwerpunkt der Bemühungen der Organisationsentwicklung liegt im sozial-kommunikativen Bereich, also im Interaktionsfeld. Man geht davon aus, daß zur optimalen Veränderung und Entwicklung der Organisation eine Verhaltenssteuerung gehört, die das Zusammenarbeiten, das voneinander und miteinander Lernen sowie das gemeinsame Lösen von Problemen und Konflikten ermöglicht.

Vor allem ist dabei die Arbeitsteilung und die Spezialisierung bei der beruflichen Tätigkeit zu beachten. Sie bewirken, daß am Arbeitsplatz, dem Funktionsfeld, funktionales Lernen im herkömmlichen Sinne nicht ausreicht, um den notwendigen Qualifikationsstand zu sichern. Die Qualifikationssicherung muß heute systematisch im Sinne des „intentionalen" Lernens erfolgen. Eine Integration von Funktionsfeld und Lernfeld ist notwendig.

Die Besonderheit bei dieser Vernetzung ist jedoch, daß hierbei sozial-kommunikative Beziehungen, also Einflüsse aus dem Interaktionsfeld, für den Lernerfolg und den Lerntransfer eine wesentliche Rolle spielen.

Die Veränderungen des Arbeitsplatzes wirken sich auf die Beziehungsstrukturen und den Umgang der Menschen miteinander aus. Kommunikation und Interaktion beeinflussen als eigenständige Komponente das Arbeiten und das Lernen. Die Beziehungsebene hindert den Prozeß der kooperativen Selbstqualifikation stärker als die Sachebene.

Nicht allein die Ziele, sondern auch die Prozesse, die zu Handlungsergebnissen führen, müssen in der beruflichen Weiterbildung in gleichem Maße beachtet werden. Solche Prozesse durchläuft der einzelne Lerner allein oder mit anderen an verschiedenen Lernorten. Durch günstige Kombination verschiedener Lernorte kann man den Lernprozeß selbststeuernd und durch institutionalisierte Weiterbildung optimieren.

So tritt über die institutionalisierte Weiterbildung hinaus im Lernen berufstätiger Erwachsener die Selbstqualifikation (alleine und/oder in der Gruppe) in direkter Beziehung zur beruflichen Tätigkeit deutlich in den Vordergrund.

Besondere Kriterien der kooperativen Selbstqualifikation sind:[14]

1. das partnerschaftliche Verhalten von Personen mit unterschiedlichen Fachkenntnissen und Erfahrungen im Gruppenverband (Projekte, Qualitätsgruppen, Lernstatt, Planungsitzungen, etc.),

2. sich gegenseitig helfen, die bestehenden und entstehenden Konlikte zu handhaben sowie

3. als Führungskraft Selbststeuerung zulassen und fördern.

Es geht dabei nicht nur um einen Lernprozeß. Betrachtet man diesen Prozeß der kooperativen Selbstqualifikation als Ganzes, so kann man hier von einer Einheit von Lernen und Lehren sprechen. Es handelt sich hier allerdings nicht nur um einen Wissensaustausch, also um einen kognitiven Prozeß, sondern auch um einen Handlungsvollzug auf der emotionalen Verhaltensebene.

Die dabei entstehenden Effekte weisen die kooperative Selbstqualifikation als effektivste Form der Aus- und Weiterbidlung im Betrieb aus. Es sind:

1. Der Schneeball- oder Multiplikator-Effekt.

2. Der Transfer-Effekt „just-in-time" (auch in der Folgewirkung als Transformations-Effekt in der Organisation).

3. Der Synergie-Effekt von Teamarbeit und Teamteaching.

Der Synergie-Effekt ist dann besonders groß, wenn die Gruppenmitglieder unterschiedliche Fachkenntnisse und Erfahrungen haben, der einzelne vom Wissen und von den Erfahrungen der anderen profitiert und die anderen von seinem Know-how profitieren läßt. Die einzelnen Teilnehmer geben zu den anstehenden Fragen und Problemen aus ihrem Spezialwissen und ihren Detailkenntnissen möglichst kurze und prägnante Informationen an ihre Partner weiter. Es sind sozusagen „Mini-Unterweisungen", die der oder die

Der feldtheoretische Ansatz 325

Partner zusammen mit anderem Spezialwissen erhalten. Das „neu Gelernte" wird jeweils mit dem eigenen Wissen und den eigenen Erfahrungen verarbeitet und so angereichert vorgetragen und weiter diskutiert.

Arbeitsteilung und ihr Zwang zur Spezialisierung erschweren den Überblick über das Ganze. Darüber hinaus entstehen Barrieren zwischen den einzelnen Fachabteilungen. Eine kooperative Selbstqualifikation wird durch eine solche fragmentierte Arbeitsteilung geradezu unterbunden. Auch erbringen die Teilleistungen nicht den Erfolg, den der ganzheitliche Vollzug einer kooperativen Selbstqualifikation ermöglicht – selbst bei der Annahme, daß jeder einzelne an seinem Arbeitsplatz Höchstleistungen vollbringt. Das Ganze ist eben mehr als die Summe seiner Teile.

Kooperativen Selbstqualifikation – mehr als eine Lernstrategie

Besonderes Ziel dieses Qualifikationsprozesses ist, das gelernte Wissen nicht nur anwenden, sondern auch den anderen mitteilen zu können. Dies erfordert ein hohes Maß an „Selbstlern-Kompetenz", die sich im einzelnen in Fachkompetenz, Methodenkompetenz und Sozialkompetenz differenzieren läßt.

Eine flexible Handhabung dieser Kompetenzen im „Lernfeld Betrieb" oder generell im Berufsleben erfordert folgende „übergreifende Qualifikationen":

- lernen zu lernen (autonom, interaktiv und intermedial),
- lernen zu lehren (eigenes vorhandenes und gerade gelerntes Wissen an andere weiterzugeben),
- lernen zu helfen,
- helfen zu lernen,
- den Wunsch, „permanent zu lernen", das heißt lernend zu leben und zu arbeiten.[15]

Diese Komplexität aller Lernaspekte ist ein besonderes Argument für Total-Qualification und übersteigt den Sinn einer Lernstrategie. Kooperative Selbstqualifikation optimiert und steuert nicht nur den Lernprozeß und seine Lernziele im Sinne einer notwendigen oder gewünschten übergeordneten Verhaltensänderung, sondern ist Integrations- und Wertschöpfungsfaktor für das Potential des Menschen in seiner Persönlichkeit und ihrem organisatorischen Umfeld, für Arbeits- und Lebensqualität.

Synergetische Effekte auf hohem Niveau

Kooperative Selbstqualifikation ist ein Verhaltensprinzip. Wie die Gruppenarbeit muß sie eingeübt werden, verlangt zunächst einen Moderator und unter anderem Supervising, hat Optimierungskriterien und Reifegrade sowie eine Ausgestaltung der Methodik. Die vorhandene Selbstqualifikation zum Beispiel als Spezialist wird bereits als Humanpotential und Kompetenz bewußt in die Gruppe eingebracht und für die Problemlösung genutzt. Überflüssige Selbstdarstellung der eigenen Erfahrungen in der Vergangenheit und der jetzigen Kompetenz sowie Ausnutzung der Macht der eigenen Position sollten dabei wegfallen. Es kommt einiges an Selbstverständnis aus der Unternehmenskultur und der Identifikation mit ihr, je nach Reifegrad und Möglichkeiten der Entfaltung der Gruppe im Lernprozeß.

Gruppenarbeit ist konventionell eine Arbeitsmethode, die bei uns bis zur „japanischen Offensive" weder gepflegt wurde noch beliebt war. In der Teamarbeit wird das gemeinsame Arbeiten und – am Rande – funktional das Lernen gepflegt. Aktuell tritt die Teamarbeit als Lernstrategie wie auch die kooperative Selbstqualifikation als älteste komplexe Weiterbildungsform aus der Grauzone des funktionalen, meist nicht bewußten lateralen Lernens heraus, um den Anforderungen des immer rascher werdenden Wandels gerecht zu werden.

Die Teamarbeit liegt allgemein im Trend. Die Dynamik ist so groß, daß man mit normaler Energie nicht Schritt halten kann, sondern sich der Synergie-Effekte bedienen muß, die die Teamarbeit zwei-

Synergetische Effekte auf hohem Niveau 327

felsohne bietet, um schneller zu sein. Diese Einsicht ist vorhanden. Wieweit sie akzeptiert wird und man von ihrem Wirkungsgrad überzeugt ist, läßt sicherlich noch manche Wünsche offen. Argumente gegen die „wilde" Gruppenarbeit oder die „systematisch nivellierende" oder „einseitig fördernde" Gruppe bis hin zu einem abschätzigen oder gar verächtlichen „teamsen" kann jedoch jeder verstehen, der einmal an einer methodisch nicht vorbereiteten Gruppensitzung teilgenommen hat.

Teamarbeit, die auf kooperative Selbstqualifikation abzielt, kann zur Synergie einer hohen geistigen und sozialen Wertschöpfung führen, die das Ganze in seinen mehrfach angelegten Systemstrukturen der Qualifikation individuell oder im Gruppenverband vereint und die Selbststeuerung der Mitarbeiter mehrfach aktiviert: Bei einzelnen hängt die Selbstqualifizierung sicherlich von ihren Kompetenzen und Dispositionen ab. In der Gruppe bewirkt die kooperative Selbstqualifikation eine hoch effiziente Potenzierung von Effekten.

Mit anderen Worten: Der Schneeball-Effekt und der Transfer-Effekt just-in-time bewirken eine „Supersynergie", die sich über die Effektivität der Lösung von anstehenden Problemen in der Organisation als Organisationsentwicklung auswirken kann: Die somit entstehenden Transformationseffekte führen zu dem, was wir „Organisation als lernendes System" nennen.

Die Ergebnisse der kooperativen Selbstqualifikation in Projekten, wie zum Beispiel im Siemenswerk für Telefonendgeräte in Bocholt, lassen durchaus die folgende Abschlußthese zu:

Kooperative Selbstqualifikation als Lernstrategie der Zukunft heißt: Synergie-Effekte potenzieren, nicht nur addieren. Synergie-Effekte durch gute Teamarbeit zu schaffen, ist ein großer Schritt nach vorn. Optimale Gestaltung der kooperativen Selbstqualifikation verlangt jedoch die uneingeschränkte und kontinuierliche „Schöpfung" aus den Human Resources. Es ist nicht nur die Qualität der produktiven und innovativen Wertschöpfung zu bemerken, sondern darüber hinaus eine „Supersynergie" aus persönlich-geistiger Wertschöpfung, vereint mit sozialer beziehungsweise sozial-kreativer Wertschöpfung: eine Weichenstellung in die Zukunft, die sich nicht nur lohnt, sondern auch befriedigt. Wichtig ist, daß die Geschäftsführung es will und auch Führungskräfte dies Erlebnis wagen – und durch Personalentwicklung darauf vorbereitet und begleitet werden.

Anmerkungen

1 Vgl. hierzu Harlander, N./Heidack, C./Köpfler, F./Müller, K.-D.: Personalwirtschaft, 3. Auflage, Landsberg 1994, S. 300 ff.

2 Vgl. hierzu Heidack, C.: Das Paradigma der der betrieblichen Bildungsarbeit, Problemverschiebung und Problemveränderung seit den 70er Jahren, in: R. Arnold/A. Lipsmeier (Hrsg.): Betriebspädagogik in nationaler und internationaler Sicht, Baden-Baden 1989, 299ff.

3 Pawlek, K.: Einheit von Lehren und Lernen als Einheit in der kopperativen Selbstqualifikation, in: C. Heidack (Hrsg.): Lernen der Zukunft. Kooperative Selbstqualifikation – die effektivste Form der Aus- und Weiterbildung, 2. Aufl. München 1993, S. 6ff.; Münch, J.: Lernen am Arbeitsplatz – Bedeutung innerhalb der betrieblichen Weiterbildung, in: W. Schlaffke/R. Weiß (Hrsg.): Tendenzen betrieblicher Weiterbildung. Aufgaben für Forschung und Lehre, Köln 1990, S. 150ff.

4 Hohmann, R.: Option der Fabrik der Zukunft, in: Heidack, C.: Neue Lernorte in der beruflichen Weiterbildung, Berlin 1987, S. 41f.

5 Vgl. hierzu Heidack, C./Brinkmann, E. P.: Unternehmenssicherung durch Ideenmanagement, Band 2.: Mehr Erfolg durch Motivation, Teamarbeit und Qualität, 2. Aufl. Freiburg 1987, S. 193ff.

6 Heidack, C.: Personalmarketing-Management, in: L. Poth: Marketing-Handbuch (Loseblattsammlung), Kronsberg 1994 IV, S. 1–122

Anmerkungen 329

7 Vgl. hierzu unter anderem Hauptmann, G./Hohmann, R.: Soziotechnische Arbeitssysteme, in: Reinraumtechnik, Heft 2, 1990, S. 37f.

8 Vgl. Anmerkung 7.

9 Wohlgemuth, A. C.: Unternehmensdiagnose in Schweizer Unternehmen. Untersuchungen zum Erfolg mit besonderer Berücksichtigung des Humankapitals, Frankfurt/New York/Paris 1989

10 Wexlberger, L. P: Lernen im Arbeitsprozeß. Organisationsentwicklung mit qualifizierender Arbeitsgestaltung, in C. Heidack (Hrsg.): Lernen der Zukunft a.a.O., 299ff.

11 Vgl. Heidack, C.: Lernort Computer, Wiesbaden 1991; Heidack, C.: Der Begriff „Bedarf". Zur Deutung seiner Verwendung in Wissenschaft und Praxis, Düsseldorf 1991, S. 281ff.

12 Vgl. hierzu von Gizycki, R.: Brainworker – ein neues Qualifikationsfeld für Träger des Fortschritts, in: C. Heidack (Hrsg.): Lernen der Zukunft. a.a.O., S. 395ff.

13 Staudt, E.: Defizitanalyse betrieblicher Weiterbildung, in: W. Schlaffke/R. Weiß (Hrsg.): Tendenzen betrieblicher Weiterbildung. Aufgaben für Forschung und Lehre, Köln 1990, S. 72f.

14 Vgl. u.a. Heidack, C.: Kooperative Selbstqualifikation, in: J. Günter (Hrsg.): Quo vadis Industriegesellschaft? Perspektiven zu Führungsfragen von morgen, Heidelberg 19847, S. 183ff.; ferner: Heidack C.: Neue Lernorte in der beruflichen Weiterbildung, Berlin 1987, S. 19ff.; Heidack, C.: Zum Verständnis der Kooperativen Selbstqualifikation, in: C. Heidack (Hrsg.): Lernen der Zukunft. Kooperative Selbstqualifikation – die effektivste Form der Aus- und Weiterbildung, 2. Aufl. München 1993

15 Heidack, C.: Zum Verständnis der Kooperativen Selbstqualifikation, in: C. Heidack (Hrsg.): Lernen der Zukunft. Kooperative Selbstqualifikation – a.a.O, S. 21ff.

Anhang

Die Autoren

Dr. Bernd Balzereit, Jahrgang 1946, studierte Betriebswirtschaftslehre an der Universität Mannheim und promovierte an der Universität Paderborn. Seit 1980 ist er in der Energieversorgung tätig: 1986 bis 1991 als Kaufmännisches Vorstandsmitglied in einem kommunalen und seitdem in einem regionalen Unternehmen. Im Herbst 1993 übernahm Bernd Balzereit die Leitung des Vorstandsressorts „Wirtschaft und Regionalversorgung" bei der BEWAG in Berlin.

Dipl.-Ing. Wolfgang Bergander, Jahrgang 1941, studierte Maschinenbau an der Universität Essen. Von 1965 bis 1994 war er bei IBM Deutschland tätig, überwiegend in Führungspositionen unterschiedlicher Funktionen. Der Schwerpunkt seiner Arbeit lag immer im Bereich der Personalentwicklung. Er ist heute Geschäftsführer der Firma „Bergander Team- und Führungsentwicklung". Ferner hat Wolfgang Bergander einen Lehrauftrag an der Fachhochschule Koblenz zum Thema „Personalentwicklung".

Dr.-Ing. Joachim Bußmann absolvierte nach einer Betriebsschlosserlehre ein doppeltes Ingenieursstudium. Seine Assistententätigkeit an einem Institut für Fertigungstechnik beendete er mit der Promotion zum Dr.-Ing. Nach unterschiedlichen Führungsaufgaben im Anlagenbau – vom Gruppenleiter über Abteilungsleiter bis hin zum Hauptabteilungsleiter – war er fünf Jahre Bereichsleiter Produktion im Werkzeugmaschinenbau. Heute ist er Geschäftsführer in einem großen Unternehmen der Möbelherstellungsbranche. Neben seinen Industrieaufgaben war er sechs Jahre ehrenamtlich Erster Vorsitzender einer Technologiegesellschaft mit 200 europäischen Mitgliedsunternehmen.

Prof. Dr. phil. Dipl.-Volkswirt Clemens Heidack, Jahrgang 1938, studierte in Bonn, Köln und Innsbruck Geistes-, Verhaltens- und Wirtschaftswissenschaften. Anschließend baute er bei der Siemens

AG im Bereich der Elektromotorenwerke die Abteilung „Bildungswesen und Information" auf, war zuständig für den kaufmännischen Nachwuchs der AEG-Telefunken AG und Bildungsleiter der Allianz-Versicherungs AG, Generaldirektion München. In Hagen hatte er eine Professur für Personal- und Bildungswesen (unter besonderer Berücksichtigung von Psychologie und Soziologie), heute lehrt er an der FH Düsseldorf Betriebswirtschaftslehre, insbesondere Personal- und Bildungsmanagement. In zahlreichen Veröffentlichungen wies er sich als Experte für Qualität und Qualifikation aus.

Dipl.-Soz. Rolf Hohmann, Jahrgang 1946, studierte nach einer Facharbeiterlehre, einer Technikerausbildung und mehrjähriger Berufstätigkeit Soziologie, Volks- und Betriebswirtschaft sowie Politologie an der Freien Universität Berlin. Anschließend arbeitete er mehrere Jahre in der Bildungsforschung am Bundesinstitut für Berufsbildung, Berlin (BIBB), im Personal-, Aus- und Weiterbildungswesen der Bayerischen Motoren Werke (BMW) AG, Berlin und München, und leitete die Organisations- und Personalentwicklung der Digital Equipment International GmbH, Kaufbeuren. Dort erhielt er 1992 den zweiten August-Sahm-Förderpreis „Personalmanagement". Heute ist Rolf Hohmann als Personal-Direktor der ABB Kraftwerke AG, Mannheim, tätig, die 1994 mit dem Human Resources Management Award ausgezeichnet wurde.

Elisabeth Kappas, Jahrgang 1956, studierte Germanistik an der Universität Mainz und schloß 1984 mit dem Magister Artium ab. Von 1984 bis 1987 war sie in Mainz wissenschaftliche Assistentin am Fachbereich Germanistik und veröffentlichte gemeinsam mit Albrecht Greule ein Buch zur germanistischen Sprachpflege und -kritik. Seit 1987 ist Elisabeth Kappas Mitarbeiterin der EDS Electronic Data Systems (Deutschland) GmbH in Rüsselsheim. Nach verschiedenen Positionen im Bereich Marketing und PR ist sie seit 1992 verantwortliche Leiterin der Stabsstelle für Öffentlichkeitsarbeit.

Kurt Krause, Jahrgang 1939, gelernter Dreher, ist seit 1972 Betriebsratsvorsitzender der Mercedes-Benz AG, Werk Berlin, und in dieser Funktion Mitglied des Gesamtbetriebsrates und Wirtschafts-

Die Autoren

ausschusses. Seit 1980 ist er Sprecher der Kommission für Arbeitsgestaltung des Gesamtbetriebsrates und seit 1990 Mitglied des Aufsichtsrates der Mercedes-Benz AG.

Dr. Hans Kremendahl, Jahrgang 1948, schloß sein Studium in Berlin 1971 als Diplom-Politologe ab. 1976 folgte die Promotion zum Dr. rer. pol., 1979 die Habilitation. Von 1972 bis 1977 war er wissenschaftlicher Assistent, von 1977 bis 1983 Assistenzprofessor, ab 1979 auch Privatdozent. Von 1981 bis 1989 war er als Mitglied des Abgeordnetenhauses von Berlin und als Wissenschaftspolitischer Sprecher der SPD-Fraktion tätig, auch als Landesgeschäftsführer. 1989 übernahm Hans Kremendahl das Amt des Staatssekretärs in der Senatsverwaltung für Wissenschaft und Forschung. Seit 1991 ist er Staatssekretär in der Senatsverwaltung für Wirtschaft und Technologie.

Dipl.-Wirtschafts-Ing. Albert Mauritius, Jahrgang 1952, studierte Wirtschaftsingenieurwesen mit dem Schwerpunkt Operations Research/Informatik. 1978 bis 1983 war er in der Industrie tätig und gewann dort elfjährige Erfahrung in der Software- und Unternehmensberatung. Seit 1990 ist er leitender Berater „Manufacturing" bei der Price Waterhouse Unternehmensberatung. Seine Erfahrungsschwerpunkte sind: Change Management, Firmenstrukturierung, Geschäftsprozeßoptimierung von logistischen und Produktionsprozessen.

Prof. Dr. Hans-Erich Müller, Jahrgang 1945, studierte nach Ausbildung und einigen Jahren Berufstätigkeit in der Industrie Elektrotechnik und Betriebswirtschaftslehre in Berlin. Von 1976 bis 1984 war er in Forschung und Lehre an der Fachhochschule für Wirtschaft, am Wissenschaftszentrum und an der Freien Universität in Berlin tätig. Nach der Promotion 1984 wechselte er als Unternehmensberater zur Hans-Böckler-Stiftung, Düsseldorf. Seit 1995 ist er Professor im Bereich „Unternehmensführung und Personalwesen" an der Fachhochschule für Wirtschaft, Berlin, und geschäftsführender Gesellschafter der Dr. Müller & Partner Unternehmensberatung GmbH, Berlin.

Prof. Dr.-Ing. Nicolas Sokianos, geboren 1954 in Athen, studierte an der TU Berlin (Schwerpunkt Systemtechnik) und promovierte 1980 über ein unternehmungspolitisches Thema: „Die Zielanalyse als ein

Instrument des Konfliktmanagements". 1982 begann er bei BMW im Bereich Logistik und übernahm ab 1984 verschiedene leitende Tätigkeiten für die Sparte Motorrad. 1988 gründete er die Unternehmensberatung „Logicon". Ende 1990 folgte er dem Ruf auf eine Professur für Industrial Engineering an die Technische Fachhochschule Berlin. 1992 führte er als personalpolitisches Forschungsprojekt eine bundesweite Umfrage in der Industrie durch, bei der er die künftigen Anforderungsprofile für Hochschulabsolventen in Produktion und Logistik ermittelte.

Arbeitsaufenthalte in der japanischen Industrie dienten der Vertiefung seines Forschungs- und Beratungsschwerpunktes „Lean Production" und ermöglichten einen fundierten Einblick in die japanische Personalpolitik. 1993 wurde er zum Vorstand der (gemeinnützigen) Gesellschaft für Produktionsmanagement e.V. gewählt. Aktuelle Arbeitsschwerpunkte von Professor Sokianos sind: Die Internationalisierung der Produktion und der produktionsnahen Dienstleistung sowie die Auswahl und das Management der Human Resources. Nicolas Sokianos veröffentlichte mehrere Aufsätze und Bücher in Deutsch, Englisch und Griechisch. Seine Forschungsergebnisse zur qualitativen Personalplanung wurden in die japanische Sprache übersetzt und in der Fachzeitschrift *Management Systems, Journal of Japan Industrial Management Association*, Tokyo, veröffentlicht.

Dipl.-Betriebswirt Stefan Sommer, Jahrgang 1963, studierte nach Abitur und anschließender Offiziersausbildung Betriebswirtschaft mit den Schwerpunkten Personalwesen, Organisation und Datenverarbeitung an der Berufsakademie Mannheim. Seit 1993 ist er bei der ABB Kraftwerke AG, Mannheim, als Personalreferent beschäftigt. Seine wesentlichen Tätigkeitsfelder sind Personalservice und Personalentwicklung. Berufsbegleitend studiert Stefan Sommer an der Fernuniversität Hagen Soziologie, Psychologie und Erziehungswissenschaft.

Prof. Dr. h. c. Dr.-Ing. E. h. Hans-Jürgen Warnecke, Jahrgang 1934, studierte Maschinenbau an der TH Braunschweig. Dort war er erst Forschungsingenieur, dann Oberingenieur und Leiter des Versuchsfeldes am Institut für Werkzeugmaschinen und Fertigungstechnik.

Die Autoren

1963 promovierte er zum Dr.-Ing. Von 1965 bis 1970 war er Direktor der Hauptabteilung „Zentrale Fertigungsvorbereitung" der Rollei Werke Franke & Heidecke in Braunschweig. Schwerpunkt seiner Tätigkeit waren Planung und Durchführung von Fabrikbauten und Fertigungsanläufen in Braunschweig, Uelzen und Singapore sowie die Übernahme einer Lizenzfertigung aus den USA. Seit 1971 lehrt er als ordentlicher Professor Industrielle Fertigung und Fabrikbetrieb an der Universität Stuttgart. Hans-Jürgen Warnecke ist Leiter des Fraunhofer-Instituts für Produktionstechnik und Automatisierung (IPA). Im Oktober 1993 wurde er zum Präsidenten der Fraunhofer-Gesellschaft zur Förderung der angewandten Forschung e.V. in München gewählt. Seit Januar 1995 ist er außerdem Präsident des Vereins Deutscher Ingenieure in Düsseldorf.

Hans-Jürgen Warnecke erhielt eine Reihe von Ehrungen, so die Ehrendoktorwürde der Universitäten Magdeburg, Ljubljana und Timisoara sowie das Verdienstkreuz Erster Klasse des Verdienstordens der Bundesrepublik Deutschland. Er ist Mitglied in verschiedenen Kuratorien und Beiräten in Wissenschaft und Wirtschaft. Dem Fachpublikum ist er nicht nur durch zahlreiche Veröffentlichungen – unter anderen *Die Fraktale Fabrik* – sondern auch als wissenschaftlicher Leiter der *Werkstatt-Technik Fachzeitschrift für Produktion und Management* bekannt.

Verzeichnis der Abbildungen

Abbildung 1: Die Qualität der Führungskräfte ist entscheidend! 24
Abbildung 2: Eine typische Wertehierarchie 43
Abbildung 3: Die wechselseitigen Abhängigkeiten zwischen Personal-, Organisations- und Unternehmensentwicklung 48
Abbildung 4: Das alte System 98
Abbildung 5: Das neue System 99
Abbildung 6: Die Schulungsinhalte 100
Abbildung 7: Die Qualitäts- und Zeitziele des Unternehmens 104
Abbildung 8: Die Veränderung 108
Abbildung 9: Das Geschäftsprozeßmodell 109
Abbildung 10: Der Ablauf eines Prozeßgeschäftsschrittes 110
Abbildung 11: Die Zehn-Schritte-Methode 112
Abbildung 12: Komponenten der Führungsqualität 147
Abbildung 13: Kostentransparenz schaffen 158
Abbildung 14: Der Meister als Mittler zwischen Unternehmensleitung und Mitarbeiter 162
Abbildung 15: Zukünftige Aufgabenverteilung in der Werkstatt 165
Abbildung 16: Richtige Führung – der Schlüssel zum Erfolg 166
Abbildung 17: Konzeptionelle Vorgehensweise bei einer Umstrukturierung 169
Abbildung 18: Imitationsschutz durch Know-how sichert die Marktposition 178
Abbildung 19: Die ABB-Matrix-Organisation 185
Abbildung 20: Synchronisation des externen Wandels mit interner Dynamik und Evolution 188
Abbildung 21: Die Organisation der ABB Kraftwerke AG Anfang der 90er Jahre 196
Abbildung 22: Elemente des Customer Focus Programms und ihr innerer Zusammenhang 200
Abbildung 23: Die Organisation der ABB Kraftwerke 202

Verzeichnis der Abbildungen 337

Abbildung 24: Die Organisation des Bereiches „Personal" 204
Abbildung 25: Aktionsfelder der Personal- und Organisations-
entwicklung der ABB Kraftwerke AG 210
Abbildung 26: Integrationsfunktionen des
Personal-Controlling 214
Abbildung 27: Veränderungen in der Bedeutung
der Human Resources Management 232
Abbildung 28: Prinzipskizze einer DNC-Dreherei 245
Abbildung 29: Einbindung des Konzerns in die
Kunden-Lieferanten-Kette 290
Abbildung 30: Phasenkonzept des Projektvorgehens 292
Abbildung 31: Projektorganisation mit Projektmanagement
auf Vorstandsebene (Price Waterhouse) 294
Abbildung 32: Prozeßaufgliederung als Basis der
Optimierung (Price Waterhouse GmbH) 295
Abbildung 33: Das Gesamtkonzept des Wandels 296
Abbildung 34: Der Trend zum Human
Resources Management 312
Abbildung 35: Motivation zur konstruktiven Mitarbeit bei
Veränderungen und Innovationen 316

Verzeichnis der Tabellen

Tabelle 1:   Was kann die Verwaltung von
             der Lean-Production-Idee lernen? 106
Tabelle 2:   Entwicklungsphasen des Personalwesens
             in der Bundesrepublik Deutschland
             (idealtypisch) 194
Tabelle 3:   Überfachliche Anforderungen an
             Mitarbeiter in der neuen Gesellschaft 226
Tabelle 4:   Fachliche Qualifikationsanforderungen
             an Mitarbeiter in der neuen Gesellschaft 228
Tabelle 5:   Verkürzung der Durchlaufzeiten insgesamt 298
Tabelle 6:   Verkürzung der Durchlaufzeiten in
             der Produktentwicklung 299
Tabelle 7:   Die drei Welten 300

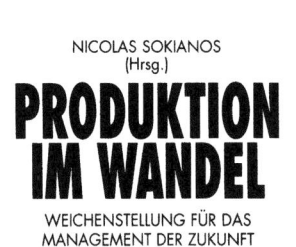

Nicolas Sokianos (Hrsg.)
Produktion im Wandel
Weichenstellung für
das Management der Zukunft
1995, 390 Seiten, Geb.,
ISBN 3-409-19305-7

Inhaltsübersicht

**1. Kapitel
Veränderung als unternehmerische Aufgabe**

Mut zur Veränderung
von Nicolas Sokianos, TFH Berlin

Veränderungen und integrative Veränderungspolitik
im Unternehmungssektor
von Günter Dlugos, FU Berlin

Kundenorientierung als Programm
von Kurt Gerl, Osram

**2. Kapitel
Unternehmensführung im Umbruch**

Ein ganzheitliches System der Führung: HCWS
von Frank Schmidt, Colgate Palmolive

Gruppenarbeit in der Produktion: Rationalisierungspaket
oder kultureller Umbruch?
von Claudia Seel, Mercedes-Benz

Informationsmanagement und neuartige
Controlling-Ansätze in der Centerorganisation
von Albrecht Köhler, DASA

3. Kapitel
Produktentwicklung und Produktion im Spannungsfeld
von Leistung, Kosten und Zeit

Prozeß-Redesign der Produktentwicklung
von Hartmut Tresp, Mercedes-Benz

Qualitätsmanagement im Spannungsfeld
Kunde-Konstruktion-Produktion
von Arno Bergmann, TFH Berlin

Organisations- und Informationsprozesse im Reengineering
von Bernd Zeidler, Heckert

Neues Werk – neue Chancen!
von Alfred Linner, Heidelberger Druckmaschinen

Neu- und Restrukturierung eines Waggonbau-Unternehmens
von Jürgen Kiowski, Deutsche Waggonbau

4. Kapitel
Unternehmenskooperationen und Netzwerke
als Weichenstellung

Vom Einzelteilfertiger zum Systemlieferanten
von Bernd Herrmann, IBM

Der Account: Outsourcing als strategische Alternative
von Hubert Rodemich, EDS

Prozeßkettenoptimierung für die Logistik
von Dieter Beckh, INPRO

Gemeinsam Produkte entwickeln –
die Bewährungsprobe für globale Kooperationen
von Helmut Drüke, FU Wissenschaftszentrum Berlin

Weitere Titel der F.A.Z./Gabler-Edition

Gregor Schmidt
Business Coaching
Mehr Erfolg als Mensch und Macher
1995, 269 Seiten, Geb., ISBN 3-409-19187-9

Was verbirgt sich hinter dem Modewort „Coaching"? Gregor Schmidt erklärt Ziele, Methoden und Einsatzmöglichkeiten. Sein Konzept hilft Führungskräften, aus ihren Potentialen eine starke, leistungsfähige Persönlichkeit zu entwickeln.

Andreas Lukas
Abschied von der Reparaturkultur
Selbsterneuerung durch ein neues Miteinander
1995, 289 Seiten, Geb., ISBN 3-409-19304-9

Andreas Lukas lädt Sie ein, eine Form der Zusammenarbeit zu entdecken, die endlich Schluß macht mit Schubladendenken, Behelfslösungen und Abteilungsegoismen. Er zeigt Ihnen, wie Sie echte Veränderungen ermöglichen, Kreativitätspotentiale wirklich nutzen und Ihr Unternehmen dadurch erneuerungsfähig machen!

Richard Matheis (Hrsg.)
Leadership Revolution
Aufbruch zur Weltspitze mit neuem Denken
1994, 416 Seiten, Geb., ISBN 3-409-19151-8

Die wirtschaftliche Situation in Europa leidet darunter, daß sich zu viele Führungskräfte auf amerikanische oder japanische Managementkonzepte verlassen. Richard Matheis entwickelt eine interdisziplinäre, zukunftsorientierte Methode, mit der *europäisches* Leadership möglich ist.

MIX
Papier aus verantwortungsvollen Quellen
Paper from responsible sources
FSC® C105338

If you have any concerns about our products,
you can contact us on
ProductSafety@springernature.com

In case Publisher is established outside the EU,
the EU authorized representative is:
**Springer Nature Customer Service Center GmbH
Europaplatz 3, 69115 Heidelberg, Germany**

Printed by Libri Plureos GmbH
in Hamburg, Germany